ラーマクリシュナの福音要約版 下巻

［改訂版］

日本ヴェーダーンタ協会

シュリー・ラーマクリシュナ

ホーリー・マザー（シュリー・サーラダー・デーヴィー）

スワーミー・ヴィヴェーカーナンダ

カーリー女神

出版者の言葉

私たちはこのたび『ラーマクリシュナの福音要約版』の最後となる下巻を出版できることを喜ばしく思います。というのもすでに上巻は発行されているからです。この版を発行する主な目的は、読者がいつでもこれを持ち運び頻繁《ひんぱん》に使用して、その高次のメッセージから精神的もしくは霊的な心の糧と支えを受けることができるようにするためです。

日本ヴェーダーンタ協会会長

目次

本文中にあるルビ＊は用語解説にある文字です。

第七章　パンディット・シャシャダル

一八八四年二月二日　土曜日

午後三時だった。シュリー・ラーマクリシュナは、ラカル、マヒマーチャラン、ハズラおよび他の信者たちと話をしておられた。そこにMが入ってきて師に敬礼をした。彼は、師の傷ついた腕に包帯をするための、添え木、あてもの、および包帯用のリント布を持ってきた。

ある日、松林に行く途中、シュリー・ラーマクリシュナは垣のそばでころんで、左腕の骨を脱臼なさったのだ。彼はそのとき法悦状態にあられ、また傍らに誰もいなかったのである。

師（マヒマーに）「さて、もし私が機械で神がその運転者であられるなら、なぜこんなことが私に起こったのだろうか」

子供のように泣きながら、母なる神におっしゃった、「おお、ブラフママイー＊！　おお、母よ！　なぜ私にこんなことをなさったのですか。私の腕はひどく痛んでいます。（信者たちに）私はよくなるだろうか」彼らは子供をなぐさめるように、「大丈夫、すっかり良くおなりになります」と言った。

師（ラカルに）「お前は私の世話をするためにここに住んでいるのだけれど、このことについてはお前に責任はないよ。もし、私についてきたとしても、あの垣のところまではこなかっただろうからね」

師はまた霊的ムードに入られ、こうおっしゃった、「オーム、オーム、オーム、母よ、私が言っているこれは何ですか。私をブラフマンの知識で無意識にしないでください。私にブラフマギャーナを与えないでください。私はあなたの子供にすぎません。すぐに心配したりこわがったりします。私はお母さんが欲しいのです。ブラフマンの知識はもうたくさん。それを欲しがっている人びとにやってください。おお、アーナンダマイー*、おお、至福の母よ」

「アーナンダマイー」という言葉を大声で言うと、彼は涙にくれてこうおっしゃった。

母《マー》よ、これこそわが心を深く悲しませること、
母なるあなたとごいっしょにおり、私も
ちゃんと目をさましている。
それでもわが家に盗賊が入るとは。

ふたたび、彼は母なる神に向かって、「どういう悪いことを、私はしたのですか、母よ。いったい、私が何かをするなどということがありますか。いっさいのことをなさるのは、母よ、あなたです。私は機械、あなたがそれの運転者なのです」

師はふたたび、話したり笑ったりしておられた。ちょうど、病んでいるのにときどき自分の病気を忘れて笑ったり、遊び回ったりする子供のようだった。

師（信者たちに）「サチダーナンダをさとらないことには、お前たち、なにひとつ得られはしないのだよ。識別と放棄に似たものはほかにはまったくない。世俗的な人間の神への信仰は一瞬間のもの――まっ赤に焼けているフライパンの上に落ちた水滴のようなものだ。おそらく、花を見て『ああ、なんというすばらしい神の創造』なんて言うのだ。

人は神を求めて落ちつけなくなるようでなければならない。もしお前たちが神を求めてじっとしていられなくなるなら、彼は間違いなく、お前たちの祈りに耳を傾けてくださる。彼がわれわれをお生みになったのだから、われわれは当然、彼に自分の相続分を要求することができるのだ。彼はわれわれの実の父であり、実の母であられる。われわれは彼に強くねだることができるのだ。彼に向かって、『私に御姿をお示しください。さもなければ私はナイフで自分ののどを切りますよ』と言ってさし支えないのだ」

シュリー・ラーマクリシュナは信者たちに、母なる神に呼びかける方法を教えられた。師「私はいつも、彼女にこのように祈った、『おお母よ、おお至福にみちた御方よ、私に御姿を見せてください。くださらなければ駄目です』またこうも言ったのだ、『おお、低き者たちの主よ、おお、宇宙の主よ、私は決して、あなたの宇宙の外にいるのではありません。私は知識を失っています。修行もできていません。信仰もありません。何も知りません。あなたは御慈悲をもって、私に御姿をお示しくださらなければいけません』と」

このように師は、信者たちに、どのように祈るかを教えられた。彼らは深く感動した。マヒマーチャランの目には涙があふれた。

何人かの信者たちがシブプルから到着した。たいそう遠方からやってきたのだから、師も彼らを失望させることはおできにならなかった。霊性の生活のなかでもっとも重要なことをいくつか、お話になった。

午後五時、ドクター・マドゥスダンがきた。医師は、師の腕に包帯をかける用意をした。床に寝床が敷かれ、師は笑いながらそこに横になられた。腕の包帯が終わったとき、彼はおっしゃった、「私は、あなた方カルカッタの医師たちをあまり信用していないのだ。シャンブーが錯乱状態になったとき、ドクター・サルヴァディカリは、『何でもない、薬のためにちょっとおかしくなっただけです』と言った。それから間もなく、シャンブーは息を引きとったのです」

夕方、諸聖堂の夕拝は終わった。数分後に、アダルがカルカッタから師の見舞いにやってきた。マヒマーチャラン、ラカル、およびＭが部屋にいた。

アダル「いかがでいらっしゃいますか」

師（愛情をこめて）「ごらん。どんなに腕が傷ついているか。（笑って）いかがですか、ときくまでもないではないか」

アダルは信者たちとともに床にすわった。師は彼におっしゃった、「どうぞ、ここをそっとさすっておくれ」アダルは寝台の端にすわり、シュリー・ラーマクリシュナの足を静かにさすった。

師は、マヒマーチャランと話をなさった。

師「もしお前が神への無私の愛を行じることができたらたいそう良かろう。そういう愛を持つ人は、『おお主よ、私は救いも、名誉も、富も、病気の治ることも求めません。そんなものは一つも欲しくはありません。私はあなただけが欲しゅうございます』と言うのだ。金持ちのところへ、さまざまの願望を心に抱きながらやってくる人はたくさんいる。しかし、もし誰かがただ彼を愛するがゆえに、何の下心もなしにやってくるなら、その金持ちは彼に強くひかれるだろう」

マヒマーチャランは黙ってすわっていた。師は彼のほうを向かれた。

師「今度は、お前のムードによく合うことを話してあげよう。ヴェーダーンタによれば、人は自分の『自己』の真の性質を知らなければならないのだ。しかし、そのような知識はエゴをすてなければ得ることは不可能だ。エゴというのは、水を二つに分けているように見える一本の棒のようなものだ。それはお前に、お前は一人の人間、私は別の人間であると感じさせる。サマーディのなかでこのエゴが消えると、そのとき人は、ブラフマンが自分の内なる意識であることを知るのだ。

人は、女には極度に用心深くないと、ブラフマンの知識を得ることはできない。それだから、世間に暮らしている人びとにとっては、このような知識を得ることは非常にむずかしいのだ。どんなに器用に立ちまわっても、すすのたまった部屋に住んでいればからだはすすで汚れるだろう。若い女との交際は、色情を持たぬ男の内にも色情を呼びさます。

サンニャーシーは『女と金』の両方を放棄しなければいけない。女の肖像さえ眺めてはならない。それと同様に、彼は黄金に手をふれてもいけない――つまり、金だ。自分のそばに金をしまっておいても良くない。なぜなら、それにつづいて計算、心配、横柄、怒り、およびそれに似たさまざまの悪徳がやってくるからである。太陽の場合がよい例だ。さんさんと輝いていても突然、雲が現れるとそれを隠してしまう。

なぜサンニャーシーにはこのような厳しいおきてが必要なのか。彼自身のためと同時に人類の福祉のためである。サンニャーシー自身は無執着の生活をし、欲情を制御し得ているかもしれない。しかし彼は、世に手本を示すために『女と金』を放棄しなければならないのだ。もしサンニャーシーが一〇〇パーセント放棄しているのを見たら、人は放棄を実行する勇気を得るだろう。そのときはじめて彼は、『女と金』を放棄しようと努力するのだ。もしサンニャーシーがこの手本を示さなかったら、誰がそれをするか」

夜八時だった。シュリー・ラーマクリシュナはマヒマーチャランに、聖典からいくつかの賛歌を朗唱してくれ、とお頼みになった。マヒマーは、至高のブラフマンの性質を描写しているウッタラ・ギーターの最初の節を読んだ。

彼、ブラフマンは一つ、部分なく、汚れなく、そしてエーテルをも超えている。
始めなく終わりなく、心によっても知性に
よっても知られることはない。

最後に、彼はつぎのような、第三章第七節にきた。

ふたたび生まれた人*たちは神を、火の中に礼拝する、
ムニ*たちは彼をハートの中に瞑想する、
知恵の貧しい者たちは彼を像の中に見る、
そしてすべてのものを等しくみる境地に達したヨーギーたちは、
彼を一切所に見る。

師は、「すべてのものを等しくみる境地に達したヨーギーたち」という言葉をきくやいなや立ち上がり、腕に添え木と包帯をしたまま、サマーディに入られた。信者たちは言葉を忘れ、みずからがいっさいを等しくみる境地に達している、このヨーギーを見まもった。

長いことたった後に師は外界の意識をとり戻し、席につかれた。マヒマーは、ジャティパンチャカから読んだ。

私は彼女、母なる神。彼女の内に、魔法のように、生あるもの生なきものの宇宙という幻は見られる。そして彼女の内に、彼女の心の遊びである宇宙は、輝く。私は彼女、宇宙の自己であり、唯一の存在、知識、そして至福であるところの、意識の権化である。

「私は彼女、意識の権化」というところをきくと師は微笑して、「小宇宙の中にあるものは何でも、大宇宙のなかにあるのだ」とおっしゃった。

マヒマーはオームの描写を朗唱した。

それは切れることのない油の流れのよう、

また、長く尾をひく鐘の響きのようである。

サマーディの性質については、「サマーディに定住した人は、天上界をアートマンに満たされていると見る、地下の世界をアートマンに満たされていると見る、そして中の世界をアートマンに満たされていると見る。すべてを、アートマンに満たされている、と見る」と朗読した。

アダルとマヒマーは、師に敬礼をして去った。

一八八四年二月二四日　日曜日

シュリー・ラーマクリシュナは昼食の後、自室で休んでおられ、マニ・マリックが彼のそばの床にすわっていた。そこにMが着いた。Mは師にあいさつをしてマニのそばにすわった。師の傷ついた腕には包帯がしてあった。

師（Mに）「どのようにしてやってきたのか」

M「アーラムバーザルまで馬車でまいり、あそこからは歩いてまいりました」

マニラル「おお、じつに熱心な」

師（微笑して）「これで私は、これらすべては決して単なる私の頭脳の空想ではないのだな、と思うのだよ。さもなければどうして、こんな『イギリス人』たちが、それほどの苦労をしてまでここにやってくるものかね」

シュリー・ラーマクリシュナは彼らに、彼の健康と傷ついた腕のことを話し始められた。

師「ときどき、私はこの腕を思ってイライラするのだ。私はこれをこの人あの人に見せては、良くなるものだろうか、ときいてみる。それがラカルを怒らせる。彼には私のムードが分からないのだ。ときどき私は、『彼なんぞ行ってしまえ』と思うのだが、また、母に申し上げるのだ、『母《マー》よ、彼はどこに行くでしょうか。世間というフライパンの上で自分を焼くようなことはさせられません』と。

私のこの子供じみた短気は、いまに始まったことではない。よくモトゥル・バーブに脈を診て私が病気ではないかどうか教えてくれ、とせがんだものだ。

(Mに)どうしてこんなに落ちつきがないのか、お前、わかるか」

M「師よ、あなたの御心はつねにサマーディに没入していらっしゃいます。そのほんの一かけらを、信者たちの福祉のために、ご自分のおからだの上にとどめていらっしゃいます。それでときどき、おからだの安全を考えてお焦りになるのです」

師「それはそうだ。心のほんの少しばかりが肉体にくっついているのだ。神への愛と、信者たちとの交わりを楽しみたいと思って」

マニ・マリックは、師にカルカッタで開かれている博覧会のことを話した。

マニラル「もしおからだの具合が悪いのでなかったら、マイダンの博覧会においでになればよかったのですが」

師（Mおよび一同に）「もし行っても、私は何もかも見ることはできないだろうよ。おそらく、あるものの上に視線が落ちると、意識を失ってしまうだろう。すると他のものは見られないのだ。私は動物園につれて行かれた。そこでライオンを見るとサマーディに入った。母なる神の乗りもの*は、私の内部に彼女自身の意識をよびさましたのだ。その状態では、誰が他の動物を見ることなどできよう。私はライオンを見ただけで帰ってこなければならなかった。それだから、ジャドゥ・マリックのお母さんも、最初は博覧会に行けとすすめたのだが、あとでは、行くなと言ったのだ」

マニ・マリックは六五歳くらいで、長年ブラーフモー・サマージの会員だった。それだからシュリー・ラーマクリシュナは、彼のムードに合うような指示をお与えになった。

師「パンディット・ジャイナーラーヤンは、たいへん自由な見解を持っていた。私は一度彼を訪ね、彼の態度を好ましく思った。彼は、自分はベナレスに行って暮らしたいと思うと言っていたが、ついにその念願を果たした。後にベナレスに住み、そこで死んだのである。人は年をとったらジャイナーラーヤンのように引退し、神の思いに専念すべきだ。どう思うかね」

マニラル「おっしゃるとおりです。私は世間のわずらいにかかわるのを好みません」

師（マニラルに）「どうぞ、お前のあの小話をみなに話してやっておくれ」

マニラル（微笑しつつ）「あるとき、数人の人びとが小舟でガンガーを横切っていました。パンディットであるそのなかの一人が、自分はヴェーダもヴェーダーンタも、六派哲学も学んだ、と言って学識を誇っていました。彼は相客の一人にたずねました、『ヴェーダーンタをご存じか』『いいえ、存じません』『サーンキヤ*とパータンジャラ*は』『存じません』『では哲学はまったくご存じないのか』『はい、まったく存じません』パンディットはこのように得々と話し、相客は黙ってすわっていました。このとき暴風が起こって、舟は沈みそうになりました。『あなたは泳げますか』と客。『いや、泳げない』とパンディット。すると客は、『私はサーンキヤもパータンジャラも存じませんが、泳ぐことはできます』と言いました」

師（微笑して）「たくさんの聖典を知っていたとてなんになろう。たった一つ必要なのは、この世の川の渡り方を知ることだ。神のみが実在、他のすべては幻である。

アルジュナが弓で鳥の目をねらっていたとき、ドローナが彼にたずねた、『何が見えるのか。これらの王たちが見えるか』『いいえ、見えません』とアルジュナが答えた。『私が見えるか』『いいえ』『木は』『見えません』『では木にとまっている鳥は』『見えません』『では何が見えるのか』『鳥の目だけです』

鳥の目だけを見る者が、的を射るのである。神が実在、他のすべては幻である、と見る者だけが利口なのである。他に何の情報が必要だろう。

（Mに）腕にけがをしてから、私の内部に大きな変化が現れた。私はいまナラリーラー*、神の人間としての現れだけに喜びを感じるのだ。ニッテャとリーラー。ニッテャは不可分のサチダーナンダであり、リーラー、すなわちスポーツ（神遊び）は、神としてのリーラー、神々としてのリーラー、人としてのリーラー、および宇宙としてのリーラーというような、さまざまの形をとる。

ヴァイシュナヴァ・チャランはよく、もし人としてお遊びになる神を信じることができたら、その人は完全知を得たのであると言っていた。当時、私はそれを認めなかった。だがいまは、彼が正しかったことがよく分かる。ヴァイシュナヴァ・チャランは、やさしさと愛を現している人の絵を見るのが好きだった。

（マニラルに）人の形をして遊んでおられるのは神ご自身なのだ。マニ・マリックになっておられるのは彼にほかならないのだ。シーク教徒は、『なんじはサチダーナンダである』と教えている。

ときおり、人は自分の真の自己の片りんをかいま見て驚異の念に言葉を忘れる。このようなときに、人は歓喜の海の中を泳ぎまわる。それはちょうど、突然、親しい身内に出あったようなものだ。

なぜ人びとが処女を礼拝するのか。すべての女は母なる神のさまざまの形である。しかし魂の浄らかな処女には彼女がもっとも大きく現れておられるからだ。

（Mに）私はなぜ病気になるとイライラするのか。母が私を子供の状態におおきになったからだ。子供は完全に母親に頼っている。

私は、写真をとるためにラーダーバザールにつれて行かれた。その日は、ラージェンドラ・ミトラの家に行くことになっていた。ケシャブがそこにくるということだった。私は、彼らにあることを話そうと心組みしていたのだが、ラーダーバザールに行ったらそれをすっかり忘れてしまった。私は言ったのだ、『おお、母《マー》よ、あなたがお話になるでしょう。私が何を話しましょう？』と。

私はギャーニの性質は持っていない。ギャーニは自分を偉大であると思うものだ。『なに？どうして私が病気などになり得よう』と言う。

コアル・シンがあるとき私に、『あなたはまだ自分のからだのことを心配している』と言った。しかし、私の母がいっさいをご存じである、と信じているのが私の性質だ。ラージェンドラ・ミトラの家でお話になるのは母だったのだ。彼女の言葉が、唯一人を動かす言葉なのである。英知の女神からの光の一すじが、一〇〇〇人の学者を気絶させるのだ。

母は私を、バクタ、ヴィッギャーニの状態におおきになった。それだから私は、ラカルやその他の連中とふざけるのだ。ギャーニの状態にあったら、こんなことはできなかっただろう。

この状態にあって、私は、いっさいのものになっておられるのは母ひとりであることをさとるのだ。私は彼女をいたるところに見る。カーリー聖堂で、母ご自身がいっさいのものになっておられるのを見たのだ――悪い人間にも。

あるとき、私はラムラルの母親に小言を言おうとした。しかし自分を抑えなければならなかった。彼女が母なる神の一つの姿であるのを見たのだ」

一八八四年三月二日　日曜日

シュリー・ラーマクリシュナは自室の小さい寝台にすわり、ブラーフモー・サマージのトライロキヤ・サンニャールの賛歌に耳を傾けておられた。腕のけがはまだ治りきらず、添え木があてられていた。ナレーンドラ、スレンドラ、およびMを含む大勢の信者たちが床にすわっていた。

カルカッタの高等裁判所の弁護士であったナレーンドラの父親が突然、亡くなった。彼は家族のために準備をしておくことができなかったので、家族は厳しい生活難に直面していた。家の人びとはときどき食物にもこと欠く有様だった。したがって、ナレーンドラは深い心痛の日々を送っていた。

トライロキヤは歌をうたった。

あなたの御足のもとに隠れ家を求めて、
私は永久にしりぞけました、
カーストと種族のプライドを、おお主よ、
そして、恐怖と恥とに背を向けました。
人生行路の孤独な巡礼者、
いまはどこに助けを求めて行きましょう。
あなたの御ために、主よ、私は人びとの
非難に耐えています。
彼らはひどい言葉で私をののしり、

私のあなたへの愛のゆえに私を嫌うのです。
友も他人も、ともに私をひどく扱います。

あなたは私の名の保護者。
私を救うなり、殺すなりしてください、主よ。
あなたの召し使いの名誉には、
おお主よ、あなたの御名もかかっています。
あなたはわが魂の支配者、
わがハートの内なる愛の白熱光、
私をば、あなたのお好きなようにしてください。

トライロキヤに向かって、師はおっしゃった、「ああ！　お前の歌のなんと感動させること。ほんものだよ。海に行った者だけが、海水を持ってくることができるのだ」
トライロキヤはふたたびうたった。

踊るのはあなた、主よ、そしてうたう
のもあなた、
楽の拍子に合わせて手をたたかれるのも
あなたです。
それなのに、ただの傍観者である人が愚かにも、
自分がしている、と思うのです。

人はあやつり人形にすぎないけれど、あなたと
ともに動けば神になる。
あなたが機械の運転者、また車の御者なのに、
人は自分が自由なのだと夢想して、
悲しみに打ちひしがれています。

あなたはすべてのものの根、あなたは
私たちの魂の魂。

あなたは私たちのハートの主人、あなたの
無限のお慈悲によって、
あなたはもっとも卑しい罪びとをも
最高の聖者にお変えになる。

歌は終わった。師は信者たちと話をなさった。

師「信者に三つの種類がある。一番低いのは、『神はあそこにおられる』と言って天を指す。中位の信者は、神は『内なる支配者』としてハートに宿っておられる、と言う。しかし最高の信者は言うのだ、『神のみが、あらゆるものになっておられるのだ。われわれが知覚するすべてのものは、神のさまざまの姿である』と。ナレーンドラはよく私をからかって言ったものだ、『そうです、神がいっさいのものになっておられる。だから水さしは神です、茶わんは神です』とね。(笑い)

人が神を見たら、いっさいの疑いは消滅する。神についてきくのは一つのこと、しかし彼を見るのはまったく別のことだ。人は、ただきいただけでは一〇〇パーセントの確信は得られない。しかし、もし面と向かって神を見たら、そのときには完全に信じないではいられないのだ。

神のヴィジョンを得た後には、形式的な礼拝は脱落する。聖堂での私の祭事の執行が終わったのは、そういうわけなのだ。私はいつも、カーリー聖堂で祭神のおまつりをしていた。突然、いっさいのものは純粋霊であるということが、私に啓示された。祭事の道具、祭壇、扉の枠――すべてが純粋霊なのだ。人びと、動物たち、および他のすべての生きもの――すべてが純粋霊なのだ。そこで狂人のように、私は四方八方に花をまき始めた。見るものことごとくを礼拝した。

あるとき、シヴァを礼拝しつつ、神像の頭の上にベルの葉を置こうとした。そのときに、このヴィラート、つまりこの宇宙それ自体がシヴァであることが、私に啓示されたのだ。その後、私の、神像を通してのシヴァの礼拝は終わった。またある日、花をつんでいたら、そこに咲いている花々はすべて、さまざまの花束なのであることが私に啓示された」

トライロキヤ「ああ！　神の創造のなんと美しいこと」

師「おお、いや、そういうことなのではない。それは閃光《せんこう》のように私に示されたのだ。私がそう考えたのではない。草木の一本一本が神の宇宙的な姿を飾る花束である、ということが私に示されたのだ。それが私の花摘みの終わりだった。私は人を、これとまったく同じ形で眺める。人を見たとき、これは地上を、波に浮かんでフラフラと揺れているまくらのように歩いておられる、神ご自身だと見るのだ。まくらは波とともに動く。上がったり下がったりする。肉体はほんとうにつかの間の存在だ。神のみが実在する。肉体はいまあったと思ったらもうない。何年も前に、私が消化不良でひどく苦しんでいたときに、フリダイが、『ぜひ治してくださるよう、母にお願いをなさい』と言った。私は、自分の病気のことなど母に申し上げるのを恥ずかしく思った。私はこう言ったのだ、『母よ《マー》、私はアジア協会博物館でがい骨を見ました。それは、針金で人間の形につなぎ合わせてありました。おお母よ、私のからだも、あなたの御名と栄光をうたうことができるように、もう少ししっかりとつなぎ合わせておいてください』と。

願望がなければ、肉体は生きることはできない。（ほほ笑みつつ）私は一、二の願望を持っていた。私は母に、『おお母よ《マー》、「女と金」を放棄した仲間を与えてください』と祈ったのだ。さらに、『私はあなたのギャーニたちやバクタたちとの交わりを楽しみたいのです。ですから、あちこち歩いてそういう人びとを訪ねることができるよう、少しばかりの力をお与えください』とも祈った。しかし彼女は、歩く力は与えてくださらなかった」

トライロキヤ（笑いながら）「願望は全部、満たされましたか」

師（笑って）「いや、まだ少し残っているのだ。（みなが笑う）

肉体はほんとうにかりそめのものだ。腕を痛めたとき、私は母に申し上げた、『母《マー》よ、この傷はたいそうつろうございます』と。ただちに彼女は私に、馬車とその御者をお示しになった。あちこちでいくつかのねじがゆるんでいた。馬車は御者の動かすままに動いた。自分の力というものは持っていなかった。

それではなぜ、私はからだを大切にするのか。神を楽しむため、彼の御名と栄光をうたうため、そして彼のギャーニやバクタたちを訪ねてまわるためである」

ナレーンドラは、師の前の床の上にすわっていた。

師（トライロキヤや他の信者たちに）「肉体の悲喜は避けがたいものだ。ナレーンドラを見てごらん。お父さんが亡くなり、家族は極度の困難に直面している。彼はそれを脱する道を見つけることができないのだ。神は人をあるときは幸せに、あるときは不幸になさるものだ」

トライロキヤ「尊師よ、神はナレーンドラにお慈悲をお垂れになるでしょう」

師（微笑して）「だが、いつかね？　あるときフリダイが、シャンブー・マリックに若干の金をねだった。シャンブーは、こういうことに関しては『イギリス人』の見解を持っていた。彼はフリダイに言った、『なぜ、私があなたに金をあげなければならないのかね。あなたは自分で働いて稼ぐことができるではないか。いまでも、いくらかは稼いでいる。たいそう貧しい人びとの場合はちがう。慈善というのは要するに足の不自由、目の不自由な人びとに金を与えることだ』と。するとフリダイが言った、『どうぞもう、そんなことはおっしゃらないでください。あなたの金などいりません。目の不自由な人にも耳の不自由な人にも、ひどい貧乏にもならぬよう、神よ、どうぞ私をお助けください。私はあなたには与えていただきたくないし、私も受けたいとは思いません』と」

師は、神がまだナレーンドラに親切をお示しにならないので、腹を立てているかのような調子で話をなさった。ときどき、この愛《まな》弟子に愛深い視線を投げかけておられた。

ナレーンドラ「私はいま、無神論者の見解を研究しています」

師「二つの教義がある。神はあるとするのと、ないとするのとだ。前者を認めるのだよ」

スレンドラ「神は公正です。彼の信者たちの面倒は見てくださるに違いありません」

師「聖典には、前生で慈悲深かった者たちだけが今生で金を得る、と書いてある。しかしほんとうのことを言うと、この世界は神のマーヤーだ。そしてこのマーヤーの領域には、さまざまの当惑するようなことがある。理解が困難だ。

神は私に、ヴェーダが純粋霊であると述べているパラマートマンだけが、スメール山のように不変で、無執着で、快苦を完全に超えているのだとお示しになった。彼のマーヤーのこの世界には大きな混乱がある。人は決して『これ』は『それ』のあとにやってくるだろうとか、『これ』は『それ』をもたらすだろうとかいうようなことは言えないのだ」

一八八四年四月五日　土曜日

Mが寺院についたのは朝八時ごろだった。シュリー・ラーマクリシュナは自室の小さい寝台の上にすわっておられた。床に数人の信者がすわっていた。師は彼らに話をしていらっしゃった。プラーノクリシュナ・ムケルジーがいた。

プラーノクリシュナはある身分の高い家の生まれで、カルカッタの北部に住んでいた。彼はあるイギリス人の商社で、高い地位を占めていた。シュリー・ラーマクリシュナを深く信仰し、また、在家の人であるのにヴェーダーンタ哲学の研究に非常な興味を持っていた。彼はここの常連だった。師を自宅に招待して祭礼を催したこともあった。毎早朝、ガンガーで沐浴《もくよく》をしていた。都合がつくと、必ず舟を雇ってドッキネッショルにやってきていた。

プラーノクリシュナ「師よ、死後の生活はどういうものでございますか」

師「ケシャブも同じことをきいたよ。人が無知であるあいだは、つまり神をさとっていないあいだは、また生まれてくるだろう。だが知識を得た後は、その人はこの世界にも、また他のいかなる世界にも戻ってくる必要はない。

陶工は、つくった瓶をひなたに出して干しておく。そのなかには、すでに焼いたのとまだ焼いてないのとがまじっているのに、お前、気づいたことはないか。たまに牛がその上を歩きでもすると、いくつかは壊れてしまう。焼けた瓶で壊れたものは、もう役に立たないのだから陶工はすててしまうだろう。だが軟らかいのは、壊れていても集めてとっておく。一つの塊にしてそれからまた新しい瓶をつくるのだ。同様に、人が神をさとっていないあいだは、彼は陶工の手に戻らなければならない。つまりいくたびでも生まれ変わらなければならないのだ。

煮えた米をまいたとて何になろう。芽は出ない。それと同じように、もし人が知識という火で煮えたら、彼はもう新たな創造には使われない。彼は解放されたのだ。

プラーナによると、バクタとバガヴァーンとは別々の存在だ。『私』が一つであり『あなた』がもう一つなのだ。肉体は、いわば心、知性およびエゴという水をたたえている皿だ。ブラフマンは太陽のようなもの、それは水に影を映す。それだから信者は神の姿を見るのだ。

ヴェーダーンタによると、ブラフマンのみが実在、他のすべては夢のような実体のないマーヤーである。エゴは、サチダーナンダの海に浮かんでいる棒のようなものだ。（Mに）私の言っていることをよくおきき。このエゴがとり去られると、そこに残るのは不可分のサチダーナンダの大海だけである。しかし、エゴという棒が残っているあいだは、そこには二つのものがあるように見える。ここに水の一部分があり、そこに別の部分があるというようにね。ブラフマンの知識を得ると、人はサマーディに定住する。そのとき、エゴはぬぐいさられてしまう。

しかしシャンカラーチャーリヤは、人びとを教えるために『知識のエゴ』を保持していた。（プラーノクリシュナに）それでも、そこには知識の人であることをきわ立たせるしるしがある。ある人びとは、この人びとが知識を持っていると知るのだ。知識の特徴とはなにか。ギャーニは、決して人を傷つけない。彼は子供のようになる。

焼けた細ひもが地面に横たわっているのを遠くから見ると、ほんとうのひもがそこにあるように見えるだろう。しかし近寄って息を吹きかけると、それは飛んで消えてしまう。ギャーニの怒りや自分中心の思いは、ただ見えているだけでほんとうにあるのではない。

子供は執着を持っていない。おもちゃの家をつくり、誰かがそれにさわるととび上がって叫ぶだろうが、つぎの瞬間には自分でそれを壊している。いま、自分の着衣にたいそう執着して、『お父さんがくれたのだ。これはぬぎはしないよ』と言っているかと思うと、つぎの瞬間にはおもちゃを与えてそれをだましとることもできる。布はそこにおき放して、お前といっしょにどこかへ行ってしまうだろう。

このようなのがギャーニの特徴だ。彼は家にはさまざまのぜいたくな物を持っているかもしれない――寝台や椅子や絵画や馬車などを。それでも、いつでもそれらの全部をすてて、ベナレスに行くこともできるだろう」

プラーノクリシュナは師にあいさつをし、いとまをつげた。Mは、川で沐浴した。それからラーダー・カンタとカーリーの聖堂に行き、それぞれ神像の前にひれ伏した。彼は思った、「私は、神は形を持たないときかされてきた。ではなぜ、これらの神像の前に頭を下げるのか。シュリー・ラーマクリシュナが形のある神々や女神たちを信じておいでになるからなのか。私は神についてなにも知らないし、彼を理解してもいない。師は神像を信じておいでになるのだ。私のようなつまらぬ奴《やつ》がそれを認めてはならない、などという法があるものか」

諸聖堂の昼の礼拝と供物奉献とが終わった。アーラティのベルやどらやシンバルの音がきこえており、境内は喜ばしい活動にみたされた。乞食やサードゥや客たちは、食物を受けるべく、木の葉や金属の皿を手に接待所に急いだ。Mも、カーリー聖堂から若干のプラサードを受けた。シュリー・ラーマクリシュナが食後しばらく休んでおられると、ラームとギリンドラを含む数名の信者たちが到着した。彼らは師に敬礼をした後、すわった。

ギリンドラ「ブラーフモーたちは、パラマハンサデーヴァは、『組織の能力』（英語で）を持っておられないと言っております」

師「それはどういう意味か？」

M「あなたは宗派を導くすべをご存じない、あなたの知性はにぶい、というのです。彼らはこのような言い方をするのでございます」（みな笑う）

師（ラームに）「今度は、なぜ私の腕が傷ついたのか話しておくれ。立って、そのことに関する講演をしなさい。（大笑い）

ブラーフモーたちは、神は無形だと主張する。そうはいっても、真心こめて彼に呼びかけるなら、それで十分だ。もし信者がまじめであるなら、すべての人の内なる導き手であられる神が、その信者に彼の真の性質をお示しになるだろう。

ただ、神についての私たちの考えだけが正しくて他の人の考えは間違っている、私たちが神は無形だと考えるのだから、彼は無形であって形を持つはずはない、私たちが神は形を持つと考えるのだから、彼は有形であって無形であるはずはない、などと言うのは良くない。人が神の性質をほんとうに見抜くなど、できるものか。

私は、宗教を語る人びとが絶えず互いに争っているのを見る。ヒンドゥたち、回教徒たち、ブラーフモーたち、シャークタたち、ヴァイシュナヴァたち、シャイヴァ*たち、みな互いに争っている。彼らは、クリシュナと呼ばれる御方はシヴァでもあり、シャクティでもある、またそれはイエスやアラーと呼ばれる御方でもあることを、理解するだけの知性を持っていないのだ。『ひとりのラーマがおられるだけ。彼が千の名をお持ちなのである』真理は一つ、ただそれがさまざまの名で呼ばれているのだ。すべての人が同一の真理を求めている。ちがいは気候や気質や名前からくるのだ。あらゆる人が、神に向かって進みつつあるのだ。もし、まじめで深い渇仰心を持っているなら、全部が彼をさとるだろう」

一八八四年五月二四日　土曜日

午後五時ごろだった。シュリー・ラーマクリシュナは、シヴァ聖堂の階段にすわっておられた。アダル、ドクター・ニターイ、Mのほか、数名の信者たちが彼のそばにいた。

師（信者たちに）「お前たちに話したいことがある。私の性質に、ある変化が起こりつつあるのだ」

師は一段下りてきて、信者たちのそばにすわられた。彼らに、なにかご自分のもっと深い経験を伝えようとしておられるように思われた。

師「お前たちは信者だ。私はこのことを話すのになんのためらいも感じない。近ごろは、私は神の霊姿を見ないのだ。彼は私に人間の形で姿をお見せになる。神の姿を見、彼にふれ、彼を抱くのが私の性質だ。神は私に、『お前は肉体の姿をとっている。それだから、神の人間の姿を通じて彼を楽しむがよい』と言っておられるのだよ。

神は言うまでもなく、すべてのものに宿っておられる。しかし彼は、他の生きものよりももっと多く、人間を通じてご自分を現しておられるのだ。人間というのはつまらないものかね。彼は神を思うことができる。彼は無限者を考えることができる――他の生きものにはそれはできないのだが。神は他の生きもののなかにも宿っておられる――動物たち、植物、いやあらゆるもののなかに――しかし彼は、他の何ものよりも人のなかに、いちばん多くみずからを現しておられる。火はすべての生きもののなか、すべてのもののなかに宿っているが、それの存在は木のなかに最も強く感じられるのだ。

しかし、化身のなかには、他の人びとよりさらに大きな神の現れがある。ラーマはラクシュマナに、『弟よ、もし人が神への忘我の愛に浸っているのを見たら、もし彼が法悦のなかで笑ったり泣いたり踊ったりしているのを見たら、私が彼のなかに宿っている、と確信してよろしい』と言われたのだ」

師はしばらく沈黙しておられた。数分の後に、ふたたび話をおはじめになった。

師「ケシャブ・センはたびたびここにきたものだ。その結果、彼はたいそう変わった。最近はまったくすばらしい男になっていた。彼はしばしば、自分の信者たちをつれてここにきたが、また一人でもきたがっていた。若いころには、サードゥたちと交わって暮らす機会は持たなかったのだ。

私は彼を、コルートラ街の自宅に訪ねた。フリダイがいっしょだった。われわれは、彼の仕事部屋に通された。彼は何かを書いていた。だいぶ長いことたってからペンをおき、椅子を離れてわれわれといっしょに床にすわった。しかし、われわれにおじぎをするでもなく、他の方法で敬意を表すこともしなかった。

彼とその友人たちがやってくるやいなや、私は彼らが私に頭を下げる前に、彼らに向かっておじぎをした。このようにして、彼らは徐々に、ひたいを地につけてサードゥにあいさつをすることを学んだのだ。

ある日、ケシャブが信奉者たちをつれてここにやってきた。彼らは夜の一〇時までここにいた。私たちは、みなでパンチャヴァティにすわっていた。プラタープと他の数名が、ここで夜を過ごしたいと言った。ケシャブが、『いや、私は帰らなければならない。しなければならない仕事があるから』と言った。私は笑って、こう言ったよ、『お前は、自分の魚のかごの匂いをかがないと眠れないのかね。あるとき、漁師の妻が花をつくっている庭師の家に泊まった。彼女は市場で魚を売った後、カラのかごを持ってここにきたのだ。そして、花の置いてある部屋に寝かされた。ところが、花の香りが気になってどうしても眠れない。女主人がそれに気づいて、「あら、なぜそんなに寝返りばかり打っているの」とたずねた。すると漁師の妻が、「私にも分からないの。たぶん、花の匂いが気になるからなのでしょう。あの奥のかごをくださいませんか。あの匂いをかいだら眠れるかもしれない」と言った。それで奥のかごが持ってこられた。彼女はそれに水をふりかけて鼻のそばにおき、間もなく深い眠りに入って、夜中、いびきをかいていた』と。

この話をきいて、ケシャブの信奉者たちは大笑いした。

ケシャブはその日の夕方、川の沐浴場で祈りの司会をした。礼拝のあとで、私は彼に言ったのだ、『一面で聖典としてみずからを現しておられるのは神である。それだから、人はヴェーダやプラーナやタントラのような聖典を礼拝しなければいけない。他の面では、彼は信者になっておられる。信者のハートは、神の客間である。人は自分の主人に会おうと思ったら、客間に行くのがいちばん便利だろう。それだから、神の信者を拝むことは、神ご自身を拝むことなのである』と。

（信者たちに）ねえ、ケシャブは大学者だった。彼は英語で講演をした。多くの人びとが彼を尊敬した。ヴィクトリア女王みずからが、彼と話をしたのだ。しかし、ケシャブがここにきたときは、彼ははだかで、サードゥを訪ねるときの作法にしたがって、果物をたずさえてきたものだ。彼は完全にうぬぼれをすてていた」

一八八四年六月二五日　水曜日

ヒンドゥのラタ・ヤーットラー*、車祭の日であった。イシャンの招待で、シュリー・ラーマクリシュナはカルカッタの彼の家に行かれた。少し前から、師は、イシャンの近くに住む人の家に滞在しているパンディット・シャシャダル・タルカチューダーマニに会いたい、との希望を持っておられた。

午後四時ごろ、師は馬車で、パンディット・シャシャダルが泊まっている家に向かって出発なさった。シュリー・ラーマクリシュナは、馬車に乗ると同時にサマーディに入られた。師のからだは、修行時代、長年にわたって課せられた苦行の結果として、また彼が絶えず神意識に没入なさるために、非常に敏感になっていた。師はごくかすかな肉体的不快感にも、また近くにいる人からくる世俗的な思いの波長にさえも、苦しまれるのだった。あるときケシャブ・チャンドラ・センは、シュリー・ラーマクリシュナやキリストやシュリー・チャイタンニャは、人間のなかのとくにデリケートな種類に属しておられるのだから、ガラスのケースに入れて俗世間との接触から守らなければいけない、と言っていた。

雨期だったから、しとしとと降る雨に道はどろどろになっていた。空には雲が低く垂れこめていた。信者たちは歩いて馬車にしたがった。馬車が家の前に着くと、主人とその身内たちが師を出迎え、二階の客間に案内した。そこで、師はパンディットとお会いになった。

色の白い、もはや年配の男であるパンディット・シャシャダルは、くびにルドラクシャの玉のひもをかけていた。彼はこの時代の有名なサンスクリット学者の一人であり、キリスト教と西洋文化の最初の波がヒンドゥ社会を席巻《せっけん》した後、ふたたび台頭した正統派ヒンドゥイズムの重鎮《じゅうちん》であった。彼の、ヒンドゥ経典の明快な説明、誠実さ、および人の心を動かす雄弁は、大勢の、ベンガルの教育ある若者たちを、その父祖たちの宗教につれ戻したのであった。

パンディットは、うやうやしく師にあいさつした。師とともにきたナレーンドラ、ラカル、ラーム、ハズラおよびMは、師の一語をも聞きもらすまいと、できるかぎり彼の近くに座を占めた。

パンディットを見ると、師はふたたびサマーディに入られた。少したつと、まだその状態のままで、彼はパンディットを見つめて微笑しながら「結構だ、じつに結構だ」とおっしゃった。

それからパンディットに向かって、「どんなふうに講義をするのか、きかせてください」とおっしゃった。

パンディット「師よ、私は、ヒンドゥの聖典の教えを説明するよう、努めております」

師「カリユガには、ナーラダが教えた信仰の道がいちばんふさわしいのだ。いまは人びとがどこに、聖典の命令どおりの勤めを行うだけの時間を見つけることができるか。近ごろは、伝統のヒンドゥの医者が処方する根や葉の煎《せん》じ薬《ぐすり》は、熱病患者に与えても駄目だ。そのたぐいの薬がそろそろと効果を現すころには、病人は駄目になってしまっている。それだから、いまは対症療法の『解熱剤』のような、即効のある薬だけが効果をもたらすのだ。聖典が教えている慣例や儀式を守ることを人びとにすすめるのはよい。しかし、儀式を命じる際には、『頭としっぽ*』は除くようにしなさい。

あなたがいく千の説法をしても、それらは世俗的な人びとには少しの印象も与えはしないだろう。石の壁にくぎを打ち込むことができるかね。壁にくぼみができる前にくぎの先がつぶれるだろう。ワニの固い皮を刀で打ったところで何が得られるか。あなたの説法は、世俗的な人びとをたいして助けてはいない。あなたもやがてそれをさとるだろう。

あなたは、神を愛する人と俗人とを見分けることができない。もちろんそれはあなたの落ち度ではない。一陣の強風が木々をゆるがすと、どれがどの木であるかを――たとえばタマリンドとマンゴーを――区別することはできないものだ」

　師はサマーディのことを語りつつ、みずからがその状態に入られた。彼の顔は神々しい光を放った。外界の意識を失い、彼はそれ以上言葉を発することがおできにならなかった。視線は内に向けられ、自己に集中された。長いことたってから、周囲の世界を認められるようになり、子供のように「水を飲もう」とおっしゃった。師は、サマーディのあとではいつも水を所望なさった。信者たちは、彼が徐々に外界を意識しはじめておられることを知った。

　なお、なかば法悦の状態にあって、彼は母なる神にこうおっしゃった、「おお母《マー》よ、このあいだ、あなたは私に、パンディットのイーシュワル・チャンドラ・ヴィッダーシャーゴルを見せてくださいました。そのとき私が、もう一人のパンディットに会いたいと申し上げたので、ここにつれてきてくださったのですね」

　パンディットを見ながら、彼はおっしゃった、「私の子よ、もう少し力をおつけなさい。あと数日間、霊性の修行をなさい。あなたはようやく木に足をかけたばかりなのに、もう果実の大きな房をつかもうとしている。だがもちろん、あなたはこれらすべてを、他者の幸せのためにやっている」こう言うと、彼はパンディットの前に頭を下げられた。

師はつづけられた、「はじめてあなたのことをきいたとき、私はあなたが単に博識なだけなのかどうか、識別と放棄の力を得ているのかどうかをたずねた。実在と非実在とを識別することを知らないパンディットは、パンディットではないのだ。

説教者が主の委託を受けているなら、他者を教えて少しも害はない。神の命令を受けた後に人びとを教える説教者は、誰もくつがえすことができない。学問の女神から一条の光を受けると、人はじつに強力になって、彼の前に出ると大学者たちもミミズのように見えるのだ。

ランプに火がつくと、蛾《が》が群れをなしてやってくる。彼らを招く必要はない。同様に、神の委託を受けている説教者は、ききにこいと人びとを呼び集める必要はない。説法の日時を公告する必要もない。人びとの方から自発的に集まってくるような、抵抗しにくい魅力をそなえているのだ。あらゆる階級の人びと、王侯貴族までが彼のまわりに集まってくる。

磁石が鉄に向かって、『私のそばにおいで』と言うかね。そんな必要はない。磁石の引力にひかれて、鉄はそれに向かって突進する。

そんな説教者は、学識のある人間ではないかもしれない。しかし、それだからといって、彼は知恵が足らないなどと決めてはいけない。書物の勉強が人を賢くするか。神の委託を受けている人は、決して知恵に不自由することはないのだ。その知恵は神からくる。それは、使いつくされることはない。その知識は決して終わるということはない。

説教者が、たとえいちどでも母から慈悲深い一瞥《いちべつ》をいただいたら、彼が知識の欠乏に悩むなどということがあろうか。それだから、私は神から委託を受けたか、とあなたにきいているのです」

ハズラ「おお、そうですとも、彼は受けられたにちがいありません。（パンディットに）そうではありませんか」

パンディット「委託ですって？　いいえ、師よ、そのようなものは受けていないように思います」

家の主人「委託は受けていないでしょう。しかし彼は、義務感から説法しているのです」

師「神からの委託のない単なる説法だけで、人になにができよう。あるとき、ブラーフモーの説教者が、その説法の途中で『みなさん、私はどれだけ酒を飲んだことか』などと言ったものだ。聴衆はこれをきいて『この馬鹿はなにを言っているのだろう。酒を飲んでいたなんて』とささやきはじめた。こういう言葉は、非常に良くない結果をもたらした。このことは、説法は善良な人からくるのでなければ、良い結果は生まないことを示している。

それだからね、つまらない人間が相手がうんざりするほど説法をするかもしれないが、人びとは神の権威というバッジをつけた人の話にだけ、耳を傾けるのですよ。神からの委託がなければ、人を教えることはできない。人びとの師となる者は、大きな力を持っていなければならないのだ。それだからね、サチダーナンダの大海にとび込みなさい。神をさとりさえすれば何ひとつ心配することはないのだ。そうすれば、人びとを教えよ、という彼の委託を受けるだろう」

パンディット「聖地はどこまで、おまわりになりましたか」

師「おお、二、三の聖地へは行きました。(笑いながら)だがハズラはもっと遠くに行き、もっと高くも登りました。彼はリシケシまで行った。私はそれほど遠くにも、それほど高いところにも行かなかったが。

あなたは、トビやハゲタカが空高く舞い上がっているのを見たでしょう。だが彼らの目は、いつも死体置場に向けられている。『死体置場』とは何だか分かりますか、『女と金』だ。

いまいるところにいるままで、神への愛を得ることができるなら、何で巡礼をする必要があろう。私はベナレスに行って、あそこにもここにあるのと同じ木が生えているのを見た。同じ緑色のタマリンドの葉なのですよ。

神への愛を得ることができないのなら、巡礼をしても無益だ。神への愛が、たった一つの本質的なそして必要なものなのだ。『トビとハゲタカ』とは何だか知っていますか。世間には、偉そうな口をきき、自分は聖典が命ずる務めをおおかた行った、などと言う人がたくさんいる。だがそれにもかかわらず、彼らの心は俗事に奪われ、金や富や名声や、快適な生活というようなものでいっぱいなのだ」

師はいとまをつげようとなさった。パンディットとその友人たちは、彼の前に深く頭を下げた。

まだ日は暮れなかったので、シュリー・ラーマクリシュナは、信者たちとともにイシャンの家に戻られた。師はイシャン、その息子たち、あるパンディット、および数名の信者たちとともに、客間におすわりになった。

師（微笑しながらイシャンに）「私はパンディット・シャシャダルに言った、『あなたは木に足をかけたばかりなのに、果実の大きな房をつかもうとしている。まず第一に少し修行をして、それから他者を教えるがよい』と」

イシャン「どの説教者も、自分は他者をさとらせることができると思っております。ホタルも、自分は世界を照らしている、と思っているのでございましょう。それがホタルの感じていることだろうと想像して、誰かがホタルにこう言いました、『おおホタルよ、どうしてお前が世を照らすことなどができよう。お前はただ、暗闇の濃さをはっきりとさせただけだ』と」

師（ほほ笑みつつ）「しかし、シャシャダルはただの学者ではない。彼は多少の識別力と離欲の念も持っている」

師はドッキネッショルに向かって出発しようとなさった。イシャンをはじめ信者たちは彼を囲んで立ち、彼はイシャンにさまざまの助言をお与えになった。

師「在家の生活をしながら、神に呼びかけることのできる信者はほんとうに英雄だ。神はこうお思いになる、『私のために世間を放棄した者は、間違いなく私に祈る。彼は私に仕えなければならない。それは当然のことだ。彼がもしそれをしなかったら、人びとが彼を非難するだろう。しかし、世俗の務めの最中に私に祈る者はじつに恵まれている。彼は大きな障害を克服しながら――いわば一トンもする大きな石のかたまりを押しのけながら――私を見つけようとしているのだ。そういう人は真の英雄だ』とね。

アリのように生きなさい。この世は真理と非真理、砂糖と砂の混合だ。アリになって砂糖だけとるのだ。

またこの世はミルクと水の、神意識の至福と、感覚の楽しみとの混合だ。ハクチョウになって、水を除いてミルクだけを飲みなさい。

水鳥のように、この世間に生きなさい。水がくっついても、鳥はそれを払いおとすだろう。

ドジョウのように生きるのだ。この魚は泥の中にすんでいるのだが、いつもピカピカ光っている。

この世はほんとうに、真理と見せかけとの混合だ。見せかけをすてて、真理をとるようにするのだよ」

シュリー・ラーマクリシュナは馬車に乗り、ドッキネッショルに向かって出発なさった。

一八八四年六月三〇日 月曜日

シュリー・ラーマクリシュナは、自室の床にひろげられた敷物の上にすわっておられた。パンディット・シャシャダルと数名の信者たちが同じ敷物の上にすわり、他は床にすわっていた。スレンドラ、バーブラーム、M、ハリシュ、ラトゥ、ハズラその他がいた。午後四時ごろだった。

シュリー・ラーマクリシュナは六日前にカルカッタで、パンディット・シャシャダルにお会いになった。それで今度はパンディットが、師を訪ねてドッキネッショルにきたのである。パンディットはヴェーダやその他の聖典を学んでいた。彼は哲学を論じることを愛した。師は小さい寝台の上にすわって、パンディットに慈悲深い目をそそぎつつ、たとえ話をして彼に助言を与えられた。

師（パンディットに）「ヴェーダのような聖典はたくさんある。しかし、人は厳しい霊性の修行をしなければ、神をさとることはできません。『神は六つの哲学、ヴェーダまたはタントラのなかに見つけることはできない』と言われているのです。

だが、人は聖典の内容を学んで、それらの命ずるとおりに行動をしなければならない。ある男が手紙を失った。どこに置いたか忘れてしまったのだ。彼はランプをつけて探しはじめた。二、三人の人びとが探した結果、手紙はやっと見つかった。そこに書かれている用向きは、『五シェールのサンデーシュと一着の衣服とを届けてください』というものだった。男はそれを読むと、手紙はすててしまった。もういらなかったからだ。今度彼のしなければならないことは、五シェールのサンデーシュと一着の衣服を買うことだけだったのである。

読むよりも良いのはきくこと、きくことよりも良いのは見ることだ。人は聖典の意味を、グルまたは高徳の人の口からきくことによって、もっとよく理解する。そうすると、大切でない場所には注意を向けないですむからだ。

だが見ることは、きくことよりもはるかに良い。そうするとすべての疑惑が消滅するのだ。聖典にさまざまのことが書いてあるのは事実だ。しかし神の直接のさとりがなければ――神の蓮華の御足への信仰がなければ――心の浄らかさがなければ、それらはことごとく無益なのだ。

こよみはその年の降雨を予報するけれど、こよみを絞ったとて一滴の水も出はしない。一滴もだ」

一信者「肉体は神をさとった後にも存続するものでございますか」

師「彼の現在の肉体は、それの惰性*が尽きるまでは生きつづける。しかし未来の誕生は、もうあり得ない。車輪は、それにはずみをつけた力の惰力がつきるまで回転しているだろう。それが尽きたら止まるのだ。このような人の場合には、色欲や怒りのような感情は燃えつきてしまっている。肉体だけが、少しばかりの活動を行うために生き残るのだ」

師はしばらく黙っておられたが、やがてパンディット・シャシャダルに、一服せよとすすめられた。パンディットはタバコを吸いに、東南のベランダに出た。間もなく部屋に戻ってきて、信者たちとともに床にすわった。師は小さい寝台にすわって話をつづけられた。

師（パンディットに）「まあきいてください。三種類のアーナンダ、つまり喜びがあるのです。世間の楽しみからくる喜びと、礼拝の喜びと、ブラフマンの喜びだ。世間の楽しみの喜びは、人びとがつねに楽しむ『女と金』の喜びだ。礼拝の喜びは、人が神の御名と栄光をとなえるときに楽しむ。そしてブラフマンの喜びは、神のヴィジョンである。古代のリシたちは、神のヴィジョンの喜びを経験した後にはすべてのおきてや習慣を超越した。

何がサマーディか。心が完全に神意識に融合することです。ギャーニはジャダ・サマーディを経験する。そのなかには『私』の痕跡は残っていない。バクティの道を通って達するサマーディは、チェタナ・サマーディ*と呼ばれる。このサマーディには『私』の意識が残っている——主人に対する召し使いの『私』、恋人に対する彼を恋する者の『私』、食物に対するこれを味わう者の『私』である。神は、主人であり、信者は召し使いである。神は恋人であり、信者は彼を恋する者である。神は食物であり、信者はそれを楽しむ者である。『私は砂糖にはなりたくない、それをたべたい』というのです。

神は、彼の信者にブラフマンの知識を与えられた後にも、彼のなかに少しばかりの『私』を残しておおきになる。その『私』は、信者の『私』、ギャーニの『私』である。その『私』を通じて、信者は神の無限のお遊びを楽しむのだ。

黙想によって心を不可分のブラフマンに融合させるのは喜びである。また、それを絶対者に溶け込ませることなしにリーラー、つまり相対界に置くのも喜びである。

ただのギャーニは単調な人間だ。いつも分析し、『これではない、これではない、世界は夢のようなものだ』と言っている」

一信者「この『信者の私』は、まったく解消するということはないものでございますか」

師「いや、それはときどき消える。そのときには、その人はブラフマンの知識を得てサマーディに入るのだ。私もときどき失う。しかしつねにではない。私は母なる神にお祈りするのだ、『お母《マー》よ、私にブラフマギャーナを与えないでください』と。前には、形ある神の信仰者がたくさん、私のところにきたものだ。それから、現代のブラフマギャーニ*たちがきはじめた。そのころ、私はおおかたのときをサマーディの、無意識の状態のなかで過ごしていた。意識を回復すると、いつも母なる神に、『おお母《マー》よ、どうぞ私にブラフマギャーナを与えないでください』とお願いしたものだ」

パンディット「神は私たちの祈りをきいてくださるのですか」

師「神はカルパタル、願望成就の木です。お願いすることは必ずきいてくださる。しかしカルパタルのそばに立って祈らなければいけない。そうしたときにはじめて、祈りはかなえられるのだ。しかし、もう一つのことを覚えておかなければいけない。神はわれわれの内なる感情を知っておいでになる。サーダナを実践しているときに、人の抱いている願望はかなえられるのだ。思ったとおりのものが得られるのである。

昔はよく聖なる母に向かって、『私の理性に偏りがちな傾向を、あなた様の雷電で粉々に打ち砕いてください』と祈りながら涙を流したものだった」

パンディット「ではあなたもやはり、推理する傾向をお持ちだったのですか」
師「ああ、かつてはね」
パンディット「ではどうぞ、私たちもその傾向をすてることができる、と保証してください。どのようにしてそれをおすてになったのですか」
師「まあ、なんとかかんとかして」
シュリー・ラーマクリシュナはしばらく黙っておられ、それから話をおつづけになった。
師「神はカルパタルだ。それのそばに立って祈らなければいけない。そうすれば、欲するものはなんでも得られる。
どんなに多くのものを、神はおつくりになったことか。彼の宇宙は無限だ。しかし、私が彼の無限の光輝について知る必要がどこにあろう。もしそれを知る必要があるなら、まず彼をさとるべきだ。そうすれば神ご自身がそれらについて全部話してくださるだろう。ジャドゥ・マリックが何軒の家と何枚の公債を持っているか、なんで私に知る必要があろう。私に必要なのは、なんとかしてジャドゥ・マリックと話すことだ。堀をとび越えてでもよい、嘆願した結果でもよい、門番にこづきまわされたあげくでもよい、とにかく彼に会うことができたとする。ひとたび彼と話す機会に恵まれるなら、私がたずねれば、彼自身が自分の持ち物について何も

かも話してくれるだろう。主人と親しくなれば、彼の使用人たちからも尊敬されるものだよ」（みな笑う）

師は、パンディットの謙虚な態度を喜ばれた。信者たちに向かって、彼を称賛なさった。

師「彼はじつに善い性質を持っておられる。土壁にくぎを打ち込むことは少しもむずかしくない。だが石に打ち込もうとしても決してくぎは入らず、その先がつぶれるだろう。一〇〇〇回、神の話をきいても決して霊意識のめざめない人がいる。彼らはワニのようなものだ。いくら刀で突いても皮に傷もつかない」

パンディット「それでも腹にやりを突き刺せば、ワニを傷つけることもできます」（みな笑う）

師（微笑して）「山ほどの聖典を読んだとてなんの益があろう。哲学の勉強をしてなんの益があろう。えらそうな話をしてなんの役にたつか。弓術を学ぶには、まずバナナの木を的にする。それから葦《あし》、それから灯心、最後に飛ぶ鳥を射るのだ。最初は、形のある神に心を集中すべきだ。

そうだ、神をさとる道は識別と、放棄と、そして神へのあこがれである。どんなあこがれか、ちょうど雌牛が夢中になって子牛の後を追いかけるように、神を慕うのだ」

パンディット「同じことがヴェーダに述べてありますよ、『おお神よ、雌牛が子牛を呼んでモウモウと鳴くように、私たちはあなたをお呼びします』と」
師「涙を流すほどに慕いなさい。そして、もし識別と離欲によっていっさいを放棄することができるなら、神を見ることができるだろう。知識の道を歩むにせよ、信仰の道をたどるにせよ、このあこがれが神に酔う境地をもたらすのだ。

在家の者の知識と、すべてを放棄したサンニャーシーのそれとは大きな違いがある。在家の者の知識は、家の中だけを照らすランプのようなもの、彼は彼自身のからだと直接の身内の人びとのほかは、この知識では何も見ることはできない。しかし、いっさいを放棄した僧の知識は、太陽の光のようだ。その光によって、彼は部屋の内も外も見ることができる。チャイタンニャデーヴァの知識は、太陽の輝きを持っていた――知識の太陽である。その上に、彼は信仰という心を静め慰める月の光を放射した。彼はブラフマンの知識と、うっとりとさせる神の愛との両方をそなえていたのだ」

パンディットとマニ・マリックとは熱心に話を始めた。マニはブラーフモー・サマージの会員だった。パンディットは、熱意をこめてブラーフモー・サマージの良い面と悪い面とを論じた。

ほほ笑みながら、シュリー・ラーマクリシュナはパンディットにおっしゃった、「マニ・マリックは長いこと、ブラーフモー・サマージの教えを信じてきたのだ。彼をあなたの考えどおりに変えようとしても無理ですよ。長年の傾向を壊すのは容易なことではない。むかしあるところに、つねに母なる神を礼拝して彼女の御名をとなえている、熱心なヒンドゥ教徒が住んでいた。マホメット教徒がこの国を征服したとき、彼らはイスラームを奉じることを彼に強制した。彼らは、『お前はいまはマホメット教徒だ。これからはアラーの御名だけをとなえなければいけない』と言った。ようやくのことで彼は『アラー』という言葉をとなえたが、ときどき、『ジャガダンバー*』と口をすべらせた。するとマホメット教徒たちは彼を打とうとした。そこで彼はこう言ったという、『お願いです。どうぞ私を殺さないでください。私はアラーの御名をとなえようと一心に努めているのです。でも、私たちのジャガダンバーが私ののどもとまでいっぱいに詰まっていて、アラーをおしのけるのです』（みな笑う）

（パンディットに）どうぞ、マニ・マリックには何も言わないでください。さまざまの好みがあることを知らなければいけない。またそこには消化力のちがいもある。さまざまの求道者にあうように、神はさまざまの宗教や教義をおつくりになった。決して、誰も彼もがブラフマンの知識を得られるというものではない。だから、形ある神の礼拝が用意されているのです」

一同は黙ってすわっていた。シュリー・ラーマクリシュナはパンディットに、「行って聖堂に参《まい》り、そのあたりを散歩しておいでなさい」とおっしゃった。午後五時半ごろだった。パンディットは、友人たちや数名の信者たちとともに部屋を出て行った。

しばらくして、師はMとともにガンガーの沐浴場のほうに行かれた。堤防の上で彼はパンディットに会い、「カーリー聖堂には行かないのですか」とおっしゃった。パンディットは、「はい、ごいっしょにまいりましょう」と言った。彼らは聖堂に着いた。シュリー・ラーマクリシュナは、ひたいを地につけ母なる神にごあいさつをなさった。

赤いハイビスカスの花とベルの葉とが母の御足を飾っていた。彼女の三つの目は信者たちへの愛を放射していた。二本の手は恵みと保証を与えるかのように高く上げられており、他の二本は死の象徴を持っていた。彼女の御身はベナレス・シルクのサーリー*をまとい、装身具で飾られていた。神像をさして一行中の誰かが、「これは彫刻家ナビンの作だそうで」と言った。師は、「そうだ、私は知っている。だが私にとっては、彼女は霊の権化だ」とおっしゃった。

日暮れであった。師は自室の西側の半円形のポーチにすわっておられた。バーブラームとMはそばにすわった。彼はなかば忘我の状態にあられた。

ラカルは当時、シュリー・ラーマクリシュナのもとで暮らしてはいなかった。そのため師は、身のまわりのことに不自由を感じておられた。何人かの信者たちがここで暮らしていたのだが、彼は霊的ムードに入っておられるときには、人を選ばぬ接触には耐えることがおできにならなかった。彼はバーブラームにほのめかされた、「いっしょに暮らしておくれよ。さぞよかろう。このムードに入ると、私は他の者たちを私にさわらせることができなくなるのだよ」

師（Mに、やさしく）「お前、なぜこのごろはそうたびたびこないのか」

M「特別の理由はございません。家で忙しくしておりまして」

師「きのう、私はバーブラームの内部の性質を知った。ここで私といっしょに暮らせと強くすすめているのはそれだからなのだ。母鳥は卵をちょうど良い時にかえす。バーブラームのような少年は心が浄らかだ。彼らはまだ『女と金』の手中には落ちていない。そうではないか」

M「おっしゃるとおりでございます。彼らはまだ無垢《むく》でございます」

師「彼らは新しい瓶のようだ。中に蓄えたミルクは酸っぱくならないだろう」

M「はい、そうでございます」

師「私はここでバーブラームがいるのだ。私がある霊的状態に入ったときには、彼のような者が必要なのだよ。彼は、それは悶着《もんちゃく》を起こすから、突然ここに移り住むことはできないと言う。身内の人びとが騒ぐのだろう。私は彼に、土曜日曜にここにこいとすすめている」

パンディットが友人たちをつれて部屋に入ってきた。

師（パンディットに）「あなたはギーターを読まれたに違いない。あそこには、すべての人びとに尊敬される人の内部には神の力の特別の現れがある、と書いてある」

パンディットはギーターのその部分を朗唱した。

師「あなたは確かに神の力を持っておられる」

パンディット「私は自分が引き受けたこの仕事をなしとげるために、辛抱強く働きましょうか」

シュリー・ラーマクリシュナは無理やりに「はい」とおっしゃったようだった。すぐに話題を変えられた。

パンディットと友人たちは師にあいさつをして帰ろうとした。シュリー・ラーマクリシュナはパンディットにおっしゃった、「またきてください。大麻吸いはもう一人の大麻吸いに会うとたいそう喜ぶものです。互いに抱き合いさえもする。だが、別種の人びとの姿を見ると隠れます。雌牛は自分の子牛の体はなめてやる。だがよその雌牛は角でおどかすでしょう」（みな笑う）

パンディットは部屋を出て行った。微笑して、師はおっしゃった、「彼はたった一日で『薄められ』た。彼がどんなにつつましやかであったか、見たかね。そして私の言ったことはすべて是認した」

月の光が半円形のポーチいっぱいに差し込んでいた。シュリー・ラーマクリシュナはまだそこにすわっておられた。Mは帰ろうとした。

師（やさしく）「もう帰らなければいけないのか」

M「はい、師よ。おいとまをさせてください」

師「私は、信者たちの家々を訪れたいと思っている。お前の家にも行きたい。どう思うかね」

M「たいへんに結構でございます」

一八八四年七月三日　木曜日

シュリー・ラーマクリシュナは、カルカッタのバララーム・ボシュの家にすわっておられた。彼のそばには、ラーム、バララーム、バララームの父、M、マノモハン、その他数人の若い信者たちがすわっていた。

シュリー・ラーマクリシュナは二、三分ポーチに出ておられたあと、すぐに戻っておいでになった。彼が外に出ようとなさったとき、ヴィッシャンバルの六、七歳の娘がごあいさつをした。部屋にお戻りになると彼は、この少女と、同じ年くらいのその仲間たちとに声をおかけになった。

子供（師に）「ごあいさつをしたのに、こちらを向いてもくださらなかったわ」

師（笑って）「そうか。ほんとうに気がつかなかったのだよ」

子供「じゃお待ちになって。もう一度ごあいさつをします。こちらのおみ足にも」

シュリー・ラーマクリシュナは笑っておすわりになった。彼は、ひたいを地につけておじぎをお返しになった。彼は彼女に歌をうたえとおっしゃった。子供は、「私は誓ってうたいません」と言った。師が、ぜひうたえ、とおっしゃると、彼女は、「誓って、と申し上げたのに、それでもうたえとおっしゃるの？」と言った。師はたいそうお喜びになり、彼女たちを喜ばせるために軽いふざけた歌をおうたいになった。

彼はうたわれた。

さあ、髪を編んであげよう、
旦那《だんな》さまに見られても叱《しか》られないようにね。

子供たちも信者たちも笑った。

師（信者たちに）「パラマハンサは五歳の子供のようなものだ。彼は、いっさいのものが意識で満たされているのを見る。シヴァラーム*が四、五歳のころ、私はカマルプクルで暮らしていたことがあった。ある日、彼は池のほとりでキリギリスをつかまえようとしていた。木の葉がうごいた。その葉ずれの音を止めようとして、彼は木の葉に向かって、『しっ！　しっ！　いまキリギリスをつかまえるんだ』と言っていた。またある日、あらしで雨がはげしく降っていた。シヴァラームは私といっしょに家の中にいた。稲妻が光っていた。彼は扉をあけて外に出たがった。私は叱って止めたが、彼はそれでもときどき外をのぞいていた。稲妻を見て彼は叫んだものだ、『やあ、叔父さん！　あそこでまたマッチをすっている』と。

　パラマハンサは子供のようなものだ。彼は身内と他人との区別をつけることができない。世間的な関係などは気にしないのだ。ある日シヴァラームが私に言った、『叔父さん、あなたはお父さんの兄弟なの、それとも義理の兄弟なの？』

　パラマハンサは子供のようなものだ。彼は自分のいるところをまったく覚えていない。彼はいっさいのものをブラフマンと見る。シヴァラームはドゥルガー・プージャーを見にフリダイの家に行った。彼は家を抜け出してどこかへ行ってしまった。通りすがりの人が、そのときまだ四歳だったあの子を見て、『どこからきたの？』とたずねた。彼は『小屋』としか言うことができなかった。彼は母の御像がおまつりしてある大きな仮小屋のことをいっていたのだ。その人はさらに『だれといっしょに住んでいるの?』とたずねた。彼は『お兄ちゃん』と言うだけだった。

ときにパラマハンサは、狂人のようにふるまう。ドッキネッショルの聖堂奉献式の二、三日後に一人の狂人がやってきたが、この男は、ほんとうにブラフマンを悟った賢者だった。片手に細い竹を、もう一方の手には鉢に植えたマンゴーを持ち、ぼろぼろの靴をはいていた。彼は世間の習慣には全然したがわなかった。ガンガーで沐浴したあとでも、宗教的な儀式は何もしなかった。身にまとった布のはしに包んでいた何かをたべた。それからカーリー聖堂に入って、女神に賛歌をあげた。聖堂がふるえた。ハラダリがそのとき聖所にいた。この狂人は給食所で食事することを許してもらえなかった。しかし彼は、そんな軽蔑はすこしも気にかけなかった。ゴミの山をかきわけて食物をさがしていた。そこでは、イヌどもがすてられた木の葉の皿からたべのこりをあさっていたのだ。ときどき、イヌどもをおしのけて自分のたべるぶんをとった。イヌもまた、別に気にもしなかった。ハラダリは男の後について行って、『あなたは誰か。プールナーギャーニか*』とたずねた。気違いは、『しっ! そうだよ。私はプールナーギャーニだ』とささやいた。ハラダリからそのことをきいたとき、私の胸はドキドキと高鳴った。私はフリダイにしがみついた。母なる神に、『母よ、私もあんな状態を通らなければならないのですか』と言った。私たちはみな、その男に会いに行った。男は私たちには偉大な英知の言葉を語ったが、他の人たちの前では気違いのようにふるまった。ハラダリは男が庭を去ると、いつまでもその後をついて行った。門を出ると、男はハラダリに言った、『ほかに何を言ったらよいのかね。この水たまりの水とガンガーの水とをまったく区別しないようになったら、自分は完全な知識を得たと思ってよかろう』こう言って男は足ばやに立ち去った」

シュリー・ラーマクリシュナは、Mと話を始められた。他の弟子たちもそこにいた。

師（Mに）「シャシャダルのことをどう思うか」

M「たいへん感じのよい人でございますね」

師「非常に聡明《そうめい》ではないか」

M「はい。たいそう博学でございます」

師「ギーターによると、大勢の人に尊敬され、ほめられる人は神の力を持っているのだそうだ。しかし、シャシャダルにはまだ二、三しなければならないことがある。学識だけで何ができよう。修行をする必要がある。いくらかの霊性の修行をしなければいけない」

シュリー・ラーマクリシュナは、神像を拝するために奥の部屋に行かれた。花をお供えになった。バララームの家の婦人たちは、彼にお目にかかれたことを喜んだ。

師は応接室に戻ってこられて、こうおっしゃった、「世俗的な心の人びとは、お祈りや唱名や修行を、ときどき思い出したようにやる。しかし神以外のものを知らない人びとは、一息ごとに彼の御名をとなえる。ある人びとは、心のなかでつねに『オーム、ラーマ』をくり返している。知識の道をたどる人びとでさえ、『ソーハム』、つまり、『われは彼なり』をくり返している。また、つねに舌をうごかして神の御名をとなえている人びともある。人は絶えず、神を思い出し、神のことを思っていなければいけないのだ」

パンディット・シャシャダルが一人か二人の友だちをつれて部屋に入り、師にごあいさつをした。

師（微笑して）「私たちは、寝床のそばで花むこのご到着をまっている花嫁のつきそい女のようなものだ」

パンディットは笑った。部屋は信者たちでいっぱいになった。プラタープ博士やバララームの父の顔も見えた。師は話をおつづけになった。

師（シャシャダルに）「知識を得ている、という第一のしるしは、平和な性質だ。第二は自己中心性がないことだ。あなたは両方を持っている。ギャーニには別のしるしがある。彼はサードゥの前では強い離欲を示し、仕事、たとえば講演をしているときはライオンだ、そして妻の前ではウィットにみちている。（みな笑う）

しかし、ギャーニの性質は、チャイタンニャデーヴァの場合のように、まったくちがう。彼は子供のように、あるいは狂人のように、あるいは無生物のように、あるいは食屍鬼《しょくしき》のようにふるまう。子供の気分でいるときには、あるときは子供らしい無邪気さを、あるときは青春の軽はずみを、そしてまたあるときには他の人びとを教え導きながら、青年の力づよさを示す」

みな、だまってすわっていた。師はふたたびパンディットに話しかけられた。

師「まえには、大勢のえらい人たちがここにきたものだ」

シャシャダル「金持ちの人たちでございますか」

師「いや、学者だ」

シャシャダル（へりくだって）「師よ、どのようなあこがれの心が、人をこの恵まれた状態に導くのでございましょうか、お示しください」

師「魂が神の御姿にあこがれるとき、人は神を求めて落ちつきを失うのだ。グルが弟子に言った、『私といっしょにおいで。どれほどあこがれたら神を見ることができるものか、教えてあげよう』こう言って彼は弟子を池につれて行き、その頭を水につけた。それから手をはなし、

『どう感じたか』とたずねた。弟子は答えた、『おお、私は死ぬかと思いました。ただ、息がしとうございました』と」

シャシャダル「はい、はい！　それでございます。わかりました」

師「神を愛することがいっさいのことの精髄だ。バクティだけが精髄だ。ナーラダは、ラーマに向かって言った、『あなたの蓮華の御足を、つねに、純粋に愛することができますように。そしてあなたの世を惑わすマーヤーに、あざむかれることがございませんように！』ラーマは『もっとほかの恵みを求めよ』とおっしゃった。するとナーラダは言った、『いいえ、ほかに何ひとつ欲しいものはございません。あなたの蓮華の御足を愛することができますように。これが私の唯一の祈りでございます』と」

パンディット・シャシャダルは帰ろうとした。シュリー・ラーマクリシュナはある信者に、パンディットのために馬車を呼んでこい、とおっしゃった。

日が暮れてきた。シュリー・ラーマクリシュナは、母なる神とクリシュナとラーマとハリの御名をとなえはじめられた。信者たちはだまってすわっていた。師はじつに美しい声で唱名をなさったので、信者たちは深く感動した。

第八章　神への陶酔、忘我の境地

一八八四年九月一九日　金曜日

ヒンドゥの聖日マハーラーヤ、そして新月の日であった。午後二時、シュリー・ラーマクリシュナは自室にマヘンドラ・ムケルジー、プリヤ・ムケルジー、M、バーブラーム、ハリシュ、キショリ、およびラトゥとともにすわっておられた。ある者は床にすわり、ある者は立ち、またある者はそこらを動きまわっていた。ハズラはポーチにすわっていた。ラカルはまだ、バーブラームといっしょにブリンダーバンに滞在していた。

師（マヘンドラ・ムケルジーやその他の者たちに）「ここにくることがお前たちのためになっている、とわかれば、私はたいへんにうれしい。（Mに）なぜみながここにやってくるのだろうか。私は読み書きが良くできるというわけでもない」

M「神の御力が、あなたのなかにやどっておられます。人びとがこんなにもひきつけられるのはそれだからでございます。ひきつけるのは、神霊でございます」

師「決して、誰でもが神に心ひかれるというわけのものではない。そう感じる特別の人びとがいるのだ。良い傾向を持って生まれている人でなければ、神を愛することはできない。さもなければ、バグバジャルに住むすべての人びとのなかで、どうしてお前たちだけがここにくるのかね。こやしの中からは、値打ちのあるものが出てくるはずはない。

（ムケルジー兄弟に）お前たちは裕福だ。人はヨーガの修行の道から脱落すると、繁栄している家庭にふたたび生まれて、神をさとるための霊性の修行をもう一度始めるのだ」

マヘンドラ・ムケルジー「人はなぜヨーガの道から脱落するのでございますか」

師「神を思いながら、求道者が物質的な享楽への渇望を感じることがある。この渇望が、彼をヨーガの道から脱落させるのだ。するとつぎの生には、彼が現世では実行にうつすことができなかったその霊的傾向を持って生まれてくるのだ」

マヘンドラ「では、どうしたらよいのでございますか」

師「人が欲望をもっているあいだは、つまり俗世間の事実にあこがれているあいだは、彼にとって救いはあり得ない。

欲望やあこがれを心に抱いているのは良くない。それだから、私は、心に起こる欲望は何であれ、すぐにみたすようにしたものだ。あるとき、ブルラバザールで色つきのお菓子を見てたべたいと思った。人びとがそれを持ってきてくれたので、たくさんたべた。その結果、私は病気になった。

少年時代、ガンガーで沐浴中、一人の子供が腰に金の飾りをつけているのを見た。神に酔っていたころ、私は、自分もあれと同じような飾りをつけてみたいという欲望を感じた。それは手に入った。しかし私は、それを長いあいだ持っていることはできなかった。それを身につけたとき、鋭い痛みを伴う気流が身うちを上昇するのを感じた。金が肌にふれたからだ。数秒間、この飾りをつけただけで、はずさずにはいられなかった。さもなければ、ひきちぎってしまっただろう。

当時は大勢のサードゥがこの寺を訪れたものだ。彼らに食物を与えるために別の倉庫を設けたい、という願いが私の心に起こった。モトゥル・バーブがその手配をした。サードゥたちはその倉庫から、食糧や燃料などを与えられた。

あるとき、金でふちどりをした非常に高価な上着を着て、銀の水ギセルでタバコを吸いたいという気持ちが起こった。モトゥル・バーブが新しい上着と水ギセルとを届けてくれた。私はその上着を着た。そしてさまざまの姿勢をしてその水ギセルからタバコを吸った。こんなふうによりかかったり、あんなふうによりかかったり、またあるときは頭を上げて、そしてまたあるときには頭をたれてタバコを吸った。それから私は自分に言った、『おお、心よ、これがつまり、銀の水ギセルでタバコを吸うということなのだ』と。ただちに私はそれをすてた。上着は数分間あとまで身につけていたが、それからぬぎすてた。私は、『これが高価な上着というものなのだ。だがそれは人のラジャスを増すものであるにすぎない』と言いながら、それを足でふみにじりはじめた」

ラカルはバララームとともにブリンダーバンに滞在していた。最初、彼は聖地をほめたたえて興奮した手紙を書いてよこした。Mにあてて、こう書いてよこした、「あらゆる場所のうちで最上の場所です。ぜひおいでください。クジャクが踊りまわり、つねに宗教音楽や踊りをきくことと見ることができます。神の至福が、尽きることなく流れています」しかし、その後ラカルは熱病にかかって床についていた。シュリー・ラーマクリシュナはたいへんに心配なさり、彼の回復を祈って、母なる神のお祭りをする、という誓いを立てられた。そういうわけで、彼はラカルの話をおはじめになった。

師「ラカルは、この場所にすわって私の脚をマッサージしていたときに、はじめての宗教的恍惚を経験した。あるバーガヴァタの学者が、部屋の中で聖典の解説をしていた。その言葉にきき入りながら、ラカルはときどきからだをふるわせた。それからまったく静かになった。

彼の二回目の法悦はバララーム・バーブの家でだった。恍惚状態に入ると、彼は身体をまっすぐ保つことができなかった。床にうつぶした。ラカルは人格神の領域に属している。誰かが超人格的存在について語ると、彼は席をはずすのだ。

私は、彼が治ったら母なる神のおまつりをする、という誓いを立てた。知ってのように、彼は家も身内もすてて、完全に私に身をまかせた。彼をときどき妻のところにやったのは私だったのだよ。彼がまだほんの少しばかり、楽しみへの欲望を持っていたからだ。

(Mを指して)ラカルは彼にあてて、ブリンダーバンはじつにすばらしい場所で、クジャクが踊りまわっている、などと書いてよこしている。それならクジャクに面倒をみてもらえばよいのだ。まったく、ひどい心配をさせるやつだ。

なぜ私は、こんなにこの若者たちが好きなのだろうか。彼らはまだ女と金に汚されていない。私は、彼らが、ニッテャ・シッダー、つまり永遠に完全なる人びとのたぐいに属していることを知っている。

ナレーンドラがはじめてここにきたとき、彼は汚れた着物を着ていた。だが彼の目と顔は、内部にひそむある素質を現していた。そのころ、彼はあまり多くの歌は知っていなかった。一つ二つうたった。『もう一度もどろう、おお、心よ、われら自身のすみ家へ』と、『おお、主よ、かくもむなしく、私は日々を過ごさねばならないのでしょうか』だった。

彼がここにくると、いつでもたとえ部屋が人でいっぱいであっても、私は彼とだけ話をした。彼はいつも、『どうぞ彼らとお話になって下さい』と言った。そこで私は、他の人たちと話をしたのだ。

私は彼に会いたくて気が狂ったようになり、ジャドゥ・マリックの別荘で泣いた。ここでも、ボラナートの手をとって泣いた。ボラナートは、『師よ、ただのカーヤスタ出の男の子のためにそんなおふるまいをなさってはいけません』と言った。ある日、『ふとったブラーミン*』が手を合わせて私に、ナレーンドラのことをこう言った、『師よ、彼はほとんど教育を受けておりません。なぜ彼のためにそんなにそわそわなさるのですか』

これらすべての若者たちにしても、またお前たちにしても、なぜ私を訪ねるのかわかっているかね。何ものかが私のなかにあるにちがいない。さもなければどうして、お前たちみながこのように私にひきつけられるのだろう。

あるとき、私はシホレのフリダイの家を訪ねた。そこからシャムバジャルにつれて行かれた。七日間、昼も夜も、私は大群集に囲まれていた。たいへんな呼びものだ！　昼夜を分かたず、キールタンばかりがつづいた。人びとはへいの上に何列にも立ち、木にも登っていた。七回死*んで生き返った人がきた、といううわさがいたるところにひろまった。フリダイは、私が熱射病になることを恐れて、私を群集の中からひき出して田んぼにつれて行った。群集はアリの行列のようにそこにもついてきた。フリダイは彼らを叱って、『お前たちはどうしてこんなに私たちをなやませるのだ。私たちがキールタンをきいたことがないとでも思っているのかね』と言った。

人びとは遠い村々から群れをなしてやってきた。彼らはそこで夜明かしさえもした。私は、シャムバジャルで神の引力の意味を学んだ。神がご自身を地上に化身なさると、彼はヨーガ・マーヤー、つまり彼の力によって人びとをおひきつけになる。人びとは魅せられてしまうのだ」

シュリー・ラーマクリシュナはムケルジー兄弟に話をなさった。兄のマヘンドラは自分で事業をしていた。弟のプリヤナートは技師だったが、いくらかの財産をつくった後、仕事はやめていた。マヘンドラは三五、六歳だった。この兄弟は田舎とカルカッタの両方に家を持っていた。

師（微笑しつつ）「お前たち、霊意識が少しばかりめざめたからといって安心して怠けていてはいけない。進みつづけるのだよ。白檀《びゃくだん》の森の向こうにはいろいろのもっと値打ちのあるもの――銀の鉱山や金の鉱山などがあるのだ」

プリヤ（微笑して）「師よ、私たちの脚はくさりでつながれております。前に進むことができません」
師「脚がつながれていてもそれが何だ。大切なのは心だ。束縛も心、自由も心なのだ」
プリヤ「ですが、私は自分の心を制御することができません」
師「どういうわけだ。アビヤーサヨガというものもあるではないか。実践のヨーガだ。実践をつづけなさい。そうすれば、心が思うとおりの方向に向かうようになることがわかるだろう」

夕暮れであった。諸聖堂での夕拝に奏でられる鐘やシンバルやその他の楽器の音がきこえてきた。師はバーブラームに、「カーリー聖堂までいっしょにおいで」とおっしゃった。彼はバーブラームといっしょに、Mを伴って聖堂のほうに行かれた。ポーチにすわっているハリシュをごらんになると、師はおっしゃった、「これはなんとしたこと。彼は恍惚境にいるのか」

中庭を通るとき、師と信者たちは、ラーダー・カンタ聖堂の前に少し立ちどまって礼拝のようを見た。それから一同は、カーリー聖堂まで歩を進めた。師は手を合わせて母なる神にお祈りになった。「おお、母《マー》よ。おお、母なる神よ、おお、ブラフママイーよ」

聖所の前の一段高い壇にお着きになると、彼は神像の前にひれ伏された。アーラティが行われていた。彼は聖所に入り、扇で神像に風をお送りになった。

夕拝が終わった。信者たちは祭神の前に頭を下げた。新月の夜であった。師は霊的なムードに入っておられた。次第に、そのムードは強烈な法悦状態へと深まっていった。酔っぱらいのようによろめきながら、バーブラームの手につかまって部屋にお戻りになった。

西のポーチにランプがともされた。師は、「バリ・オーム*、ハリ・オーム、ハリ・オーム」ととなえながら、またその他の神秘的なタントラの言葉をとなえて、数分間そこにすわっておられた。やがて自室に戻り、小さな寝台の上に東を向いておすわりになった。まだ完全に、神聖な白熱状態にあられた。母なる神に向かっておっしゃった、「母《マー》よ、私がまず話し、そこであなたが行為をなさる――おお、そんなことはあり得ません！　話すというのはどういうことですか。サインにすぎません。ある人は、『私はたべる』と言い、また他の人は、『いや、そんなことはききたくもない』と言うでしょう。では母よ、もし私が前にたべたくない、と言ったら、いまもまだ、腹はすいていない、ということになるのですか。あなたが、大声で祈るときだけ耳をお傾けになり、心のなかで渇望しているときにはおききとりにならない、などということがあり得ましょうか。あなたはまさにあなたでいらっしゃいます。では、なぜ私は話すのでしょう。なぜ祈るのでしょうか。私はあなたがおさせになるままをしているのです。おお、なんとややこしいこと。なぜ私に推理をおさせになるのですか」

シュリー・ラーマクリシュナがこのように神に話しかけておられるのを、信者たちは驚異の念に打たれてきき入っていた。師は彼らに目をおとめになった。

師（信者たちに）「神をさとるためには、良い性質を持って生まれていなければならない。今生または前生で何かを、何らかの形のタパッスヤーを行っていなければならないのだ。

ハズラが部屋に入ってきた。彼は過去二年間、この寺でシュリー・ラーマクリシュナといっしょに生活しており、シホレにある師の甥《おい》フリダイの家で、一八八〇年にはじめて彼にお目にかかっていた。ハズラの故郷の村はシホレの近くで、彼はそこにいくらかの財産を持っていた。妻子と、それにいくらかの借金も持っていた。若いころから放棄の精神を持ち、出家や神の信者たちとの交わりを求めていた。師は彼に、ドッキネッショルにいっしょに住むようお命じになり、彼の生活の面倒をみておられた。ハズラの心は、さまざまの、生かじりの宗教的ムードのよせ集めだった。彼は知識の道を進むと公言し、シュリー・ラーマクリシュナのバクティの態度と彼の若い信者たちへの思慕の情を是認しなかった。ときどきは師を偉大な魂と思うが、またじきに普通の人間として軽んじるのであった。多くの時間をじゅずをくるのに費やし、ラカルやその他の若者たちが修行に無関心であるのを批判していた。彼は宗教的慣習や行為の規則のつよい擁護者であって、それを道楽にしていた。三八歳ぐらいであった。

ハズラが入ってきたとき、師はやや放心状態になられ、その気分で話をおはじめになった。

師（ハズラに）「お前がしていることは原理的には正しいが、その応用の仕方は正しいとは言えない。誰の落ち度も見てはならない。虫けらの欠点でさえも、見てはならないのだ。神に信仰を求めて祈るとき、同時に、誰のあやまちをも見ることがないようにと祈りなさい」

ハズラ「神はバクティをお授けくださいという祈りもおききとどけになるのですか」

師「もちろんだ。私は一〇〇回もそれをうけあうことができる。だがその祈りは誠実で熱心なものでなければならない。世俗的な人びとは、妻子のために泣くように神を求めて泣くだろうか。ある男の妻が病気になった。男は、妻は回復すまいと思った。彼はふるえはじめ、あやうく気を失うところだった。誰が、神に対してそのように感じるだろうか」

ハズラは師の足のちりをとろうとした。

師（身をちぢめながら）「なんだ」

ハズラ「私をこんなに親切におそばにおいてくださるお方の足のちりをとるのはあたりまえでしょう」

師「神を満足させなさい。そうすれば誰も彼もが満足する。『彼が喜べば世界は喜ぶ』のだ。（ハズラに）完全な魂は、知識を得た後も人びとに手本を示すために祈とうをし、宗教的な儀式を守るものだ。私はカーリー聖堂にお参りし、自分の部屋の神聖な絵の前に頭を下げる。だから他の人びとも同じことをする。さらに、人はこのような儀式が習慣になると、それを守らないと心が落ちつかないようになるのだ。

一の知識があるなら、多の知識もあるだろう。単なる聖典の研究では何もわかりはしない。聖典に書いてあることは、いわば玉石混交だ。砂の中から砂糖をより分けるのはたいへんにむずかしい。だから人は、教師かサードゥについて聖典の真義を学ばなければいけないのだ。それができれば、書物などなんの値打ちがあろう。

(信者たちに)まずあらゆる情報を集め、それからとび込め。湖のどこかに瓶が落ちたとする。まず、その場所はどのへんか、という見当をつけ、そしてそこにとび込むのだ。

まずグルから聖典の真義を学び、それから修行を実践すべきだ。霊性の修行を正しく行えば、人は直接に神を見る。人が身をていしてとび込んだときにはじめて、その修行は正しく行われていると言うことができる。聖典の言葉について推理するだけで何が得られるものか。ああ、馬鹿者たちめ！　道中に関する情報ばかり集めて死ぬまで議論しつづけている。決してとび込むことはしない。何と哀れな！

神は私に、さまざまの修行の道を通らせられた。最初はプラーナの教えにしたがい、つぎにはタントラを学んだ。またヴェーダの修行も行った。最初は、パンチャヴァティで修行をした。トゥルシーの茂みをこしらえて、その中にすわって瞑想したものだ。ときどき私は、恋いこがれて、『母《マー》よ！　母よ！』と叫んだり、『ラーマ！　ラーマ！』と叫んだりした。

私はベルの木の下でタントラの修行をした。そのころ私は、神聖なトゥルシーと他の植物とのちがいを見ることができなかった。ときには私は、イヌの背にまたがり、イヌにルチをたべさせながらその一部を自分でもたべた。全世界が神だけでみたされていることをさとったのだ。ヴェーダの修行をしているあいだは、私はサンニャーシーになった。私は開廊に横になって、フリダイに言ったものだ、『私はサンニャーシーだ。ここ*で食事をとる』と。

私は、もし神を見ることができなかったら自殺する、と母なる神に誓った。私は彼女に言った、『おお、母よ、私は馬鹿者でございます。なにとぞヴェーダやプラーナやタントラやその他の聖典に書いてあることをお教えください』母は私におっしゃった、『ヴェーダーンタの真髄は、神のみ実在、世界は幻影だ、ということだ』と。ギーターの真髄は、ギーターという言葉を一〇回くり返しているとわかる。あべこべにターギーときこえるようになるだろう。ターギーは放棄という意味だ。

神をさとった後、ヴェーダやヴェーダーンタやプラーナやタントラなどのなんとはるかに低く見えたことか！（ハズラに）私はサマーディに入っているときには、『オーム』という言葉を口にすることはできない。なぜか。サマーディの状態からはるかに低く下りてきてからでないと、『オーム』を言うことはできないのだ。

人が神を直視したあとはこのようになる、と諸聖典に書いてある。その状態を、私はことごとく経験した。私は子供のようにふるまった。気違いのようにも、食屍鬼《しょくしき》のようにもふるまったし、無生物のようにもなった。

私は聖典に述べられているさまざまのヴィジョンを見た。ときには宇宙が火花でみちているのを見た。ときには、この世界が水銀の湖ででもあるかのように、四方が光り輝いているのを見た。世界が液状の銀でできているかのように見えたこともあった。またときには、四方八方がまるでローマン・キャンドル（花火の一種）に照らされたように光り輝くのを見た。こういうわけだから、私のさまざまの経験が、聖典に述べられている事実と符合するということはわかるだろう。

さらに、神ご自身が宇宙と、そこにすむ全生物と、二四の宇宙原理とになっていらっしゃることが私に示された。それはちょうど、進化と退化*の過程のようなものだ。

おお、神は当時、私をなんという状態におおきになったものか！　一つの経験が終わらないうちに、つぎの経験が私を圧倒した。

私は瞑想のなかで、サマーディの状態のなかで神を見るのだが、その同じ神を、心が外界に戻ってきたときにも見たものだ。鏡のこちら側を見ても神だけを見、その反対側にも同じ神を見たのだ」

信者たちは、まったくわれを忘れてこれらの言葉にきき入っていた。

ムケルジー兄弟は師にごあいさつした。彼らの馬車は部屋の北側のベランダ近くに用意されていた。師は北を向いて立っておられた。彼の左のほうにはガンガーが流れていた。前方には、ナハヴァトや庭やクティがあった。右のほうには、門に通じる道があった。夜は暗く、一人の信者が、客に道を示すためにランタンを持ってきていた。信者たちは一人、また一人と師の前におじぎをし、御足のちりをいただいた。馬車は、ウマには重すぎるように見えた。師はおっしゃった、「車に人が乗り過ぎているのではないか」

シュリー・ラーマクリシュナはそこに立ちつくしておられた。馬車が走り去るとき、信者たちはふり返って、師の御顔が慈悲と愛とに光り輝いているのを見た。

一八八四年九月二六日　金曜日

シュリー・ラーマクリシュナはカルカッタにきておられた。大きな祭礼ドゥルガー・プージャーの最初の日であって、首都のヒンドゥたちはそれを祝っていた。師は、アダルの家にまつってある母なる神の像に参ることにしておられた。またブラーフモー*の信者、シヴァナートにも会いたいと思っておいでになった。

ひるごろだった。傘を手にして、Mはブラーフモー・サマージ礼拝堂の前の歩道を行きつ戻りつしていた。二時間たっていたが、師はまだ姿をお見せにならなかった。ときどき、Mはドクター・マハルナヴィシュの施薬所の石段に腰をおろし、プージャーを祝う老若の人びとの喜びのさまを見ていた。

三時少しすぎ、師の馬車が走ってきた。シュリー・ラーマクリシュナは降りるとすぐ、手を合わせてブラーフモー・サマージの礼拝堂に頭をお下げになった。ハズラおよびその他の数人の信者たちがいっしょだった。Mは師の前に頭を下げ、御足のちりをとった。師は彼に、これからシヴァナートの家に行くのだ、とおっしゃった。数分後、数人のブラーフモー・サマージの会員たちがやってきて、彼をシヴァナートの家におつれした。だがシヴァナートは留守だった。間もなく、ヴィジョイ・ゴースワーミー、マハルナヴィシュをはじめとする数人のブラーフモーの指導者たちがきて師にあいさつし、彼をブラーフモー礼拝堂の中におつれした。

シュリー・ラーマクリシュナはよいご機嫌だった。祭壇の下に席が与えられた。そこで、ブラーフモーの信者たちは彼らの信仰の歌をうたった。ヴィジョイとブラーフモーの会員たちは師の前にすわった。

師（ヴィジョイに微笑しながら）「私は、お前たちがここに、他の信仰を奉じる人たちは入ってはならない、という看板をかけたということをきいた。ナレーンドラも私に、『ブラーフモー・サマージにいらっしゃってはいけません。シヴァナートの家においでになったほうがよろしい』と言ったのだ。

だが、私たちはみな、同一の神に呼びかけているのだよ。嫉妬や悪意は無用だ。ある人たちは神は無形だと言い、ある人たちは神は形をお持ちだと言う。一人は、もし形を信じるなら、形を瞑想すればよかろうし、もう一人は、形を信じないのなら、形のない神を瞑想すればよいではないか。私が言いたいのは、独断はよくないということだ。自分の宗教だけがほんもので他の宗教はにせものだ、と思うのはよくない。正しい態度というのはつぎのようなものだ。私の宗教は正しい。だが、他の宗教が正しいか正しくないか、ほんものであるかにせものだか、それは私は知らない、というのだ。人は神をさとらないかぎり、神のほんとうの性質を知ることはできない。それだからこう言うのだ。カビールはよく言った、『形ある神は私の母、形なき者は私の父だ。どちらを非難しよう。どちらをほめたたえよう。はかりの両方の皿の重さは等しいのだ』と。

ほんとうのことを教えてあげよう。さまざまの求道者、さまざまの時代、さまざまの国に合うように、神がさまざまの宗教をおつくりになったのだ。すべての教義は、数多くの道であるにすぎない。だが道は決して神ご自身ではない。ほんとうに、ひたむきな信仰を持っていさえすれば、人はどの道を通ってでも神に達することができる。信じた宗教に間違いがあったとしても、誠実で熱心でさえあれば、神ご自身がそれらの誤りを正してくださるだろう。もしある人がプリのジャガンナータにまいりたいと心底から願って出発し、まちがえて南に行かず、北に向かって進んだとする。きっと、道で会った誰かが、友よ、その道を行ってはいけない。南に行きなさい、と教えてくれるにちがいない。そしておそかれ早かれ、その人はジャガンナータにまいるのだ。

他の宗教に誤りがあったとしても、それは私たちが心配することではない。この世の主であられる神がその面倒はみてくださる。私たちの務めは、なんとしてでもジャガンナータにまいることなのだ。（ブラーフモーたちに）お前たちのもっている意見はほんとうに良い。お前たちは神を形のないものとみている。結構なことだ。菓子には、砂糖の衣を正面にかけたのもあるし、横っちょにつけたのもある。どちらでも甘いことは同じだろう。

ヴェーダのなかに、神は属性を持っていて、また同時に持っていないと述べてある。お前たちは、彼には形がないとだけしか言わない。それは一方的だ。だが気にすることはない。もしお前たちが彼の一つの面をほんとうに知るなら、おのずからもう一つの面も知ることができる。神ご自身が、何もかも知らせてくださるのだ」

ヴィジョイはまだサダラン・ブラーフモー・サマージに属していた。彼はこの組織の有給の説教師だったが、その規則や定めの全部にはしたがうことができなかった。形ある神を信じる人びとと交際していた。このことが、彼とブラーフモーの権威者たちとのあいだに誤解を生み出していた。多くのブラーフモーたちは彼の行為を是認しなかった。師は突然、ヴィジョイを見つめ彼に向かって話をお始めになった。

師（ヴィジョイに微笑しつつ）「私は、形ある神を信じる人びとと交わっている、という理由で彼らがお前をせめているときいている。それはほんとうか。神の信者は、どんな状態にあっても決してぐらつくことのない理解を持っていなければならない。彼はかじ屋の鉄床《かなとこ》のようでなければならないのだ。それは絶えず金づちで打たれているがびくともしない。悪い人びとはお前をひどくののしり、悪くいうかもしれないが、もし真剣に神を求めているなら、お前はそれらに耐えぬかなければならない。よこしまな者たちのまっただなかにおいでになる神を考えることはできないか。まあ古代のリシたちのことを考えてごらん。彼らはトラやその他の猛獣に四方をかこまれながら、森のなかで神を瞑想していた。よこしまな人間はトラやクマのようなものだ。彼らはお前に害を加えようとしてお前のあとをつけるだろう。

人は、つぎのわずかのものには、用心しなければいけない。まず、たくさんの金と自由になる大勢の人間とを持っている有力者だ。彼は、やりたいと思えばお前を害することができる。彼に話しかけるときには気をつけなければいけない。たぶんお前は彼が言うことを是認しなければならないだろう。第二にはイヌだ。イヌがお前を追いかけたりお前にほえついたりするときには、静かに立ち、やさしく話しかけ、なだめなければいけない。第三には雄牛だ。もし雄牛が角を低くしてお前を追いかけてきたら、お前はやさしい声でその気分をおちつけてやらなければいけない。第四には酔っぱらいだ、もしお前が彼の怒りをかき立てるなら、彼はお前の家系の一四代前にまでさかのぼって悪口を言うだろう。お前は彼に、『やあ、おじさん、ご機嫌いかがですか』と言うべきだ。そうすれば彼はたいそう喜んで、お前のわきにすわってタバコを吸いはじめるだろう。

よこしまな人間がいると私は用心する。ある人びとはヘビのような性質を持っている。ふいにかみつくのだ。かまれないよう、十分に識別しなければいけない。そうでないと、お前の激情がひどくかき立てられ、お返しに害を加えたいと思うようになるだろう。ときどきサードゥに接することが大いに必要だ。それは人に、実在と非実在とを見わける力を与えてくれる」

ヴィジョイ「私には時間がございません。ここでの務めにまきこまれていまして」

師「お前は宗教の教師ではないか。他の人びとには休日があるが、宗教の教師はそうはいかない。領地の管理人がある土地を整理すれば、地主は、彼をまた別の場所にやるだろう。そのように、もともとお前にはひまはないのだよ」（みな笑う）

ヴィジョイ（手を合わせ）「師よ、どうぞあなたの祝福をお与えください」

師「まるで無知な人間が言うようなことを言っている。祝福をお与えになるのは神だけではないか」

ヴィジョイ「尊師よ、どうぞ私たちに何か教訓をお与えください」

師「誠実でさえあれば、俗世間にあっても人は神をさとることができるのだ、『私が』と『私のもの』、これが無知だ。だが、『おお、神よ。あなたとあなたのもの』、これは知識だ。

私は人びとに、心で放棄することを求める。出家せよとは言わない。人は執着せずにこの世に暮らし、そして誠実に神を求めるなら、神に到達することができるのだ。

（ヴィジョイに）私もやはり、目をとじて神を瞑想したことがあった。*やがて私は、自分に言った、『目をとじて思うときだけ神がいらっしゃるのだろうか。目をあけて見まわしたときにも、彼はいらっしゃるのではないだろうか』と。いま、私は、目をあけて見まわすとき、すべての生物のなかに神が宿っておられるのを見る。彼は人間、動物およびその他のすべての生きもの、草と木、日と月、陸と水、いっさいのものの内在の霊であられるのだ」

シュリー・ラーマクリシュナは帰ろうとなさった。ブラーフモーの信者たちはその前にひくく頭をさげ、彼はあいさつをお返しになった。やがて馬車に乗り、母なる神の像を拝するために、アダルの家に向かって出発なさった。

一八八四年一〇月一一日　土曜日

シュリー・ラーマクリシュナは、ドッキネッショル寺院境内の自室の小さな寝台に横になっておられた。午後二時ごろだった。Mとプリヤ・ムケルジーとは床にすわっていた。Mは一時に学校を出たので、いまドッキネッショルに着いたばかりだった。

師は信者たちに、富や権力を得たいと切望すること、どん欲であることとの危険性を警告された。

師「幼いころから離欲の心が発達している人びと、少年時代から神を慕って歩きまわる人びと、あらゆる世俗生活を拒む人びと、こういう人たちは別の階級に属している。幼年のころから放棄を実践する人びとは非常に高いレベルに属しているのだ。彼らの理想は非常に純粋だ。彼らは無垢だ」

シンティからきたブラーミンが部屋に入り、シュリー・ラーマクリシュナに敬礼をした。彼はベナレスでヴェーダーンタを研究していた。がっしりした人で、ニコニコしていた。

師「やあ。どうしていたかね。長いことここにこなかったが」

パンディット（笑いながら）「世俗の務めでございます。ご存じのとおりほとんどひまがございません」

パンディットはすわり、師は彼と話をおはじめになった。

師「長いあいだベナレスですごしていたのだろう。あそこで見たことを私たちに話しておくれ。ダヤーナンダのことを何か話しておくれ」

パンディット「はい、彼に会いました。あなたもお会いになったのではありませんか。私はオルコット大佐にも会いました。神智学徒たちはマハートマーたちの存在を信じています。彼らは『月の段階』とか『太陽の段階』とか『星の段階』とかいうようなさまざまの段階の話をします。神智学徒たちは霊体の状態でこれらの段階に行くことができるのです。おお、オルコットはこのようなことをたくさんはなしていました。さて、あなたは神智学についてどうお考えになりますか」

師「ただ一つ大切なことはバクティ、つまり神への愛深い信仰だ。神智学徒たちはバクティを求めているかね。そうであれば結構だ。もし神智学が神をさとることを人生の目標としているのであれば結構だ。マハートマーや、月の段階や太陽の段階や星の段階などでしじゅう忙しがっているようでは、神を求めることはできない。人はサーダナを実践し、切実な心で、蓮華の御足への愛をお授けくださいと、神に祈るべきなのだ。世間のさまざまの対象から心をひっこめ、神だけに向けなければいけないのだ。

聖典や哲学やヴェーダーンタについて語るのはよい。だが神はそんなもののなかにはいらっしゃらない。魂が神を求めてじっとしていられないようになるまでは、決して神をさとることはできないのだ。人はきびしい霊性の修行をしなければならない。なんの準備もなしに、突然神の姿を拝することなどができるものか。

ある男が私に、『なぜ私は神を見ることができないのでしょうか』とたずねた。思いつくままに、私は彼に言った、『お前は大きな魚をつかまえたいと思っているのだろう。そのためには、まず準備をしなさい。香料をつけた餌を水に投げ込みなさい。糸と針とを手に入れなさい。餌の匂いに魚は深いところから上がってくる。水の動きで大魚がきているのがわかるだろう』

お前たちはバターをたべたいと思うだろう。だが、牛乳の中にはバターがある、とくり返すだけではだめだ。バターが欲しかったら、一生懸命に働かなければならない。そうしてはじめて、牛乳からバターを分離することができるのだ。『神は存在する』とくり返すだけでは、神を見ることはできはしない。サーダナが必要なのだ。

（パンディットに）ときどき、サードゥたちの中で生活するのは良いことだ。物欲という病気は人びとのなかで慢性になっている。サードゥたちと交わるうちに、それは非常に軽くなる。『私は』と『私のもの』、これが無知だ。ほんとうの知識は、人につぎのように感じさせるものだ、『おお、神よ、あなたおひとりが、いっさいのことをなさっていらっしゃるのです。あなただけが私のものです。そしてあなたお一人に、家も、建物も、家族も、身内も、友だちも、全世界が属しているのです。すべてはあなたのものです』と。だが無知は、人につぎのように感じさせる、『私がいっさいのことを行っているのだ。私は行為者だ。家、建物、家族、子供たち、友だち、および財産は、全部私のものだ』と。

あるとき、師が弟子に向かってこれらのことを説明していた。彼は、『他に何ひとつお前のものはない、神だけがお前のものだ』と言った。弟子は言った、『しかし尊師よ、私の母や妻や身内の者たちは、私をじつに良く世話してくれます。私がいないと彼らは暗闇です。どんなに深く私を愛していることでしょう』師は言った、『それはお前が間違っているのだ。誰もお前のものではないことをじきに見せてあげよう。この錠剤《じょうざい》を少し持って行きなさい。家に帰ったらそれをのんで、寝台に横になりなさい。人びとはお前が死んだと思うだろう。だがお前は外界への意識を失わず、すべてを見ききするだろう。そのとき私はお前の家を訪れる』

弟子は指示にしたがった。彼は錠剤を飲み、意識を失った様子で寝台に横たわった。彼の母や妻や他の身内の者たちは泣き叫んだ。ちょうどそのとき、師が医者のふりをして入ってきて、彼らの悲しみの原因をたずねた。彼らはいちぶしじゅうをつげると彼は言った、『ここに彼にきく薬がある。これは彼のいのちをとり戻すことだろう。だが、一つ申し上げることがある。この薬は、まず彼の身内の一人がのんで、その後で彼に与えられなければならない。だが最初にそれをのんだ身内の人は死ぬだろう。ここには彼のお母さんや奥さんやその他の人たちがおいでのようだ。きっとこのなかのだれかが進んで薬をのむことだろう。そうしたらこの若者は生き返るのだ』

弟子はこれらすべてをきいていた。まず医者は彼の母親を呼んだ。彼女は悲しみに地に伏しまろんで泣いていたのである。彼は彼女に言った、『お母さん、もう泣く必要はありません。この薬をのめば息子さんは生き返ります。だがあなたは死ぬでしょう』母親は薬を手にとって考えはじめた。熟考した後、彼女は目に涙を浮かべて医者に言った、『わが子よ、私にはほかに数人の子供があります。私は彼らのことも考えなければなりません。私が死んだらどうなることかと思います。誰が彼らにたべさせ、身のまわりの世話をしてやることでしょう』医者はつぎに妻を呼び、薬を手渡した。彼女もひどく泣いていたのだ。薬を手にして彼女も考えはじめた。彼女も、薬をのむと死ぬ、ということをきいていたのだ。ついに目に涙を浮かべながら、彼女は言った、『彼は運命だったのです。もし私が死んだら幼い子供たちはどうなることでしょう。誰が彼らを生きつづけさせますか。とても薬をのむことはできません』そのあいだに弟子は、錠剤の効果から回復してきていた。彼もいまは、ほんとうは誰も自分のものではない、ということを確信した。彼は寝床からとび出して、師とともにその場を去った。グルは彼に言った、『お前が自分のものと呼び得るものは一つしかない。それは神だ』と。

だから人は神の蓮華の御足へのバクティを持ち、神を自分のものとして愛することができるようなふうに行為すべきなのだ。お前たちは周りにこの世界を見る。それはお前にとってほんの二、三日間存在するだけなのだ。そのなかには何もない」

パンディット（微笑して）「尊師よ、私はここにいるときには、完全放棄の精神を感じます。世をすてて、行ってしまいたいと感じるのです」

師「いや、いや、なんですてる必要などあるものか。心ですてるのだ。執着しないで、この世に生きなさい。

スレンドラは、ときどきここで夜をすごしたいと思った。それでここに寝台を持ちこみ、一日二日暮らしさえした。すると彼の奥さんが、『昼間はどこにおいでになっても結構です。夜は、家をあけてはなりません』と言ったものだ。哀れなスレンドラに何ができよう。彼はもう、夜は家をあけるわけにはいかないのだよ」

シンティのパンディットは去った。夕暮れであった。夕闇がパンチャヴァティや諸聖堂や川の面をおおった。あちらこちらの聖堂で、鐘やどらやホラ貝の響きとともに夕拝がはじまった。シュリー・ラーマクリシュナは、室内の神々の絵の前に頭をお下げになった。うっとりとした気分で、小さな寝台の上にすわっておられた。数人の信者たちが床にすわっていた。部屋は静かだった。

一時間たった。イシャンとキショリが入ってきて、シュリー・ラーマクリシュナに敬礼した後、床にすわった。イシャンは非常な儀式尊重家だった。彼は、聖典に命ぜられているさまざまの儀式の実行に献身していた。師は会話をお始めになった。

師「ただ『神』という言葉をくり返すだけで神を知ることができるわけではない。神の知識を得た場合には、二つの徴候がある。第一に渇仰、つまり神への愛だ。推理や議論にふけるのもよかろう。だがもし信仰、または愛を感じないようだったらいっさいはむなしいことだ。第二は、クンダリニーのめざめだ。クンダリニーがまだ眠ったままでいるあいだは神を知ったというわけではない。読書や哲学の議論にいく時間をすごすようでも、じっとしていられないほどの神への信仰の心がなければ、彼を知ったということはできないのだ。

クンダリニーがめざめると、人はバーヴァ、バクティ、プレマなどを得る。これが信仰の道だ。カルマ*の道は非常に困難だ。それによって人はある種の力——通力のことだが——を獲得する」

イシャン「失礼してハズラに会ってまいります」

シュリー・ラーマクリシュナは黙ってすわっておられた。しばらくすると、イシャンはハズラといっしょに部屋に戻ってきた。師はまだ黙っておられる。数分の後、ハズラはイシャンにささやいた、「おひとりにしておきましょう。今は瞑想をなさりたいのでしょう」二人は部屋を出て行った。

シュリー・ラーマクリシュナはまだ黙っておられた。少したつと信者たちは、彼がほんとうに瞑想しておられるのを見た。それから、彼は唱名をなさった。右の手を、頭上に、それからひたいに、のどに、心臓に、そして最後にへその上にお置きになった。身体の六つの中心にある本源の力を瞑想なさったのだろうか。

イシャンとハズラはカーリー聖堂に行っていた。シュリー・ラーマクリシュナは瞑想に没入しておられた。そのあいだにアダルがきていた。七時半ごろだった。

しばらくすると、師はカーリー聖堂にいらっしゃった。神像を見つめ、母の足もとから聖花をとると、それらを自分の頭上におかれた。母の前にひれ伏し、それから神像のまわりをお回りなった。チャーマラで風をお送りになった。神聖な情熱から、忘我の境地に入っておられるようだ。外に出ると、イシャンがコシャクシでサンディヤーをしているのがお目にとまった。

師（イシャンに）「なんと。お前はまだそこにいるのか。まだサンディヤーをしているのか。この歌をききなさい。

なんでガンガーやガヤー、カーシーやカーンチや
プラバースに行くことがあるか。
口にカーリーの御名をとなえつつ、息を引きとることができるなら。

儀式になんの用がある。なんでその上に祭事が必要か。
日に三度、聖なるときに、母の御名をくり返すなら。
儀式は彼に追いせまろう。
だが決して彼に追いつけない。
慈善や誓いや贈りものをすることは、
マダンの心を動かさない。
至福の母の蓮華の御足こそ、彼の祈りと
犠牲のすべてだ……

人はいつまでサンディヤーをつづけなければならないのか。神の蓮華の御足への愛が育つまでのあいだ、神の御名をくり返すと涙が流れ、髪がさか立つようになるまでだ。果実が成長すると花は落ちる。人は神の愛が深まってついに神を見ると、サンディヤーやその他の儀式をすてる。

お前のようにゆっくりしたペースで動いていたのでは、何ひとつ成就することはできないよ。きびしい放棄が必要だ。一五カ月を一年にかぞえるようなことをしていて何ができる。お前は力も勇気も持っていないようだ。ミルクにひたした押し米のようにぐちゃぐちゃしている。働きなさい。ふんどしをしめるのだ。

私はこの歌を好まない——

兄弟よ。喜んで神にすがれ。そうしていれば、

いつかは神に到達する。

私はこの、『そうしていれば、いつかは神に到達する』という文句がきらいだ。厳格な放棄が必要なのだ。私は同じことをハズラにも言ってきかせている。

お前は、なぜ自分は断固とした放棄心を感じないのだろうか、ときくだろう。それにはわけがあるのだ。お前は内部に欲望と生得の傾向をもっている。ハズラも同様だ。私は故郷で、百姓たちが田んぼに水を入れているのを見た。田んぼには、水がもれないように四方にあぜがつくってある。だがそれは土でできており、しばしば穴があいている。百姓たちはへとへとになるまで骨を折って水を運ぶのだが、その水は穴からもれて出てしまうのだ。欲望はその穴だ。お前は唱名もしているにちがいないし、戒律も守っているにちがいないのだが、それがみな、

欲望という穴からもれて出て行ってしまうのだ。欲望がなければ、心は自然に神を見上げるものだ。それは何に似ているか、知っているかね。ハカリの針のようなものだ。『女と金』の重みのために、二本の針は一列にならない。人をヨーガの道からそれさせるのは『女と金』だ。ろうそくの炎をよく見たことはないか。それはほんのわずかの風にも揺れる。ヨーガという状態は、風がないところでもえているろうそくの炎のようなものだ。

心が散乱しているのだ。一部はダッカに、一部はデリーに、一部はクチュベハルに行っている。心は集められなければならない。一つの対象に集中されなければならない。一六アナ*が欲しければ、商人に一六アナはきちんと払ってやらなければならない。ほんのわずかの障害があっても、ヨーガは不可能だ。電信線がほんのちょっと切れていても、ニュースを伝えることはできまい。

言うまでもなく、お前は俗世間に住んでいる。でもそれがなんだ。お前は行為の果実を神にささげなければならない。たとえどんな結果でも、自分自身のために求めてはならないのだ。だが、一つのことを心にとめておきなさい。バクティへの願いは欲望というものではない。バクティを願い、そのために祈ることはさしつかえないのだ。バクティのタマスを実行し、母なる神に向かって強談判《こわだんぱん》をしなさい。

神はお前のお母さんなのだよ。彼女は継母《ままはは》かね。それは人がつくった関係かね。彼女にむりやりねだることができないようなら、いったいだれにねだればよいのだ。こう申し上げなさい――

母《マー》よ、私はあなたの未熟児*ですか。あなたの赤い目など少しもこわくない。

神はお前のお母さんなのだ。お前の欲しいものを強くねだりなさい。もしお前があるものの一部であれば、お前はそれにひきつけられるだろう。私のなかに母なる神の素質があるので、私は彼女にひきつけられるのだ。

昨今は、お前は世間の務めをしなくてもさし支えないのだろう。数日間、神を思いつづけて暮らしてごらん。この世には何もないということを、お前はもう知っているではないか」

師はおうたいになった。

このことを記憶せよ、おお、心よ。

誰ひとり、お前のものではない。
この世でのさすらいこそ、むなしいもの。
マーヤーの精妙なわなにかかっているのだから、
母の御名を忘れぬようにせよ。

たった一日か二日、殿よ、主人よと敬われる、
だがまたたく間に、いまそんなに敬われている
その形は、なげすてられなければならない。
死の王がお前を捕らえた、そのときには。

お前のいとしい妻、生きているときには、
お前が死ぬほどこがれたその人
彼女さえそのときには、たださようならと言うだけ
不吉なものとして、お前のなきがらを避けるだろう。

つづけて師はおっしゃった、「この、調停とか指導とか——お前が忙しがっているそういうものはなんだね。私は、お前が人びとの争いを解決し、彼らがお前を仲裁人にしている、ときいている。お前は長いあいだこの仕事をやってきた。そんなことは、そういうことのすきな連中にやらせておけばよいのだ。いまは、心をもっともっと深く神の蓮華の御足にささげなさい。

シャンブーも、『私は病院と施薬所を建てましょう』と言った。彼は神の信者だ。だから私は彼に言ったのだ、『お前は神にお目にかかったとき、彼に病院と施薬所を建ててくださいとお願いするかね』と。

ケシャブ・センが私に、『なぜ私は神を見ないのでしょうか』とたずねた。私は言った、『お前は名声とか評判とか学識のようなものに一生懸命になっているから神を見ないのだ』と。母親は、子供がおもちゃ、赤いおもちゃをしゃぶっているあいだは子供のそばにはこない。だが何分かの後に、子供がおもちゃを投げすてて泣き出すと、彼女は炉から釜を下ろして大いそぎで子供のところに走ってくるのだ。

お前は調停の仕事に従事している。母なる神は、『あそこにいる私の子は、いまは一生懸命に仲裁をやっていてごきげんだ。あのままにしておいてやりましょう』と思っていらっしゃるのだよ」

さきほどからイシャンは、シュリー・ラーマクリシュナの御足に手をふれていた。彼はへりくだって言った、「これらのことを私がしたくてするわけではないのでございます」

師「わかっている。これは母なる神のお遊び——彼女のリーラーなのだ。多くの人びとが世間にまきこまれてしまっているのは、大魅惑者のご意志なのだ。これはどういうものであるか知っているかね。

この世の大海に、おお心よ、
浮かぶ小舟のなんと多いこと、
また沈む小舟のなんと多いことだろう。

そして——

百千の凧《たこ》のうち、せいぜい一つか二つが、糸が切れてとぶ。

すると、あなたはそれらをながめ、

笑って手をおたたきになる、おお、母よ。

百千のうちほんの一つか二つが解脱を得る。残りは、母なる神の思し召しによって、もつれあっているのだ。

かくれんぼのゲームを見たことはないか。『お婆さん』は、ゲームをつづけたいのだよ。みなが彼女にさわって自由になると、ゲームは終わってしまう。だから彼女は、全員が自分にさわることは好まないのだ。

私は母なる神に申し上げた、『おお、母《マー》よ、私は名声も評判も欲しくありません。八大神通力も一〇〇の通力もいりません。おお、母よ、私は楽な生活を希望いたしません。なにとぞ、母よ、あなたの蓮華の御足に純粋な愛をささげることができますように、お恵みください』と」

信者たちは、魅入られたようにシュリー・ラーマクリシュナのお話に耳を傾けていた。燃えるような彼のお言葉は彼らの魂の奥に入り、放棄の道へと彼らをかり立てた。

さて、彼は、真剣な声でイシャンに向かってお話になった。

師「お前にへつらう人びとの言うことをきいて自分を見失ってはいけないよ。追従屋は世俗的な人のまわりに集まるものだ。ハゲタカは、牛の死がいのまわりに集まる。

世俗的な人びとは、内部に実質を持っていない。追従屋はそういう人たちのところにきて言う、『あなたはたいそう情けぶかく、そして賢い。あなたはたいそう信心ぶかい』これらは単なる言葉ではなく、先のとがった竹であって、彼らにつき刺さる。なんと馬鹿げたことだ。世俗的なブラーミンの学者たちの群れに昼も夜も囲まれて、彼らのお世辞《せじ》をきくとは。

世俗的な人びとは、三つのものの奴隷だ。妻の奴隷であり、金銭の奴隷であり、そして主人の奴隷だ。彼らに、なんらかの内的な実質を持つことなどができようか。

仲裁と指導だって？　なんとつまらないことだろう。慈善と他人の福祉のための仕事だって？　お前はもうそれらは十分にやったではないか。そのようなことに献身するのは、別の種類に属している人びとだ。いまやお前にとって、神の蓮華の御足に心を集中するときが熟しているのだよ。もし神をさとるなら、他のいっさいのものは手に入るだろう。第一に神、それから慈善、他人の福祉のための仕事、世間のための善行、そして人類の救済だ。なんでいまそんなことを心配する必要がある？

これがお前の場合の問題なのだ。この世を放棄したサンニャーシーが霊的な指示を与えてくれると非常によいのだが。世俗的な人間の忠告は、たとえそれがブラーミンの学者であろうと誰であろうと、正しくはないだろう。

狂気しなさい！　神の愛に狂いなさい！　イシャンは気違いになったから、もうこの世の務めを果たすことはできないと、人びとに認めさせるのだ。そうすればもう、人びとが指導や仲裁を求めてやってくることはあるまい。コシャクシなどはすててしまって、イシャン*というお前の名前の正しいことを証明しなさい」

イシャンは引用した――

おお、母《マー》よ、あなたの愛で私を狂気させて下さい。
なんで私に、知識や推理がいりましょう。

師「狂う！　それだよ！　シヴァナートはいつか、人は神のことを思いすぎると『ぼんやりしてしまう』と言った。私は言った、『何を言う！　意識を思いすぎて無意識になるなどということが、あってたまるものか。神は、永遠、純粋そして意識という性質をもっておられる。彼の意識によって人はいっさいを意識し、彼の知性によって、全世界は智恵のある姿を現しているのだ』と」

イシャンはすわって、シュリー・ラーマクリシュナの御足に手をふれ、そのお言葉にきき入っていた。ときどき彼は、聖所に安置された玄武岩のカーリー神像を見やった。ランプの灯に照らされて、神像はほほ笑んでいるように見えた。像を通じて御みずからを現しておられる生きた神が、ヴェーダの言葉のように神聖な師の言葉をきいて、喜んでおられるかのようだった。

イシャン（像をさして）「あなたの尊いお口からもれるお言葉は、たしかにあそこから出てまいりました」

師「私は機械、彼女が運転者だ。私は家、彼女が住人だ。私は馬車、彼女が御者だ。彼女が動かされるとおりに私は動く。彼女が私をとおしてお話になるとおりに私は話すのだ。カリユガにおいては、人は子供か、狂人か、またはそれに似たような人をとおしてでなければ神の声をきくことはない、と言われている」

師はお立ちになった。聖所の正面の壇に上り、ひたいを地につけて母に敬礼をなさった。信者たちは急いで彼のまわりに集まり、足もとにひれ伏した。彼らはみな、彼の恵みを乞うた。

一八八四年一〇月二六日　日曜日

午後だった。大勢の信者たちが師の部屋に集まっていた。そのなかにはマノモハン、マヒマーチャラン、およびMがいた。あとからそこに、イシャンとハズラも加わった。

信者「あなたは神をごらんになるときいております。もしそうなら、どうぞ私たちにも拝ませてください」

師「すべては神の思し召しによるのだ。人に何をすることができよう。神の御名をとなえていても、あるときには涙が流れ、またあるときには目は乾いたままだ。神を瞑想していても、私はあるときには非常な内心のめざめを感じ、あるときは何も感じない。

人は働かなければいけない。そうしてはじめて、神を見ることができるのだ。ある日、高揚した気分にあったとき、私はハルダルプクルの幻を見た。低いカーストの村人が、緑色の浮きかすをわきにのけてから水をくみあげているのを見た。ときどき、彼はてのひらに水をすくいあげてはそれを調べていた。その幻で、水面をおおう緑の浮きかすをわきにのけなければ水をとることはできないことが私に示されたのだ。つまり、働かなければ、神への愛を育てることも、彼のお姿を見ることもできない。働くこと、とは瞑想や唱名やそのたぐいのことをすることだ。神の御名と栄光をうたうのもやはり働くことだ。また施しや犠牲供養《ぎせいくよう》などを含めてもよい」

マヒマーチャラン「そのとおりでございます。人は一生懸命に働かなければなりません。それではじめて、成功するのでございます。読むものもじつにたくさんあります。聖典はかぎりがありません」

師（マヒマーチャランに）「どれほどの聖典を読むことができるというのだ？　ただ推理ばかりしていて何になるか。何よりも先にまず、神をさとるように努力しなさい。グルの言葉を信じて働くのだ。もしグルを持っていないのなら、その場合は渇仰の心をもって神に祈りなさい。神はどのようなお方であるか、彼がご自分でお前に知らせてくださるだろう。

お前は神について書物からいったい何を学ぶのか。市場から遠いところにいるあいだは、かすかなどよめきがきこえるだけだ。しかし実際に市場に行けば、様子はまったくちがう。そのときにはいっさいをはっきりと見たりきいたりする。人びとが、『ここに上等のジャガイモがありますよ。お買いなさい、お買いなさい』というのもきけるだろう。

岸から遠くはなれたところにいると、海の遠鳴りしかきこえない。しかし海岸に行けば、たくさんの舟がゆきかい、鳥が飛び、そして波が打ち寄せるのを見ることができるだろう。

人は書物の勉強によって、神のほんとうの感じを受けることはできない。この感じは、書物の勉強とはまったくちがったあるものだ。神をさとった後には、書物や聖典や科学は、泥やワラくずのように見える」

マヒマーチャラン「どのような働きによって、人は神をさとることができるのでございますか」

師「この働きによっては神をさとることができるが、あの働きによってはできない、などというものではない。神のヴィジョンは彼のお恵みによるものだ。それでもなお、人は心に神への渇仰の心を抱いて少しばかり働かなければならないのだ。渇仰の心を持っていれば、神のお恵みを受けるだろう。

神に達するためには、人はある種の好条件に恵まれていなければならない。高徳の人びととの交わり、識別、そして真の教師の祝福だ。おそらく、彼の兄が家族への責任をとっているのだろう。たぶん彼の妻は霊性ゆたかで非常に貞淑だろう。あるいは、彼は結婚していないかも、つまりまったく世間の生活にまき込まれていないかもしれない。このような条件が満たされている場合に、その人は成功するのだ。

お前は心で放棄しなさい。無執着の精神で在家の生活を送るのだ。この世から離れてどこへ行くのだ？　風のなかの落ち葉のようにこの世に生きなさい。そのような葉は、あるときは家の中に、あるときはごみの山に吹きやられる。木の葉は風の吹くままに飛んで行く……ときには良い場所に、ときには悪い場所に。いまや、神がお前をこの世におおきになったのだ。結構なことだ。ここにいなさい。また、彼がお前を持ち上げてもっと良い場所に置いてくださったら、今度はどうしたらよいかそのときに考えても十分に間に合うことだ。神がお前をこの世に置いてくださったのだ。そのことについてお前に何ができるのだ。彼にすべてをお任せしなさい。彼の足もとに自分をささげきりなさい。そうすればもう困ることはない。そうしたら、いっさいのことをなさるのは神だ、とさとるだろう。すべては『ラーマの思し召し』にかかっているのだ」

ある信者「その『ラーマの思し召し』というのはどういう話でございますか」

師「ある村に一人の機織りが住んでいた。彼はたいそう敬虔《けいけん》な人だった。誰もが彼を信用し、愛していた。彼は品物を市場に売ることにしていた。お客が布の値段をたずねると、機織りはこう言うのだ、『ラーマの思し召しによって、糸の値段は一ルピー、工賃は四アナ*です。ラーマの思し召しによって、利益は二アナです。布の値段は、ラーマの思し召しによって一ルピー六アナです』この機織りへの人びとの信用は大きかったので、お客はすぐに金を払い、布を持って行くのだった。彼はほんとうの神の信者だった。夕方食事をすませると、礼拝堂で長いあいだ神を瞑想し、御名と栄光をとなえた。さて、ある夜、彼はおそくまで眠ることができなかった。それで礼拝堂にすわり、ときどきタバコをふかしていた。そのとき一群の盗賊が前の通りを通りかかった。彼らは品物を運ぶ男がほしかったので、機織りに、『いっしょにこい』と言った。

そして彼の手をつかみ、引っぱって行った。ある家で盗みをはたらき、荷物を機織りの頭の上において、運ぶように命じた。そこへ突然、警官がやってきた。それで盗賊たちは逃げ去った。だが、荷物を持っている機織りは捕らえられた。彼はその夜は留置された。翌日、取り調べのために長官の前に引き出された。村人たちは事件を知って法廷にやってきた。彼らは長官に言った、『閣下、この男が盗みなどするはずがありません』そこで長官は、機織りに陳述を求めた。

機織りは言った、『閣下、ラーマの思し召しによって私は夜の食事をすませました。それから、ラーマの思し召しによって礼拝堂にすわっていました。それはラーマの思し召しによって夜ふけでございました。ラーマの思し召しによって、私は神を思い、彼の御名と栄光をとなえておりました。そのとき、ラーマの思し召しによって一団の盗賊がそこの道を通りかかりました。ラーマの思し召しによって彼らは私を引っぱって行きました。そしてラーマの思し召しによってある家で盗みをはたらき、そしてラーマの思し召しによって、彼らは荷物を私の頭の上に置きました。ちょうどそのとき、ラーマの思し召しによって警官が到着し、ラーマの思し召しによって私は捕らえられました。そして、ラーマの思し召しによって警察はその夜私を留置し、けさ、ラーマの思し召しによって私は閣下の前につれてこられたのでございます』長官は機織りが信心深い男であることを知り、釈放を命じた。帰途、機織りは友だちに言った、『ラーマの思し召しによって、私は釈放された』と。

ある人が在家者であるべきか僧であるべきかは、ラーマの思し召しにかかっている。すべてを神にお任せして、世間の務めを果たしなさい。そのほかに何ができるというのだ。

もし在家の人がジヴァンムクタになれば、彼は暮らそうと思えばやすやすとこの世間に暮らすことができる。知識を得た人は、『この場所』とか『あの場所』とか言って差別をしない。場所はどこであろうと、彼にとっては同じことなのだ。『あの場所』を考える人は、『この場所』も考えるのだ。

ジャイゴパールの別荘ではじめてケシャブに会ったとき、私は、『彼はしっぽを落とした唯一の人間だ』と言った。これをきいて人々は笑った。ケシャブは彼らに言った、『笑うではない。彼の言葉には何か意味があるに違いない。たずねてみよう』そこで私はケシャブに言った、『オタマジャクシは、しっぽをつけているあいだは水の中にしか棲《す》めない。乾いた地面を動き回ることはできない。だがしっぽを落とすやいなや、岸にとび上がる。それからは陸上と水中の両方で生きることができる。同じように、人が無知というしっぽをつけているあいだは、この世という水の中にしか生きることができない。だが、しっぽを落としたとき、つまり神の知識を得たとき、彼は自由な魂として動きまわることもできるし、そうしたければ在家の生活をすることもできるのだ』と」

マヒマーチャランと他の信者たちは、師の言葉をきいて魅せられたようになっていた。

師「あるとき、私はモトゥル・バーブといっしょにデヴェンドラナート・タゴール*を訪ねた。私はモトゥルに言った、『デヴェンドラ・タゴールは神のことを思う人だときいた。私は彼に会いたいと思う』と。するとモトゥルが言った、『結構です。彼のところにおつれしましょう。私たちはヒンドゥ・カレッジで同級でしたし、私は彼とたいそう親しくしていました』私たちはデヴェンドラの家に行った。モトゥルとデヴェンドラは長いあいだ会っていなかった。デヴェンドラはモトゥルに言った、『君は少し変わった。おなかのあたりが太ったようだ』モトゥルは私をさして言った、『この人はあなたに会いにきた、つねに神に夢中になっている人です』私はデヴェンドラの肉体のしるしを見たいと思って彼に、『あなたのからだを見せてください』と言った。彼はシャツを引き上げ、私は彼が、赤みがさしたたいそう白い肌をしているのを見た。髪はまだ灰色になっていなかった。

まずはじめに、私はデヴェンドラのなかに少しばかりうぬぼれがあるのを見た。またそれも当然のことではなかろうか、あれほどの富、あれほどの学識、そしてあれほどの名声と評判を持っていたのだもの。うぬぼれの気味があるのに気づいて、私はモトゥルにたずねた、『さて、うぬぼれは知識の結果だろうか、それとも無知の産物だろうか。ブラフマンを知った人が、「私は学者だ。私はギャーニだ。私は金持ちだ」などというような気持ちになることがあるものだろうか』と。

デヴェンドラと話をしているあいだに、私は突然、相手の真の姿が見える心境に入った。私は心のなかで大笑いした。この状態のなかで、私は学者たちや、書物だけで学んだ人びとをただのワラくずと見た。学者が識別と放棄心とを持っていないのを見たら、私はその人を値打ちのないワラくずだと見る。空高く舞いながら低いところにある墓穴に目をそそいでいるハゲタカのようなものだと思う。

私は、デヴェンドラがその生活のなかでヨーガとボーガの両方を結びつけているのを知った。彼は大勢の、しかも年若い子供たちを持っていた。家庭医がいた。このように、彼はギャーニではあったけれど、世俗の生活に心を奪われていた。私は彼に言った、『私はあなたがこの世に生活し、しかも神を思っているときききました。それで会いにきました。どうぞ神について何かきかせてください』

彼はヴェーダのいくつかの章句を朗唱した。彼は言った、『この宇宙はシャンデリアのようなもので、一つ一つの生きものはそのなかの灯火です』かつてパンチャヴァティで瞑想中、私もそれに似たヴィジョンを見た。彼の言葉が私のヴィジョンと一致していたので、彼は非常に偉大な人間に違いないと思った。私は、その言葉を説明してくれと頼んだ。彼は言った、『神はご自身の栄光を現すために人間を創造なさった。そうでなければ誰がこの宇宙を知ることができよう。シャンデリアのなかの灯火がなかったらすべてのものは暗くなってしまう。シャンデリアそのものさえも見ることができない』

私たちは長いこと話し合った。デヴェンドラは喜んで、『私たちのブラーフモー・サマージの祭礼にぜひきてください』と言った。私は、『それは神の思し召し次第です。あなたには私の心の状態がおわかりでしょう。神がいつ、私を特殊な状態におおきになるか、わからないのです』するとデヴェンドラは言い張った、『いいえ、ぜひきてください。しかし、布をまとい、肩掛けをかけてきてください。だらしがないと言って誰かが不親切な言葉を吐くかもしれない。そうすると私の心が痛みます』それで私は答えた、『いや、その約束はできません。私はバーブになることはできないのです』デヴェンドラとモトゥルは笑った。

すぐその翌日、モトゥルはデヴェンドラから、私が祭礼に出ることを拒む手紙を受けとった。私が肩掛けで身体をおおわないのは紳士らしくない、と書いてよこしたのだ（みな笑う）

もう一人、名士がいる。キャプテン*だ。世俗の人だが、彼は偉大な神の愛人だ。（マヒマーに）

いつか彼と話してごらん。彼はヴェーダ、ヴェーダーンタ、バーガヴァタ、ギーター、アディヤートマ・ラーマーヤナおよびその他の聖典をそらで知っている。彼と話をしているとそれがわかるよ。

キャプテンの妻は私に言った、『彼は世俗の生活を楽しみません。ですから、いつか私に、世間を放棄したいと言いました』と。そうだ、彼はときおり、そのねがいを口にしている。

キャプテンは信者の家庭に生まれた。父親は軍人だった。戦場で、彼はつねに片手でシヴァを礼拝し、もう一方の手に抜き身の剣を握っていたということだ。

キャプテンは正統派のしきたりを固く守る人だ。私がケシャブ・センを訪ねたので一ヵ月間ここにくるのをやめた。彼は私に、ケシャブは社会の慣習を乱した、イギリス人と食事をし、娘をほかのカーストに嫁入りさせて、自分のカーストを失ってしまったと言うのだ。私はキャプテンに言った、『そんなことは問題ではない。ケシャブは神の御名をとなえている。だから私は、神の話をきくために彼のところへ行く。私はスモモの実だけをたべるのだ。なんでトゲを気にすることがある?』と。だがキャプテンは相変わらず頑固だった。『なぜケシャブにお会いになるのですか』と言った。私は少々きびしい調子で答えた、『私は金のためにあそこに行くのではないぞ。神の御名をきくために行くのだ。ではお前が総督のところへ行くのはどういうわけだ。彼はムレッチャだ。どうして彼とつきあうことができるのだ』それで彼は少しおとなしくなった。

だが、彼は偉大な信者だ。礼拝をするにあたっては、樟脳《しょうのう》をつかってアーラティを行う。賛歌をとなえるときにはまったく別人になる。熱中するのだ。

（マヒマーに）オームを、『オ』と『ウ』と『ム』に関してだけ説明してごらん」

マヒマー「『オ』と『ウ』と『ム』は、創造と維持と破壊を意味しております」

師「だが、私は、『トーム』*という鐘の音、『トーム』をたとえとして説明しよう。それは、リーラーのニッティへの融合である。粗大なもの、かすかなもの、および原因なるものは、大原因のなかに溶け込む。覚醒《かくせい》、夢、および熟睡の状態は、トゥリーヤのなかに溶け込むのだ。鐘を打つ、ということは一つの重いおもりが大海の中に落ちるようなものだ。波が立ち始める、つまり相対界が、絶対者から生じる。原因体、かすかな体、および粗大な体が、大原因から現れる。トゥリーヤから、熟睡、夢、および覚醒状態が現れるのだ。大海におこるこれらの波は、ふたたび大海の中に溶けこむのである。絶対者から相対界へ、相対界から絶対者へ、だ。それだから私は、『トーム』という鐘の音で説明するのだ。私はこれらのことすべてを、はっきりと感知した。限界のない、意識の大海が存在することが私に啓示された。それから、相対界のいっさいのものは出てくるのだ。そしてそれの中に、いっさいのものはふたたび融合するのだ」
マヒマー「そのような啓示を受けた人びとは、経典は書きませんでした。自分たちの経験に夢中でした。いつ書くというのですか。書くためには、人はある程度計算高い心が必要です。他の人びとが、啓示を受けた人からこれらのことを学んで、書物を書いたのです」

一八八四年一二月六日　土曜日

アダルは、カルカッタ北部のソババザールに住んでいた。ほとんど毎日、厳しい役所の仕事をすませて午後おそくに帰宅すると、シュリー・ラーマクリシュナを訪問した。カルカッタの自宅からドッキネッショルまで貸馬車で行くのだ。彼のただ一つの喜びは師を訪ねることだった。だが彼は、シュリー・ラーマクリシュナのお話はほとんどきかなかった。

師に敬礼をして諸聖堂にお参りをすると、彼は師の求めにしたがって、床にひろげられた敷物の上に横になり、すぐに眠ってしまうのだ。九時か一〇時になると、起こされて帰宅した。それでも彼は、ドッキネッショルの神人を訪れることのできる自分は幸せだ、と考えていた。アダルの願いをいれて、シュリー・ラーマクリシュナはたびたび彼の家をお訪ねになった。彼がおいでになるというのは、まさに祭礼だった。大勢の信者たちが集まり、アダルは彼らを豊かな食事でもてなすのだった。

シュリー・ラーマクリシュナは、お供の人びととともにアダルの家にお着きになった。誰も彼もが、喜ばしい気分だった。アダルは豊かなごちそうを準備していた。大勢の見知らぬ人びとが席にいた。アダルの招きで、数人の、他の副知事たちもきていた。彼らは、師を観察してその神聖さを判定したいと思っていた。そのなかには、バンキム・チャンドラ・チャタージーがいた。彼は一九世紀後半のベンガルの、おそらくもっとも偉大な文学者だった。現代ベンガル文学の創始者の一人で、社会問題や宗教問題を扱っていた。バンキムは、インドとイギリスとの接触がもたらした一つの産物だった。彼はヒンドゥの聖典に新しい解釈を与え、徹底的な社会改革を主張していた。

シュリー・ラーマクリシュナが信者たちと喜ばしげに話しておられるところにアダルがきて、自分の友だち数人を彼に紹介した。

アダル（バンキムを紹介しながら）「師よ、この人は偉い学者で、たくさんの本を書いております。あなたにお目にかかるためにここにまいりました。名前はバンキム・バーブと申します」

師（微笑して）「バンキム！* さて、何があなたを曲げたのか」

バンキム（笑いながら）「長靴のせいでございますよ。白人の主人たちにさんざん蹴られたので、私のからだが曲がってしまったのでございます」

師「いや、そうではありませんよ！ シュリー・クリシュナは、うっとりするような愛のために お曲がりになった。ラーダーへの愛のために身体が三カ所で曲がったのだ。ある人たちはシュリー・クリシュナのお姿をこう言って説明しています。彼がどうして藍色《あいいろ》の肌をしておられるのか、知っていますか。それに、どうしてあんなに小柄であられるのか――ご自分の手で測ってたった三キュービト半だ。神は、遠くから見るあいだはそう見えるのです。海の水も、遠くから見れば青くみえる。だが海辺に行って手にすくってみると、もう青くは見えないでしょう。非常に澄んで透明だ。同様に、太陽は非常に遠いから小さく見えるのだが、近づいたら小さくは見えないでしょう。人が神のほんとうの性質を知れば、神は青くも見えないし、小さくも見えはしない。それはただ、遠くから見たときのお姿なのだ。真の姿はサマーディのなかでなければ見えはしない。『私』と『あなた』とが存在するかぎり、名と形も存在する。すべては神のリーラー、つまり神が、遊戯を楽しんでおいでになるのです。『私』と『あなた』を意識するあいだは、人はさまざまの形を通して神の顕現を経験するでしょう」

バンキム「師よ、なぜ説教をなさらないのですか」

師（ほほ笑みつつ）「説教だって？ 説教しようなどと思うのは人間の虚栄にすぎない。人間はとるに足りない生きものです。説教するのは神だけです。太陽と月をつくって、このように宇宙を明るく照らしてくださる神だ。説教するということは生やさしいことではありません。神がその前にご自身をお示しになって、説教せよとお命じになったのでなければ、人は説教することはできないのです。もちろん、誰も、人が説教するのをとめることはできません。彼は命令も受けないのに、しわがれ声で叫ぶ。人びとも、二、三日はそれに耳を傾けるでしょう。だが、やがてすっかり忘れてしまう。他のいろいろな騒ぎと同じことだ。彼がしゃべっているあいだ、人びとは『ああ、うまくしゃべっているな』と言うだろうが、話し終るとすべては消えうせてしまうのです。

もし神が自身を現して命令をお与えになれば、その人は説教をすることも、人びとに教えることもできるのだ。そうでなければ誰が耳を傾けるものか」

訪問者たちは真剣にきき入っていた。

師（バンキムに）「あなたは偉大なパンディットで、しかもたくさんの本を書いておられる、ときいている。人の義務ということについてあなたが考えていることをどうぞ教えてください。死後、人はどうなるのだろうか。来世は信じておいでかね」

バンキム「来世ですって。それは何でございますか」

師「そうだ。知識を得た後に死ねば、人は存在のもう一つの段階に行く必要はない。二度と生まれることはない。だが、知識を得ていないかぎり、つまり神をさとっていないかぎり、彼はこの地上の生活に戻ってこなければならない。それを逃れることは決してできない。このような人には、来世があるのだ。人は知識を得れば、つまり神をさとれば解放される。彼にとっては、二度と地上に戻ってくるということはない。もし煮られた米粒がまかれても、それは芽を出さない。ちょうどそのように、もし人が知識の火で煮られれば、彼はもう、創造の遊戯のなかでいかなる役を演ずることもできない。彼は世俗の生活を送ることはできないのです。煮えた米粒をまいても収穫は得られないでしょう。

（微笑しながらバンキムに）さて、あなたは人の義務についてはどう考えておられますか」

バンキム（微笑しながら）「もしおたずねなら、それはたべることと眠ることと性生活だと申し上げましょう」

師（鋭く）「え？　あなたはたいそう厚かましい。自分が日夜やっていることが、あなたの口から出てくるのだ。人は自分がたべたもののおくび（げっぷ）を出す。大根をたべれば大根のおくびを出す。青いココナッツをたべれば青いココナッツのおくびを出す。日夜『女と金』のまん中で生きているので、あなたの口はそれについての言葉だけしか出さないのだ。絶えず世俗的なことを考えていると、人は勘定高くなり、うそつきになる。これに反して、神のことを考えていれば正直になる。神を見たことのある人は、あなたがいま言ったようなことは決して言わないものだ。もしパンディットが神を思わず、識別もできず、放棄心も持っていないとしたら、その学識は彼にとって何の役に立とう。

パンディットはたしかに、多くの書物や聖典を学んでいる。それらの原文についてしゃべり回ったり、本を書いたりするだろう。だが、もし彼が女に執着し、金と名誉を大切なものと考えているなら、あなたは彼をパンディットと呼びますか。心に神を思わないような人がどうしてパンディットであり得よう。

ある人びとは、信仰者というものについてこんなことを言うかもしれない、『この人びとは昼も夜も神のことばかりはなしている。彼らは気違いだ。正気を失ったのだ。だが、われわれはなんと賢いことだろう。金や名誉や感覚の楽しみをこんなにも享楽している』と。カラスだって、自分は賢いと思っている。だが、カラスが朝おきて第一にすることは、ほかでもない、他のものの落としたふんでおなかをみたすことだ。カラスが気どって歩く様子を見たことはありませんか。じつに利口なものだ!」

死んだように静かだった。

シュリー・ラーマクリシュナはおつづけになった、「だが、神を思う人びと、世間のものごとへの執着をすて去りたいと日夜祈る人びと、主の蓮華の御足の甘露以外のものを楽しまない人びと、世俗の楽しみが苦く感じられるような人びとは、ハクチョウのようなものだ。もし牛乳と水とをまぜてハクチョウの前に置いてやると、ハクチョウは水を残して牛乳だけを飲むだろう。それに、ハクチョウの泳ぎぶりを見たことはないかね。あれは一つの方向に一直線に前進するのだ。ほんとうの信仰者というものも、ちょうどこれと同じだ。彼らは神のほうにだけ進む。他の何ものも求めない。他の何ものも楽しまない。

（やさしく、バンキムに）どうぞ、私の言うことで気をわるくしないでください」

バンキム「師よ、私は甘い言葉を伺いにきたのではございません」

師（バンキムに）『女と金』だけが世間だ。それだけがマーヤーなのだ。それのために、人は神を見ることも思うこともできない。子供が一人か二人生まれたら、夫と妻は兄妹のように暮らして、神のことだけを話すべきです。そうすれば彼らの心はともに神にひかれ、妻は夫の、霊性向上の助けになるだろう。動物的な感情をすてなければ、誰も神の至福を味わうことはできない。この感情をすてることができますようにと、信者は神に助けを乞うべきです。それは真剣な祈りでなければならない。神は私たちの内なる支配者だ。真剣なものでさえあれば、必ず私たちの祈りはきいてくださるのです。

そして『金』だ。パンチャヴァティの下あたりのガンガーの堤防にすわって、私はよく言ったものです、『ルピーは土くれ、土くれはルピー』と。それから、両方をいっしょにガンガーに投げこんだ」

バンキム「まさか！　金が土くれだなんて！　師よ、数ペニー持っていれば、貧しい人を助けることもできます。もしお金が土くれであるなら、人は慈善をすることも他人に親切をすることもできません」

師（バンキムに）「慈善だって！　親切だって！　人は他人に親切にすることができるなどと言えるのか。人間はたいそういばって歩きまわっているけれど、もし彼が眠っているときにだれかが口の中に汚水をそそぎこんでも、彼はそれに気づきさえしないだろう。彼の口は汚水であふれんばかりになるだろう。そんなときに彼の誇り、彼の見栄、彼の高慢はどこにあるか。

もし在家の人がほんとうの信仰者であるなら、彼は執着心なしに自分の務めを遂行する。彼は自分の仕事の成果を神にささげる。得も損も、喜びも苦しみもだ。そして昼も夜も、他の何ものも求めず、ただ信仰だけを求めて祈る。これは意図のない働き、無執着の義務の遂行、と呼ばれている。サンニャーシーも無執着の精神ですべてのことをしなければならない。だが彼は、在家の人のような、しなければならない世間の務めは持っていない。

もし在家の人が無執着の精神で施しをするなら、彼はじつは自分に対して善事を施しているのであって、他人に対してではない。彼が仕えているのは神だけだ。神、すべての生き物の中に宿っておられるお方だ。そして、彼が神に仕えるとき、彼はじつは自分に対して善事を行っているのであり、他人に対して行っているのではない。もし人がこのようにして、人間ばかりでなく、獣やその他の生き物を含めたすべての生類を通して神に奉仕するなら、もし彼が名声や評判も、死後の天国も求めないなら、もし彼が奉仕の相手からいかなる報いも求めないなら、もし彼がこの精神で奉仕の活動をやりつづけることができるなら、それなら彼は、ほんとうに無私の仕事をしているのだ、無執着の働きをしているのだ。このような無私の働きを通して、彼は自分自身に善を施しているのだ。これがカルマ・ヨーガと呼ばれるものだ。これもまた、神をさとる道だ。だがこれは非常に困難な道であって、カリユガには適していない。

それだからね、このような無執着の精神で働く人、親切で慈悲深い人は、自分自身だけを益しているのです。他を助けること、他に善を施すこと、これは、人類のために日や月や、父や母や、果物や花や穀物などをおつくりになった神だけのお仕事です。両親に見られる愛は神の愛だ。神は、被造物を保持するために彼らにそれをお与えになった。親切な心を持つ人びとに見られる慈悲心は、神の慈悲心だ。無力な人びとを守るために、神が彼らにそれをお与えになったのです。あなたが慈悲深くあろうとなかろうと、神はなんとかかんとかしてご自分の仕事はおさせになるだろう。何ものも、彼のお仕事を止どめることはできない。

では人の務めは何であろうか。他に何一つあろうはずはない。それはただ、神のなかに隠れ家を求め、渇仰の心で、御姿をお見せくださいと彼に祈ることだ。

（バンキムに）ある人びとは、書物や聖典を研究しなければ神をさとることはできないと思っています。まず第一に、この世界とそこにすむ生きものについて学ぶべきだ、まず第一に、『科学』を研究すべきだ、と思っています。（みな笑う）彼らは、まず神のおつくりになったものを理解しなければ彼をさとることはできない、と思っている。科学か神か、どちらが先か。あなたはどう思いますか」

バンキム「私もやはり、まず第一に、この世界のもろもろの事物について知るべきだ、と考えております。この世界にある何ものかを知らなければ、どうして神について知ることができましょう。私たちはまず書物から学ぶべきです」

師「それはあなた方みなが口をそろえて言うことだ。だが、神が最初にくるのであって、それから創造だ。神を知るとき、他のいっさいのことを知る。だがそのときには、小さなことを知りたいとは思わない。ヴェーダに同じことが書いてある。ある人物の美徳について、その人に会わないあいだは何やかやと話すものだ。だがその人があなたの前に現れたとたんに、そんなおしゃべりは全部やんでしまう。彼とともにいる、というだけで、あなたは喜びにわれを忘れる。彼と話をする、というだけで感激に圧倒されてしまう。もう彼の徳のことなどしゃべりはしない。

まず神をさとれ。そのあとで、創造やその他のことを思うのだ。一を知れば、すべてを知るのだ。一の後にゼロを五〇個おけば莫大《ばくだい》な数が得られる。だが、その一を消せばあとには何も残らないだろう。多を作るのは一なのだ。まず一、それから多。まず神、それから彼の被造物と世界だ。

渇仰の心で神に祈るのです。それが真剣なものでさえあるなら、彼は必ず、あなたの祈りをきいてくださる。おそらく、あなたがつきあうにふさわしい聖者のところにあなたをさし向けてくださるだろう。それがあなたの修行の助けになるでしょう。たぶん誰かが、『これをせよ、そうすればお前は神に到達するだろう』と教えてくれるはずです。

人はグルの言葉を信じなければならない。グルはサチダーナンダ以外の何ものでもない。神ご自身がグルなのだ。もし、子供のようにその言葉を信じさえするなら、あなたは神をさとるだろう。偽善的な、打算的な、または理屈っぽい心では神をさとることはできない。人は信仰深く誠実でなければならない。偽善はだめだ。神は誠実な人びとのごく近くにおいでになる。だが偽善者からは遠く離れていらっしゃるのだ。

人は神に対しては、子供心のようなあこがれを持たなければならない。子供は母親が見えないとただだろうばいするだけだ。たとえお菓子を持たせてなだめようとしても、彼はだまされない。『いや、お母さんのところに行く』と言うだけだ。人はこのように神を慕わなければいけない。ああ、なんというあこがれだ。母を求めての、なんというあせりだ。何ものも、母を忘れさせることはできない。世間の楽しみが味気なく感ぜられる人、金、名声、快適な生活、感覚の楽しみなど、この世のいっさいのものに喜びを感じない人は、母の御姿を求めて心底から悲しみに打ちひしがれる。そしてこのような人のもとにだけ、母は他のすべての仕事をすてて、走ってきてくださるのだ。

ああ、この焦燥感がすべてだ。あなたがヒンドゥであろうと、回教徒であろうと、クリスチャンであろうと、シャクティ派であろうと、ヴィシュヌ派であろうと、さてまたブラーフモーであろうと、どの道に進んでいようとそんなことはかまわない、大切なのは焦燥感だ。

神は私たちの内なる案内者だ。たとえあなたが間違った道を歩いているとしても、そんなことはかまわない。ただ、彼を慕い求めてあせらなければならないのだ。彼がご自分で、あなたを正しい道に置いてくださるだろう」

ブラーフモー・サマージのトライロキヤがうたい始めた。やがて、シュリー・ラーマクリシュナは立ち上がり、外界の意識を失われた。彼はサマーディに没入し、完全に内部に沈潜なさった。信者たちは輪をつくって彼の周りに立った。人びとをおし分けて、バンキムは師に近づき、注意深く彼を見つめた。彼はサマーディに入った人を見たことがなかったのだ。

数分後、シュリー・ラーマクリシュナはなかば意識をとり戻し、恍惚《こうこつ》として踊りはじめられた。それは、決して忘れることのできない光景であった。バンキムと、イギリス化した彼の友人たちは、驚き入って彼を見つめていた。これが神に酔った状態なのであろうか。信者たちも、驚嘆の目で彼を見つめていた。

歌と踊りが終わると、彼はふたたびおすわりになり、すべての人はその周りにすわった。

バンキム（師に）「師よ、どうしたら神への愛を育てることができるのでしょうか」

師「慕いこがれる気持ち――母を慕いこがれる子供の気持ち――によってだ。子供は母親から引き離されると当惑し、彼女を慕って泣く。もし人が、神を慕ってそのように泣くことができるなら、神を見ることさえできるのだ。

夜明けが近づくと東の地平線は赤くなる。そのとき人は日の出が近いことを知る。同じように、もしある人が神を恋いこがれているのを見たら、彼は遠からず神を見る、と思ってまず間違いはない。

（バンキムに）ちょっと言わせてください。表面に浮かんでいるだけで何が得られますか。少し水の中にもぐりなさい。宝石は水中の深いところにひそんでいるのです。だから水面のあたりで手や足をふってみたところで何にもならない。真の宝石は重いのです。それは浮かんではいない。水底に沈んでいるのだ。真の宝石をとろうと思ったら、深くとびこまなければいけない」

バンキム「師よ、私たちに何ができましょう。私たちはコルクに結びつけられています。それが私たちをもぐらせないようにします」（みな笑う）

師「神を思い出しさえすれば、すべての罪は消える。神の御名は、死という足かせをも打ちこわすのだ。あなたは潜《もぐ》らなければ駄目だ。そうでないと、宝石を手に入れることはできない」

バンキムは師の前に深々と頭を下げた。彼は別れを告げて立ち去ろうとしていた。

バンキム「師よ、私はあなたがお考えになるほど馬鹿ではありません。私はある祈りを持っております。どうぞあなたの清い御足のちりで私の家を祝福してくださいませ」

師「結構なことだ。神の思し召しなら行くでしょう」

バンキムは去った。しかし彼は放心していた。戸口まで行ったとき、彼は部屋に肩掛けを落としてきたことに気づいた。半袖の上着しか着ていなかった。一人の紳士が彼に肩掛けを渡した。

アダルは師と信者たちをごちそうでもてなした。霊的恍惚状態にある師のイメージを胸に抱き、偉大な知恵の言葉を心に刻んで、信者たちが家に帰ったのは夜もおそかった。

バンキムがシュリー・ラーマクリシュナに、自分の家においでくださいと言っていたので、師は数日後に、ギリシュとMを彼のカルカッタの家につかわされた。そのとき、バンキムはこの二人の信者と、師について長いあいだ話しあった。彼は、もう一度シュリー・ラーマクリシュナを訪ねたいと言った。だが彼の願いは果たされなかった。

第九章　深い親愛の情で結ばれていた数人の弟子たち

一八八五年三月一一日　水曜日

学校がすむとMはバララームの家に戻り、客間で、師が信者や弟子たちに囲まれてすわっておられるのを見た。師の顔は美しい微笑に輝き、その微笑は、部屋にいる人びとの幸福そうな顔に反映していた。Mは師のそばにすわるよう求められた。

師（ギリシュに）「お前はこの点はナレーンドラと議論して、彼が何と言うか、きいたほうがよかろう」

ギリシュ「ナレーンドラは、神は無限だ、と申します。私たちが感知する事物や人は神の部分だ、などと言うことさえできません。どうして、無限が部分を持つことができましょう。あり得ないことです」

師「神がどんなに無限であろうと、その本質は、彼がそうしようとお思いになっただけでみずからを現すことができるし、また現れもするのだ。神が人としてお生まれになることは、似た事柄をあげて説明することはできない。自分で感じ、直覚によってさとるほかはない。類比は、その片鱗《へんりん》をかいま見させるだけのことだ。雌牛の角とか脚とかしっぽとかにさわれば、たしかに雌牛そのものにふれたことにはなる。だが雌牛がわれわれに大切なのは、乳房から出るそのミルクだ。神の化身は、その乳房のようなものだ。神は、人びとに献身と神への愛を教えるために、ときどき人に化身なさるのだ」

ギリシュ「ナレーンドラは、『神を知りつくすことなどできるものか。神は無限なのだ』と言っております」

師（ギリシュに）「誰が、神についていっさいを理解することなどができよう。大きい、あるいは小さい、神のあらゆる面を知る力は、人間には与えられていないのだ。また、神のすべてを知る必要がどこにあろう。神をさとりさえしたらそれで十分だ。そしてもし私たちが神の化身を見れば、それだけで神ご自身を見たことになるのだ。ある人がガンガーに行って水に手をふれたとする。すると彼は言うだろう、『はい、私はガンガーを見ましたしさわりもしました』と。こう言うためにはハルドワル*からガンガー・サーガルに至る、流れ全部に手をふれなければならない、というわけではない。（笑声）

もし私がお前の足にさわれば、それはもちろんお前にさわったということだ。（笑声）ある人が海辺に行って水中にちょっと手を入れるなら、彼はたしかに海に手を入れたのだ。元素としての火はすべてのものの中に存在するが、木の中にはそれが非常に多く存在する」

ギリシュ（微笑しつつ）「私は火を求めております。ですから当然、それが得られるところに行きたいと存じます」

師（微笑して）「そうだ、火は、元素としては他の何よりも木の中にたくさんある。神を探すなら人のなかに探しなさい。神は、他の何よりも人のなかに多く、ご自身を現していらっしゃる。忘我の愛を持ち、プレマにあふれており、神を求めて狂気し、彼への愛に酔っている人を見たなら、神は間違いなくその人になって生まれておられると思ってよろしい。

（Mに）神がすべてのもののなかにおられることは間違いない。だがその力の現れはものによって異なる。神の力の最大の顕現は化身のなかに見られる。そして、ある化身たちのなかには神の力が完全に現れている」

ギリシュ「ナレーンドラは、神は私たちの思いも言葉も超越している、と言っております」

師「それは必ずしも真実ではない。彼はもちろんこの普通の心では知ることはできないが、浄らかな心でなら、ほんとうに知ることができるのだ。心と知性とは、『女と金』への執着から解放された瞬間に純粋になる。純粋な心と純粋な知性は同一のものだ。神は純粋な心によって知られるのだ。古代の賢者や予言者たちが神を見なかったと言うのかね。彼らは、彼らの内なる意識によって普遍の意識をさとったのだ」

ギリシュ（微笑して）「私はナレーンドラと議論して勝ちました」

師「おお、いや。彼は私に言った、『ギリシュ・ゴーシュが人として現れた神の化身をあのように信仰しているとき、私が何を言うことができましょう。このような信仰に干渉することはよくありません』と。

ナレーンドラは、非常に高い序列に属している少年だ。あらゆることに秀でている。声楽にも楽器の演奏にも、学問にもだ。その上に、彼は自分の感覚器官を制御することができる。誠実で、識別と離欲の力を持っている。一人の人間がこんなに多くの徳を持っているとは！（Mに）どう思うか。並はずれて優秀な子ではないか」

M「はい、そうでございます」

師（Mにだけそっと）「彼（ギリシュのこと）はじつに熱心で信仰も深い」

Mはギリシュを見やった、そして彼のすばらしい信仰に驚嘆した。ギリシュはシュリー・ラーマクリシュナのところにきはじめてまだ間がないのだが、もう、師の霊性の力を認めていた。Mには、彼は強い霊性のきずなで結ばれている親密な友のように、また身内のように思われた。

ギリシュは、師の信者たちというくび飾りのなかの宝石の一つだった。

だんだん暗くなってきた。薄暮のかげがカルカッタの町をおおった。ひととき、忙しい首都の騒音も静まった。鐘やホラ貝の響きが、多くのヒンドゥの家庭の夕拝をつげていた。神の信者たちは彼らの世俗の務めをしばらくおいて、心を祈りと瞑想に向けた。この、昼と夜との接点、この神秘的なたそがれは、いつも師を法悦の境にみちびいた。

シュリー・ラーマクリシュナが母なる神の甘美な御名をとなえ始められると、部屋にすわっている信者たちはそれを凝視した。となえ終ると、彼は祈りをお始めになった。たえず神と交流している魂に、どうして祈りが必要なのだろう。迷っている人びとに祈り方を教えたいとお思いになったのではなかろうか。母なる神に向かって彼はおっしゃった、「おお、母《マー》よ、私は自分を、あなたのお慈悲におまかせいたします。あなたの尊い御足のもとに避難いたします。私は肉体の安楽を求めません。名声も栄誉も求めません。八大神通力も欲しくはございません。お恵みによってどうぞ、あなたへの純粋な愛、欲望によって損なわれず利己的目的によって汚されていない愛、信者が愛のためだけに求める愛をお与えください。そして、おお母よ、あなたの世をまどわすマーヤーによってあざむかれないよう、あなたの不可思議なマーヤーによって呼び出されたこの世界、『女と金』に執着しないよう、どうぞお恵みください！　おお母よ、私がわがものと呼び得るものは、あなたのほかにありません。母よ、私は礼拝の仕方も知りません。苦行もしてはおりません。信仰と知識も持っておりません。お慈悲をたれたまえ、母よ、そして、あなたの無限のお慈悲によって、あなたの蓮華の御足への愛をお与えください」

彼の魂の底から響くこの祈りの一語一語は、信者たちの心を揺り動かした。彼の声の抑揚とお顔の子供のような単純さは、彼らの心を深く感動させた。

ギリシュは、ぜひとも今晩、お越しくださらなければいけません、と言って師を自分の家にお招きした。

師「おそくなり過ぎるだろうとは思わないか」

ギリシュ「いいえ、お好きなときにお帰りくださって結構でございます。私は、ある争いを仲裁するために今晩、劇場にまいらなければなりません」

師がギリシュの家に向けてたとうとなさったのは午後九時だった。バララームが彼のために夜食を用意していたので、シュリー・ラーマクリシュナはバララームにおっしゃった、「用意してくれたごちそうはどうぞ、ギリシュの家にとどけておくれ。あちらでいただこう」彼はバララームの気持ちを傷つけまいとお思いになったのだ。

バララームの家の二階から下りてこられる途中で、彼は神聖な恍惚状態にお入りになった。

まるで酒に酔っておられるかのように見えた。ナーラーヤンとMとがおそばにつき添い、少し後れてラーム、チュニおよび他の信者たちがつづいた。一階に着くと同時に、彼は完全に圧倒されておしまいになった。足をふみはずして転ぶことがないよう、ナーラーヤンが進み出てお手をとろうとした。師は、それは迷惑という様子をお示しになった。数分後、愛情をこめてナーラーヤンにおっしゃった、「もしお前に手を引かれたら、人びとが私を酔っぱらいだと思うだろう。私は自分で歩いて行けるよ」

ギリシュの家は遠くはなかった。師はボスパラ小路の十字路を過ぎられた。突然、彼は前よりも速く歩きはじめられた。信者たちはあとに残された。間もなく、遠くからナレーンドラがやってくるのが見えた。いつもならナレーンドラのことを思っただけで、あるいは彼の名が口にされただけで師のお喜びはたとえようがないのだが、このときはこの愛弟子と、ひとこと言葉を交わすこともなさらなかった。師と信者たちとがギリシュの住む横丁に入ったとき、彼は口がきけるようになられた。ナレーンドラにおっしゃった、「元気かね、わが子よ。さきほどは話をすることができなかったのだ」師がお話になる一語一語にかぎりないやさしさがこもっていた。

ギリシュは師をお迎えするために戸口に立っていた。シュリー・ラーマクリシュナが家にお入りになると、ギリシュはその足もとに倒れ、丸太のように床に横たわった。師にうながされて、ひたいで師の足にふれてから、立ち上がった。シュリー・ラーマクリシュナは、導かれて二階の応接間にお入りになった。信者たちはそのあとにつづいてすわり、師のお姿を眺め、彼のお口をもれる言葉をひと言もききもらさないようにしようと一生懸命だった。

シュリー・ラーマクリシュナがご自分のために設けられた席にすわろうとなさったとき、彼はその近くに新聞がおいてあるのをごらんになった。彼はそれを片づけるよう、誰かに合図をなさった。新聞にはゴシップやスキャンダルなど、世俗的なことが書いてある。彼はそれを不浄とごらんになったのだ。新聞がとり除かれると、彼はおすわりになった。

大勢の信者たちが部屋にいた。ナレーンドラ、ギリシュ、ラーム、ハリパダ、チュニ、バララーム、およびMであった。ナレーンドラは、神がみずから人間の肉体に宿って生まれる、ということを信じなかった。だがギリシュは彼とは違っていた。彼は、全能の主はときおり、不可思議な力をもって人間の肉体をかり、神聖な目的を果たすために地上に降りてくるという、燃えるような信仰を持っていた。

師はギリシュにおっしゃった、「私は、お前とナレーンドラが英語で議論するのをききたい」議論が始まった。だが彼らはベンガル語ではなした。ナレーンドラは言った、「神は無限そのものです。どうして、われわれが神を理解するなどということができましょう。彼はあらゆる人間のなかに宿っておられる。一人の人間を通してご自分を現される、などというのは事実ではありません」

師（やさしく）「ナレーンドラの言うとおりだ。神はどこにでもいらっしゃる。だが同時に、さまざまの存在において神の力の現れもさまざまだ、ということを忘れてはならない。さまざまの道具によって、神の力は大小さまざまの程度に現れる。だから、すべての人が等しいというわけではない」

ラーム「このようなむなしい議論をして何になりましょう」

師（鋭く）「いや、いや！　これらのことにはみな、意味があるのだ」

ギリシュ（ナレーンドラに）「神は人間の肉体をおとりにはならないことを、あなたはどうして知っているのか」

ナレーンドラ「神は、『言葉も思いも超越して』おられます」

師「いや、そうではない。神は、純粋自己（アートマン）と同じものであるところの純粋ブッディによっては知ることができる。古代の覚者たちは、その純粋なブッディによって、純粋自己を直接感知したのだ」

ギリシュ（ナレーンドラに）「もし、神ご自身が人間に化身して人びとを教えてくださるのでなかったら、他の誰が霊的な神秘を彼らに教えるだろう。神は、人びとに神の知識と神の愛とを教えるために人間の肉体をおとりになる。そうでなかったら、誰が教えるだろうか」

ナレーンドラ「いや、神は私たちめいめいのハートの中に住んでおられる。彼は間違いなく、ハートの中から私たちを教えてくださるのです」

師（やさしく）「そうだ、そうだ。彼は内なる案内者としてわれわれを教えてくださる」

次第に、ナレーンドラとギリシュは激しい議論にまき込まれていった。もし神が無限なら、どうして、彼が部分を持ち得るか。ハミルトンは何と言ったか。ハーバート・スペンサーの見解はどうだったか、ティンダルのは？　ハクスレーのは？　等々。

師（Mに）「私はこのような議論は好まない。私がなんで議論などをする必要があろう。私には、神がすべてのものでいらっしゃることがはっきりと見えている。彼自身が、すべてのものになっていらっしゃるのだ。あるものは全部神だと私は見ている。彼はいっさいのものだ。また同時に、彼はいっさいのものを超越してもいらっしゃる。私は、心と知性とが『不可分なる者』に融合する、という状態を経験する。

だが、自分の内部意識がめざめていないかぎり、『一切所に遍満する意識』をさとることはできない。人はいつまで推理をするものであるか。神をさとるまでのあいだだ。しかし、単なる言葉の理解ではだめだ。私の場合には、私ははっきりと、神みずからが一切物になっておられることを見るのだ。神の恩寵によって、内なる意識がめざめなければならない。このめざめによって、人はサマーディに入るのだ。彼はしばしば、自分が肉体を持っていることも忘れる。もはや神に関する話でなければどんな会話も楽しまない。世俗的な会話は彼に苦痛を感じさせる。人は内部意識のめざめによって『一切所に遍満する意識』をさとるのだ」

議論は終わった。シュリー・ラーマクリシュナはMにおっしゃった、「私は、人が神について、推理によってある種の知識を得ることを、そして瞑想によってもう一つの種類の知識を得ることを見てきた。だが人は、神がその人に向かって、つまり神の信者に向かってご自身をお現しになるとき、神についての三番目の種類の知識を得るのだ。もし神ご自身がご自分の信者に『神の化身』の性質を、つまりどのように彼が人の姿をしてお遊びになるかをお示しになるなら、信者はこの問題について推理する必要もなければ、説明を受ける必要もないだろう。それは何に似ているか、わかるか。ある人が暗い部屋にいたとする。彼がマッチ棒で箱をこすりつづけていると、突然パッと明るくなるだろう。同じように、もし神が私たちにこの神の光のひらめきをお与えになると、私たちの疑いは全部破壊されてしまうのだ。推理だけで神を知ることなどができるものか」

シュリー・ラーマクリシュナはナレーンドラに、そばにすわれとおっしゃった。師は、やさしく彼の健康をおたずねになり、深い愛情をお示しになった。

ナレーンドラ（師に）「まあ、私は三、四日間カーリーを瞑想しましたが、なんの得るところもありませんでした」

師「すべてはちょうどよいときにやってくるのだ、わが子よ。カーリーはブラフマン以外の何ものでもない。ブラフマンと呼ばれているものはじつはカーリーなのだ。彼女は根本エネルギーだ。そのエネルギーが無活動のままでいるとき、私はそれをブラフマンと呼び、創造し、維持し、あるいは破壊するとき、私はそれをシャクティ、またはカーリーと呼ぶ。お前がブラフマンと呼ぶものを私はカーリーと呼ぶのだ」

夜はふけていた。ギリシュはハリパダに、馬車を呼んでくれと頼んだ。彼は劇場に行かなければならなかったのである。

ギリシュ「あなたをここにお残しして劇場に行かなければならないとは！」

師「いや、いや、お前は両方につかまっていなければいけない」

ギリシュ「私は、劇場を若い者たちに任せることを考えてまいりました」

師「いや、いや、これでよいのだよ。お前は大勢の人のためになることをしているのだ」

ナレーンドラが小声で言った、（ギリシュのことを）「たったいま、このお方を神だの化身だのと呼んでいたのに、もう劇場に引かれている」

ナレーンドラは師の横にすわっていた。師は彼をじっと見つめておられたが、突然、この愛する弟子の方に身をお寄せになった。ナレーンドラは、神が人間の姿をとる、ということは信じていなかった。だが、それがなんだ。シュリー・ラーマクリシュナのハートは、弟子へのいやまさる愛にあふれていた。

それから、師はナレーンドラにおっしゃった、「神について議論しているあいだは、彼は神をさとってはいないのだよ。お前たち二人は議論していたね。私はいやだった。

神に近づけば近づくほど、人は推理をしなくなるし、議論もしなくなる。神に達すると、すべての騒音、つまりすべての推理や口論は終わるのだ。そのとき、お前はサマーディ——眠り——に、つまり沈黙のなかでの神との霊的な交わりに入る」

師は、「ハリ・オーム！　ハリ・オーム！　ハリ・オーム！」とやさしく聖語をとなえながら静かにナレーンドラの身体をさすり、また愛情をこめて彼のあごに手をおふれになった。彼は、急速に外界の意識を失っていかれた。その手は、ナレーンドラの足の上にあった。なおこの気分のままで、彼は静かにナレーンドラの身体をおさすりになった。徐々に、彼の心にある変化がきた。手をあわせて、彼はナレーンドラにおっしゃった、「どうぞ、歌をうたっておくれ、そうしたら無事にすむだろう。そうでないと、自分の脚で立てなくなりそうだ」

それから、師は完全に外界をお忘れになった。彼は部屋にいる何びとをも、そばにすわっている愛するナレーンドラにさえ、お気づきにならなかった。ご自分がすわっておられる場所さえもおわかりにならないようだった。完全に神に融合しておられた。突然、彼は、「神への愛の酒に酔いしれよ!」と叫んでお立ちになった。ふたたび席につくとき、彼はつぶやかれた、「光がくるのが見える。だがどこからくるのかはわからない」

今度はナレーンドラがうたった。

主よ、あなたは御顔を示して、私の悲しみを全部
とり上げてくださいました。
そしてあなたの美の魔術は、私の心を魅惑して
しまいました。
あなたを見て、七つの世界もその果てしない

悲しみを忘れます。
貧しくつたない魂、私のことは、いまさら言う
までもありません……

歌に耳を傾けて、シュリー・ラーマクリシュナはふたたび深いサマーディにお入りになった。目は閉じられ、身体はその場にくぎづけになった。

忘我の境地から下りてこられると、彼は周囲を見まわして、「誰が寺までつれて帰ってくれるのだろうか」とおっしゃった。まるで、つれを見失って困惑している子供のようなご様子だった。

夜がふけていた。暗夜だった。信者たちは、師をドッキネッショルまで送るためによばれた馬車のそばに立っていた。師がまだ深い法悦状態のなかにあられたので、人びとは彼を静かに助け入れた。馬車は通りを走りはじめ、彼らは名残惜しげにそれを見送った。

間もなく、信者たちは家路についた。おだやかな南風が彼らの顔をなでていた。ある者たちは、歌の一節を口ずさんでいた。

主よ、あなたは御顔を示して、私の悲しみを全部
とり上げてくださいました。
そしてあなたの美の魔術は、私の心を魅惑して
しまいました。

一八八五年五月九日　土曜日

午後三時ごろだった。シュリー・ラーマクリシュナはよいご気分でバララームの家の客間にすわっておられた。大勢の信者がきていた。

バララームはいなかった。彼はモンギールに転地していた。彼の長女がシュリー・ラーマクリシュナと信者たちを招待し、ごちそうをしておいでを祝ったのである。師は食後の休息をしておられた。

くりかえし、師はMにおたずねになった、「私は気前がいいだろうか。きかせておくれ」

バーヴァナート（微笑して）「なぜ彼におききになるのでございますか。彼は黙っているだけでしょう」

ある信者「師よ、人はどうすれば神のお恵みを受けることができるのでございますか」

師「神は子供のような性質をお持ちだ。一人の子供が着物のすそに宝石を入れてすわっている。大勢の人が彼の前の道を通りすぎる。大方の人びとが、子供に向かって宝石をくれと頼む。だが子供はそれを手で隠し、顔をそむけて、『いやだ、一つもあげない』と言う。ところが別の人がやってくる。彼は宝石を欲しがらない。それなのに子供は彼を追いかけてゆき、受けとってくれと言って宝石をさし出すのだ。

人は、放棄しなければ神をさとることはできない。誰が私の言葉をきき入れてくれるだろうか。私はつれを探しつづけてきたのだ。私の感じを理解してくれる共感しあえる魂を、だ。立派な信者を見ると、『彼ならたぶん私の理想に共鳴してくれるだろう』と思う。ところがおいおいに、彼は私とはちがったふうにふるまうことがわかってくるのだ。

あるとき、モトゥル・バーブが忘我の状態になった。酔っぱらいのようになり、事務をみることができなかった。これを見てみながこう言った、『彼があんなになってしまったら、誰があの領地を管理するのだろう。きっとあの若い神職*があの人にまじないをかけたに違いない』と。

ナレーンドラがここにきはじめて間もないころ、あるとき私が彼の胸に手をふれると、彼は意識を失った。意識をとり戻すと、彼は泣いて、そして言った、『おお、なぜ私にあんなことをなさったのですか。私には父がおります！　私には母がおります！』と。この『私』と『私のもの』とは無知から生まれるのだ」

ナレーンドラ「証拠もないのに、神が人間に化身するなど、どうして信じられよう」

ギリシュ「信仰だけで十分です。これらのものがここに存在する、ということの証拠がどこにありますか。信仰だけが証拠なのです」

ある信者「私たちのまわりに外界が存在する、ということを哲学者たちは証明することができましたか。それでも彼らは、われわれはそのことをどうしようもなく信じていると言っています」

ギリシュ（ナレーンドラに）「もし神が目の前に現れたとしても、あなたは信じないでしょう。神ご自身が、自分は人間として生まれた神である、とおっしゃったとしても、あなたはたぶん、彼はうそつきの詐欺師であると言うことでしょう」

ヨーギン（笑って）「彼（師）はもう、ナレーンドラの言葉をお認めにはならない」

師（微笑して）「ジャドゥ・マリックの別荘でナレーンドラが私に言った、『あなたがごらんになる神の姿（複数）はあなたのお心の虚構です』と。私はあきれて、『それでも彼らは話もなさるのだよ』と言った。ナレーンドラは答えた、『そうです、そう思われることでしょう』と。

私は聖堂に行って母の前で泣いた、『母よ。これはどうしたことでしょう。それではすべてがうそなのでございますか。どうしてナレーンドラがあのように言うことができるのでございましょうか』と言って。たちまち、私はお示しを得た。意識——不可分の意識——と、その意識から形成された一個の神的存在とを見たのだ。神的存在は私におっしゃった、『もしお前の言葉が真実でないのなら、それらの言葉が事実と符合するのはどういうわけか』と。それで私はナレーンドラに言った、『この悪者め！　お前は私の心に不信をひき起こしたのだぞ。もうここにはくるな』と」

議論はつづいた。ナレーンドラが論じていた。彼は当時、二二歳を超えたばかりだった。

ナレーンドラ（ギリシュ、M、その他の人びとに）「どういうふうに聖典の言葉を信じたらよいのですか。マハーニルヴァーナ・タントラは、ある箇所では、ブラフマンの知識を得なければ、人は地獄に落ちると言っています。そして同じ書物が別の箇所では、パールヴァティ、つまり母なる神を礼拝しなければ、人は救われないと言っています。マヌ*はマヌ・サンヒター*のなかで自分自身のことを書いています。モーゼはペンタテューク（モーゼの五書）のなかで自分自身の死を描写しています。

サーンキヤ哲学は、神は存在するという証拠がないから、神は存在しないと言っています。

また、その同じ哲学が、人はヴェーダを容認しなければいけない、ヴェーダは永遠のものである、といっているのです。

しかし、私はそれらがほんとうではないといっているのではありません。まったく、それらを理解することができないのです。どうぞ私に説明してください。人びとは、自分の好みに合うように聖典を説明してきました。どの説明を採用したらよいのでしょうか。赤い媒体を通ってきた白色光は赤に、緑の媒体を通ってきたものは緑に見えます」

ある信者「ギーターには神の言葉が書いてあります」

師「そうだ、ギーターはすべての聖典のエッセンスだ。サンニャーシーは、他の本は持っていてもいなくても、ポケット版のギーターは必ず持っている」

ある信者「ギーターにはクリシュナのお言葉がのっているのです」

ナレーンドラ「そう、そのことならクリシュナであろうと何という男であろうと!」

シュリー・ラーマクリシュナは、ナレーンドラのこの言葉をきいてあきれられた。

師「これは高尚な議論だ。聖典には、文字の上の解釈と真の解釈という二つの解釈がある。人は神の言葉と一致する、真実の意味だけを受けとるべきだ。手紙に書かれた言葉と、その手紙の主の直接の言葉とのあいだには大きなちがいがあるだろう。聖典は、その手紙に書かれた言葉のようなものだ。神の言葉は、直接の言葉だ。私は、それが母なる神の直接のお言葉と一致しないかぎり、何ひとつ容認しない」

会話はふたたび神の化身のことに移った。

ナレーンドラ「神を信じさえすれば十分です。私は、彼が何をしていらっしゃるのか、何かからぶら下がっていらっしゃるのか、そんなことは気にしません。宇宙は無限、化身たちも無限です」

シュリー・ラーマクリシュナは、「宇宙は無限、化身たちも無限」という言葉をきき、手を合わせて、「ああ！」とおっしゃった。

Mがバーヴァナートに何かささやいた。

バーヴァナート「Mは、『ゾウを見たことがなければ、ゾウが針のメドを通ることができるものかできないものか、どうして知ることができよう』と言っております。私は神を知りません。推理によっては、彼が人としてご自分を化身なさるものかなさらないものか、どうして知ることができましょう」

師「神にとっては、あらゆることが可能なのだ。魔法をおかけになるのは彼なのだ。魔術師はナイフをのみ込んでまたそれをとり出す。彼は石でもレンガでものみ込む」

ある信者「ブラーフモーたちは、人は世間の務めを果たすべきである、と言っております。それを放棄してはならないのです」

ギリシュ「そうです。私は彼らの新聞、スラバ・サマチャルでそんな意味のことを読みました。しかし人は、神を知るためにはぜひやらなければならない自分の務めさえも、なかなか果たすことはできないのに、それに世間の義務のことなどをうんぬんするのです」

シュリー・ラーマクリシュナはかすかにほほ笑んでMを見やり、「彼の言うとおりだよ」と言うように目で合図をなさった。

Mは、義務を果たすというこの問題が、非常にむずかしいものであることを理解した。

プールナーが到着した。

師「私たちがここにいることを誰からきいたのか」

プールナー「サーラダーから」

師（女信者たちに）「彼にお菓子をやっておくれ」

ナレーンドラがうたう準備をしていた。師と信者たちはたいへんに彼の歌をききたがっていた。ナレーンドラはうたった。

シヴァよ、おん身のすばやい雷電は、牧場を、
山々を、そして天空を支配する。
おお、神々の神、時をきりすてる者！
おん身、偉大な虚無、ダルマの王よ！
シヴァよ、おん身神聖な存在、私をお救いください。
嘆かわしい罪を、私から除いてください。

ナーラーヤンの求めに応じてナレーンドラはうたった。

さあ、さあ母《マー》よ！　わが魂の人形よ、わが心の喜びよ！
ハートの蓮華の中にきて、すわってください、あなたの
お顔が見えるように。
ああ、優しい母よ、生まれたときから私は、
たいそう苦しんできました。
しかしご存じでしょう、あなたを見つめて、

ずっと耐えてきました。
私のハートの蓮華を開いて、愛する母よ、そこに
御姿を現してください。

師はサマーディに入っておられた。まくらの上にすわり、足をぶらさげ、北に向いて壁によりかかっておられた。信者たちは彼のまわりにすわっていた。師は次第に、外界の意識をとり戻された。

夜おそかった。客間にはランプがもえていた。
師（恍惚《こうこつ》とした気分で）「ここには他の人がいない。だからこれを話すのだ。魂の奥底から神を知ろうと努める人は必ず神をさとる、必ずだ。神を求めて心が落ちつかず、神のほかには何ものも求めない人だけが、必ず彼をさとるだろう」

一八八五年六月一三日　土曜日

午後三時ごろ、シュリー・ラーマクリシュナは昼食の後、自室で休んでおられた。あるパン

ディットが、床の敷物の上にすわっていた。北側のドアの近くに、あるブラーミンの婦人が立っていた。彼女は最近たった一人の娘を失って、悲しみに沈んでいた。キショリも部屋にいた。Mが到着し、師に敬礼をした。彼はドゥイジャおよび数人の信者たちをつれていた。

シュリー・ラーマクリシュナは健康がすぐれなかった。のどの炎症で苦しんでおられた。暑い夏の日であった。Mも気分がすぐれず、このところは、シュリー・ラーマクリシュナを足しげくお訪ねすることはできなかったのだ。

師（Mに）「加減はどうかね。お前に会えてうれしいよ。あのとどけてくれたベルの実はたいそうおいしかった」

M「いくぶんかよくなったようでございます」

師「どうも暑いねえ。ときどき、氷を少しばかりおあがり。私は最近、たいそう暑さが身にこたえる。それでたくさんのアイスクリームをたべた。そのために、このようにのどが痛むのだよ。唾《つば》が、じつにいやな匂いがする。

私は母なる神に申し上げた、『母《マー》よ、どうぞ治してくださいませ。もうアイスクリームはたべませんから』と。そのつぎには、もう氷もたべません、と申し上げた。母にお約束したのだから、こういうものはもう絶対にたべない。だが、私はときどきもの忘れをするのだ。あるとき、日曜日には魚をたべません、と申し上げたのに、ある日曜日にそれを忘れてたべてしまった。しかし私は、意識して約束を破ることは絶対にできない」

ある信者が氷を持ってきていた。いくたびも、師はMにおたずねになった、「それをたべようか」

Mは、へりくだって答えた、「どうぞ、母にご相談なしには召し上がらないでくださいませ」

シュリー・ラーマクリシュナはたべることがおできにならなかった。

師は、神の化身の話をはじめられた。

師（Mに）「なぜ神が人としてお生まれになるのか知っているか。人間の身体を通して、人は神の言葉をきくことができるものだからだ。彼が、人のからだによってお遊びになるのだ。一個の人間のからだを通して、神の至福を味わわれるのだ。他の普通の信者たちを通しては、神はご自分のほんの一小部分しか、お現しにはならない。信者とは、さんざん吸われたあげくにほんの少しばかりの汁が出てくる何かのようなもの、さんざん吸われたあげくに一滴のみつを出す花のようなものだ。（Mに）これがわかるか」

M「はい、よくわかります」

師「生まれながらの傾向、というようなものがあるのだ。前生（複数）でたくさんの善行を重ねた人は、最後の生では天真らんまんになる。この最後の生で、彼は多少無鉄砲な人間のような行動をするものだ。

ほんとうのことを言えば、いっさいのことは神の思し召しによって起こるのだ。彼が『然《しか》り』とおっしゃればすべてが動き、彼が『否《いな》』とおっしゃればすべてはとまる」

ブラーミンの婦人は、まだ北側のドアのそばに立っていた。彼女はやもめだった。彼女の一人娘は身分の高い貴族、ラージャの称号を持っているカルカッタのある地主に嫁いでいた。娘が彼女を訪ねるときにはいつも、制服を着た従者たちに守られてきた。それで母親の心は誇りにふくれ上がっていた。わずか数日前にその娘が死んだので、彼女は悲しみにぼう然としていたのである。

この数日間、彼女は気が狂ったように、バグバジャルの自宅から師のもとに通いつづけていたのである。彼女は、シュリー・ラーマクリシュナがなんとかして自分の消しがたい悲しみをいやす道を示してはくださらないものか、と一生懸命だった。シュリー・ラーマクリシュナは、また話をおつづけになった。

師（Mに）「神のみ実在、他のすべてのものは非実在、というのが真理だ。人びとも、宇宙も、家も、子供たちも――こういうものは全部、魔法使いの魔法のようなものだ。魔法使いはつえをたたいて、『不思議、不思議、摩訶《まか》不思議！』と叫び、見物人に向かって、『さあこのつぼのふたをとり、鳥どもが空中高く舞い上がるのをごろうじろ！』と言うだろう。だが魔法使いだけがほんとうにいるのであって、彼の魔法は実在しないものだ。実在しないものは一秒間くらい存在して消えてしまう。

神は海のようなもの、そして生きものはその中の泡だ。彼らはその中で生まれてその中で死んでいく。子供たちというのは、一つの大きな泡のまわりに立っているいくつかの小さな泡だ。神だけが実在だ。彼への愛を養うように務め、彼をさとる方法を見いだしなさい。悲しんでいても何も得られはしない」

みな黙ってすわっていた。ブラーミンの婦人は、「もう家に帰ってもよろしゅうございますか」と言った。師はやさしく、「いま帰りたいのか。たいそう暑い。いまでなくてもよいではないか。もう少したてば信者たちといっしょに馬車に乗って帰れるよ」とおっしゃった。

キャプテンが、子供たちをつれて到着した。

シュリー・ラーマクリシュナはキショリに、「どうぞ、子供たちに聖堂を見せてやっておくれ」とおっしゃった。彼はキャプテンに向かって話をお始めになった。M、ドゥイジャ、および他の信者たちが床にすわっていた。シュリー・ラーマクリシュナは、小さいほうの寝台の上に北面してすわっておられた。彼はキャプテンに、同じ寝台の上、ご自分の前にすわるようおすすめになった。

ある信者「バンキムがクリシュナの伝記を書いております」

師「私もやはり、バンキムが、人には色欲のような欲情が必要だと言っているときいた」

ある信者「彼は自分の雑誌に、宗教の目的は、肉体的、心理的および霊的というような、われわれのさまざまの能力に表現を与えることだと書いております」

キャプテン「なるほど、彼は色欲やそのたぐいのものが必要であると信じているのです。けれども、シュリー・クリシュナがこの世で神遊びをお楽しみになったのだということ、神が人間の姿でお生まれになって、ブリンダーバンでラーダーやゴーピーたちとともにお遊びになったということは信じないのです」

師（微笑して）「しかしこういうことは新聞には書いてない。どうして彼が信じるものか。ある人が友だちに、『きのう市内のあるところを通ったときに、一軒の家がつぶれるのを見た』と言った。すると、友だちが、『待てよ、新聞を見てみよう』と言った。ところが、その事件は新聞には出ていなかった。そこでこの男は、『新聞にはそんなことは書いてないよ』と言い、友だちが『私はそれをこの目で見たのだよ』と言うと、『たとえそうであろうとも、新聞にのらなければ私はそれを信じることはできない』と言ったという。

神が人の姿をしてお遊びになることなど、どうしてバンキムに信じることができよう。イギリス式の教育からはそんなことは教わっていないもの。神がどのようにして、人間の姿をとって完全に化身なさるか、ということを説明するのはたいそうむずかしい。そうではないか。たった三キュービト半のこの人間の肉体の中に無限者が現れるなんて！」

キャプテン「クリシュナは神ご自身でいらっしゃいます。彼について述べるときには、『全体』と『部分』というような言葉を使わなければなりません」

師「全体と部分は、火とその火花のようなものだ。神の化身は、バクタのために存在するのであって、ギャーナのためにあるのではない」

シュリー・ラーマクリシュナがこのようにキャプテンや信者たちに話をしておられるところへ、ブラーフモー・サマージのジャイゴパール・センとトライロキヤとが到着した。彼らは師に敬礼をしてすわった。シュリー・ラーマクリシュナは微笑してトライロキヤを見やり、話をおつづけになった。

師「人が神を見ることができないのはエゴのせいだ。神のお屋敷の入り口には、エゴという切り株がある。その切り株をとびこえないことには、このお屋敷には入れないのだ。

あるとき、亡霊たちを使う力を得た男がいた。ある日、彼によばれて一個の亡霊が姿を現した。この亡霊が、『さあ、私にさせたいと思うことを言ってくれ。お前が私に仕事を言いつけることができなくなったらその瞬間に、私はお前のくびをへし折ってやる』と言った。男はやりとげたいと思う仕事をたくさん持っていたので、それをつぎからつぎへと亡霊にやらせた。しかしついに、仕事のたねが尽きてしまった。『では、お前のくびをへし折ってやろう』と亡霊が言った。男は、『ちょっと待ってくれ。すぐに戻ってくるから』と言って自分の教師のところに行き、『師よ、私は恐ろしい危険に直面しております。これこれでございます』と言って難儀をつげ、『どうしたらよいでしょうか』とたずねた。教師は、『こうせよ、このもじゃもじゃの髪の毛をまっすぐにのばすよう、亡霊に命じるのだ』と言った。亡霊は、もつれ毛をのばそうと昼も夜も努力した。だがもじゃもじゃの髪の毛をまっすぐにすることなど、どうして亡霊にできるものか。毛は相変わらずもじゃもじゃだった。

同様に、エゴはいま消えたと思うとつぎの瞬間にはふたたび現れる。エゴをすてないかぎり、人は神の恵みを受けることはできないのだ。

後見人は、未成年者にだけつけられるものだ。子供は財産を守ることができない。それだから王様が代わりに責任を持つのだ。私たちがエゴを放棄しないかぎり、神は私たちの重荷を引き受けてはくださらない。

あるとき、ラクシュミーとナーラーヤナとがヴァイクンタにいらっしゃったが、ナーラーヤナがにわかに立ち上がられた。彼の足をさすっていたラクシュミーが、『主よ、どこにおいでになるのでございますか』と問われると、ナーラーヤナが、『私の信者の一人がたいそう危ない目にあっている。助けてやらなければならない』とお答えになった。こう言いながら彼は出て行かれたのだが、すぐに戻っていらっしゃった。ラクシュミーが、『主よ、なぜこんなに早くお帰りになったのでございますか』と問われると、ナーラーヤナは微笑しておっしゃった、『この信者は私への愛に心を奪われて道を歩いていた。数人の洗濯夫が草の上に着物を干していたのだが、信者はその着物の上を歩いてしまった。これを見た洗濯夫たちは男を追いかけ、持っている棒で打とうとした。それで私は、彼を守るために急いで外に出たのだ』そして、『それなのになぜすぐに帰っていらっしゃったのでございますか』というラクシュミーの問いに、ナーラーヤナは笑って、『信者が自分で、彼らに投げつけようとしてレンガを拾うのを見たのだよ。(みな笑う)それだから戻ってきたのだ』とおっしゃった」

トライロキヤ「エゴをすてるのはたいそうむずかしいことです。人は、自分はそれをすてた、と思い込んでいるだけです」

師「ガウリーは、利己的にならないようにと、自分を『私』と呼ばないで『これ』と呼んでいた。私も彼にならって自分を『私』と呼ばず、『これ』と呼んだ。『私はたべた』という代わりに『これがたべた』と言ったものだ。モトゥルがある日これに気づいて、『これはなんということですか、尊敬する父よ。なぜそんなものの言い方をなさるのですか。あの人たちにはあのように言わせたらよいでしょう。彼らには彼らなりのうぬぼれがあるのですから。あなたはそんなものに縛られてはいらっしゃらない。彼らのようにお話になる必要はありません』と言った。

修行の段階にあるあいだは、神を、あらゆる属性をもって描き写すべきだ。ある日、ハズラがナレーンドラに、『神は無限だ。彼の光輝は無限だ。彼が、お前のお菓子やバナナのお供え物を受納し、お前の歌に耳を傾けてくださると思うか。それはお前の間違った考えだ』と言った。ナレーンドラは、たちまち一〇尋《ひろ》も沈み込んだ。それで私はハズラに言ったのだ、『この悪者め！　お前がそんなふうに言ってきかせたらこの若者たちはどうなると思うのか』と。もし神への献身をすてたなら、人はどうして生きていけよう。もちろん、神は無限の光輝を持っておいでだ。それでも彼は、ご自分の信者たちの意のままにおなりになるのだ。

ある金持ちの家の門番が、主人が友人たちと話をしている客間に入ってくる。そして部屋の隅っこに立つ。彼は何か、布でおおった品物を手にしている。彼はたいそうためらっている。

主人が彼にたずねる、『やあ、門番、何を持ってきたのかね』召し使いはおずおずと、布の下からカスタードアップルをとり出し、主人の前においで言う、『ご主人様、これを召し上がっていただきたいのでございます』と。主人は召し使いの献身に心を打たれる。愛情をこめてその果実を手にとり、そしてこう言うのだ、『ああ！ じつにうまそうなカスタードアップルだ。どこでとったのかね。さぞ骨を折ったことだろう』

世俗の快楽を欲しているあいだは、人は活動をやめることはできない。快楽への願望を心に抱いているかぎり、人は活動をするものだ。

一羽の鳥がうっかりと、ガンガーに停泊している船のマストにとまった。ゆっくりと、船は動きはじめて外洋に出た。鳥が気がついたときには、どちらを向いても陸地は見えなかった。鳥は陸に行こうとして、北のほうに飛んだ。非常に遠くまで飛んでたいそう疲れたのだが、岸を見いだすことはできなかった。致し方がない。鳥は船に戻ってきてマストにとまった。長いことたってから、鳥はふたたび、今度は東に向けて飛び立った。この方向にも、陸は見えなかった。見わたすかぎり果てしない大洋だった。疲れ切ってまた船に戻り、マストにとまった。長いこと休んだ後に、鳥は南に、ついで西にも行った。どちらの方角にも陸の影を見いだすことができなかったので、鳥は帰ってマストの上に落ちついた。鳥はもうマストを去ろうとはせず、それ以上は何の努力もしないですわっていた。もう不安も悩みも感じなかった。心配をしなくなったので、それ以上の努力はしなかった」

キャプテン「ああ、なんというたとえでしょう」

師「世俗的な人びとは、幸福を求めて世界中を隅から隅までうろつく。幸福はどこにも見つからない。疲れてがっかりするだけだ。『女と金』への執着によって不幸ばかりにあうと、人びとは離欲と放棄への衝動を感じるようになる。大部分の人は、まず『女と金』を楽しんでからでないと、それらを離れることはできない。

しかしこの世に何の楽しいことなどがあるものか。それは瞬間的な楽しみにすぎない。一瞬間は存在する。そしてつぎの瞬間には消えていくのだ。この世は、大雨を降らせている雨空のようなものだ。太陽の顔はまれにしか見られない。この世にはおおかた苦しみばかりがある。『女と金』という雲のために、人は太陽を見ることができない。ある人は私にたずねる、『師よ、神はなぜ、このような世界をおつくりになったのでしょうか。出口はないものでしょうか』と。私は彼らに言うのだ、『出口がないなどということがあるものか。神のおそばに避難し、一生懸命、彼に順風をお願いするのだ。都合よくまいりますようにとお願いするのだ。ひたむきな心でお願いをすれば、彼は必ず耳を傾けてくださる』と」

夕方だった。シュリー・ラーマクリシュナの部屋に灯火がともされ、香がたかれた。あちらこちらの聖堂や建物にも灯火がついた。楽隊が、ナハヴァトで演奏していた。間もなく聖堂で夕拝が始まるのだ。

シュリー・ラーマクリシュナは、小さいほうの寝台にすわっておられた。神々の御名をとなえてから、母なる神を瞑想なさった。夕拝が終わった。シュリー・ラーマクリシュナは、ときおり信者たちに話しかけながら、部屋の中を行きつ戻りつしておられた。

間もなく、ナレーンドラが到着した。彼はシャラトおよび一、二の若い信者を伴っていた。彼らはみな、師に敬礼をした。

ナレーンドラをごらんになると、シュリー・ラーマクリシュナの愛はあふれた。赤ん坊に愛情を示すときにするように、ナレーンドラのあごにやさしく手をおふれになった。愛情にみちた声で、「ああ、お前がきた！」とおっしゃった。

一八八五年七月二八日　火曜日

シュリー・ラーマクリシュナは、ヒンドゥ教の神々の絵をご覧になるためナンダ・ボシュの屋敷を訪問された。そこから師は、娘を失って悲嘆にくれているブラーフマニー*の家に到着なさった。古いレンガづくりの家だった。家に入ると左側に牛舎があった。彼と信者たちとは屋上に行き、そこで一同席についた。人びとが、何列にもなって立っていた。あとはすわっていた。彼らはみな、シュリー・ラーマクリシュナをひと目見たいと一生懸命になっていた。

ブラーフマニーには妹が一人いた。二人とも寡婦《かふ》だった。彼女らの兄弟たちも、その家族とともにこの家に住んでいた。ブラーフマニーは、シュリー・ラーマクリシュナを迎える準備で一日じゅう忙しくしていた。師がナンダ・ボシュの家においでになるあいだじゅう、彼女は少しも落ちつかなかった。数分ごとに、お姿が見えるかと家の前に出ていた。彼はナンダの家から彼女のところにくると約束しておられたのだが、おいでがおそいので彼女は、もうきていただけないのかと思ったのである。

シュリー・ラーマクリシュナはじゅうたんの上におすわりになった。M、ナーラーヤン、ヨーギン、デヴェンドラ、および他の人びとはござの上にすわった。数分後に若いほうのナレンと数人の信者たちが到着した。ブラーフマニーの妹が師の前にきて敬礼をした。彼女は言った、「姉はあなたのおいでの遅いわけをたずねに、いまナンダ・ボシュの家に行ったところでございます。間もなく戻りましょう」

階下に物音がきこえ、彼女は「帰ってまいりました！」と叫んで降りて行った。しかしそれはブラーフマニーではなかった。

シュリー・ラーマクリシュナは信者たちに囲まれ、ほほ笑んで、すわっておられた。

M（デヴェンドラに）「なんというすばらしい光景だろう！　この人たちはみな、老いも若きも、男も女も、彼をひと目でも見てそのお言葉をききたい、と一心にねがってこのように列をなして立っている」

デヴェンドラ（師に）「Mが、ここはナンダのところよりもよい、と言っております。ここの人びとの信仰はすばらしうございます」

シュリー・ラーマクリシュナはお笑いになった。

ブラーフマニーの妹が叫んだ、「さあ、姉が帰ってまいりました」ブラーフマニーがきて師に敬礼をした。彼女は喜びにわれを忘れていた。何を言ったらよいのかわからなかった。息がつまったような声で、こう言った、「この喜びは私には大きすぎます。たぶんこのために死んでしまうでございましょう。ねえ、みなさん、私はどうしたら生きることができましょうか。娘のチャンディーが、武装した護衛を道の両側に並ばせ、制服を着た従者をつれて訪ねてきていたときにも、このような感動を覚えたことはありませんでした。おお！　いまは娘の死を悲しむ気持ちはあとかたもありません。私は、彼*はもうおいでくださらないのではないか、と恐れていました。それで、もしおいでくださらなかったなら、おもてなしのために用意したこの品々を全部、ガンガーに投げ込もうと思いました。もう、彼とお話はすまい、もしどこかにお出ましになったら、自分もそこに行って遠くから御顔を拝し、それで帰ってきてしまおうと思っておりました。

さあ、行ってみんなに、私がどんなに幸せであるか、話してやりましょう。ヨーギンに、私の幸運を話してやりましょう」

まだ喜びに酔ったまま、彼女は言った、「ある労働者が富くじで一〇万ルピーをあてました。その知らせをきいたとたんに、彼は喜びのために死んでしまいました。そうです、彼はほんとうに死んでしまったのです。私にも同じことが起こるのではないかと思います。どうぞ、みなさん、私を祝福してくださいませ。そうでないと、私はほんとうに死んでしまうでしょう」

ブラーフマニーは信者たちを眺めてこの上もなくうれしそうだった。彼女は言った、「みなさんにここでお目にかかれてほんとうにうれしゅうございます。私は若いほうのナレンをつれてまいりました。彼がいなかったら誰が私たちを笑わせてくれるでしょう」

彼女がこのように話しているとき、彼女の妹が上がってきて言った、「降りてきてくださいよ、お姉さん。あなたがここにいらっしゃっては、私はどのようにしたらよいのかわかりません。私一人で何もかもするのはむりです」

しかし、ブラーフマニーは歓喜に圧倒されていた。師と信者たちから目を離すことができなかった。

やがて、彼女は非常にうやうやしくシュリー・ラーマクリシュナを別室におつれして、菓子などの軽い食物をさし上げた。信者たちは屋上でもてなされた。

午後八時ごろになった。シュリー・ラーマクリシュナは出発しようとなさった。戸口までおいでになると、ブラーフマニーは義妹に向かって、師に敬礼をせよと言った。つぎに、彼女の弟の一人が師の御足のちりをとった。彼女は彼をさして、「これは私の兄弟の一人でございます。馬鹿でございます」と言った。「いや、いや！」と師はおっしゃった、「みんな良い人ばかりだ」

一人の男が道に灯火をさし出した。ところどころ暗かった。シュリー・ラーマクリシュナは、牛舎の前にお立ちになった。信者たちが彼の周りに集まった。Mは、ガヌの母の家に行こうとしておられる師に敬礼をした。

シュリー・ラーマクリシュナは、ガヌの母の家の客間にすわっておられた。それは一階にあった。部屋には合奏団がいた。数人の若者たちが、師を慰めようとときどき楽器を奏でた。午後八時半だった。月の光が、街路にも家々にも大空にもあふれていた。満月の翌日だった。

いっしょにきていたブラーフマニーは、客間と奥の部屋とのあいだを行ったりきたりしていた。数分ごとに客間のドアのところにきては、師を見つめるのだった。近隣から来た若者たちも、窓越しに彼を見ていた。このあたりに住む人びとは老いも若きも聖者を見ようと群がり集まっていた。

若いほうのナレンは、街路にいる少年たちが窓によじ登るのを見て、「なぜそんなところにいるのか。行け！　家に帰れ！」と言った。師はやさしく、「そのままにしておいておやり」とおっしゃった。彼はときどき、「ハリ・オーム！　ハリ・オーム！」とおとなえになった。

数分後に、ブラーフマニーがシュリー・ラーマクリシュナに、「どうぞ奥の方におこしくださいませ」と言った。

師「なぜか」

ブラーフマニー「召し上がりものが用意してございます。どうぞお越しくださいませ」

師「なぜここに持ってこないのか」

ブラーフマニー「ガヌの母親が、あなたの御足のちりで部屋を祝福していただきたいと願っているのでございます。そうすれば部屋はベナレスと化し、そこで死ぬ者は来世に悪いことには会いませんでしょう」

シュリー・ラーマクリシュナは、ブラーフマニーとこの家の若者たちとに伴われて奥にお入りになった。信者たちは戸外で、月光のなかを散策していた。Mとビノデとは、家の南側の街路を歩きながら、愛する師の生涯のさまざまのできごとを回想していた。

シュリー・ラーマクリシュナは、バララームの家に帰ってきておられた。彼は、客間の西側の小室にすわっておられた。もうかなり遅く、一一時一五分前ぐらいだった。

シュリー・ラーマクリシュナは、ヨーギンに、「どうぞ脚をそっとさすっておくれ」とおっしゃった。Mは近くにすわっていた。ヨーギンが脚をさすっていると、師は突然、「おなかがすいた。ハルア*をたべよう」とおっしゃった。

ブラーフマニーは、師や信者たちについてバララームの家にきていた。彼女の弟は、ドラムの奏法を知っていた。シュリー・ラーマクリシュナはおっしゃった、「ナレーンドラとかその他の歌手がうたおうとするときに、彼女の弟を呼びにやったら役に立つだろう」

シュリー・ラーマクリシュナは、プディングを少しばかり召し上がった。ヨーギンおよび他の信者たちは去った。Mは師の脚をさすっていた。二人は話し合った。
師（ブラーフマニーとその身内のことを）「ああ！　彼らのなんと喜んでいたこと！」
M「驚くべきことでございます！　同じようなことが、イエスの時代にも二人の女の上に起こりました。彼らもやはり姉妹で、そしてキリストを信仰しておりました。マルタとマリアでございます」
師（熱心に）「その話をきかせておくれ」
M「イエス・キリストは、あなたのように、信者たちとともに彼らの家を訪れました。彼を見ると、妹のほうは忘我の喜びでいっぱいになりました。姉はたった一人で、イエスをもてなすために食事の仕度をしていました。彼女は主にこう訴えて不平をもらしました、『主よ、妹はあなたのお部屋にすわったきり、こういうことは全部、私がひとりでしているのでございます』と。するとイエスは言いました、『お前の妹はほんとうに恵まれている。彼女は人生に必要なたった一つのもの、神への愛を内に育てた』と」
師「さて、このようなこと全部を見て、お前は何を感じるか」
M「キリストとチャイタンニャデーヴァとあなたご自身、この三者は同一存在だと感じます。これら三者におなりになったのは同じ御方でございます」

師「そうだ、そうだ！ 一つだ、一つだ！ ほんとうに一つなのだ。ここにこのように宿っておられるのは彼のみである、ということがわかるだろう」

こう言いながら、シュリー・ラーマクリシュナは指でご自分の身体をおさしになった。

M「あなたは先日、神がどのようにして地上に化身なさるか、はっきりと説明してくださいました」

師「私が話したことを言ってごらん」

M「あなたは、地平線まで、そしてその向こうまでひろがっている野原を想像せよ、とおっしゃいました。それは何の障害物もなしにひろがっております。ところが私どもは、自分の前にある一枚の壁のためにそれを見ることができません。その壁に一つの円い穴があいております。その穴を通して、私どもはその無限大の野原の一部を見ることができるのでございます」

師「その穴は何であるのか、言ってごらん」

M「あなたがその穴でいらっしゃいます。あなたを通して、いっさいのもの――その終わりのない無限大の牧場――は見えるのでございます」

シュリー・ラーマクリシュナはたいそうお喜びになった。Mの背をたたきながら、「お前はそのことを理解したようだ。結構だ！」とおっしゃった。

M「これを理解することはほんとうにむずかしうございます。神は完全なブラフマンでいらっしゃるのに、どうしてその小さな身体に宿ることがおできになるのか、人はなかなか完全に理解することができないのでございます」

M「あなたはまた、イエスのこともお話になりました」

師「何と言ったか」

M「あなたはジャドゥ・マリックの別荘で、イエス・キリストの絵を見てサマーディにお入りになりました。あなたは、イエスが絵の中から下りてきて、あなたのおからだの中に没入するのをごらんになりました」

シュリー・ラーマクリシュナはちょっとのあいだ黙っておられた。それからMにおっしゃった、「たぶん、私ののどに起こっていること（のどの痛みをさす）には意味があるのだろう。これは、私があらゆる人の前で軽々しくふるまわぬよう、あらゆる場所に出かけて行ってうたったり踊ったりしないように起こったのだ」

シュリー・ラーマクリシュナは蚊帳の中におやすみになった。Mは扇で風を送った。師は横向きになられた。彼はMに、神がどのようにしてみずからを人間の肉体に化身なさるかという話をおきかせになった。彼はさらに、彼の、つまりMの霊的理想についてもお話になった。

師「はじめのころには、私もやはり、神の姿を見ないような状態を経過したのだ。いまでも、そうたびたび見るわけではない」

M「神がそのリーラーとしてお選びになるあらゆる御姿のなかで、私は、人間という姿のお遊びがいちばん好きでございます」

師「それで十分なのだ。しかもお前は私を見ている」

一八八五年八月九日　日曜日

シュリー・ラーマクリシュナは、ドッキネッショルの自室にすわっておられた。八時だった。シュリー・ラーマクリシュナはマヒマーチャランに話をしておられた。ラカルとMと、一、二のマヒマーチャランのつれの人たちとが部屋の中にいた。マヒマーチャランは今夜は寺に泊まるつもりでいた。

師「ここにくる若者たちは、二つのことを知りさえすれば十分なのだ。この二つのことを知れば、彼らはあまり多くの修行や苦行をしないですむだろう。その第一は、私は何者であるかということ。第二は、彼らは何者であるかということだ。若者たちのなかの多くの者が、この内輪に属しているのだ。

内輪に属する者たちは、解放はされないだろう。私は北西の方向で、また人間の肉体をとらなければなるまい」

マヒマーチャランは、聖典からある章句を引いて朗唱した。彼はまた、タントラのさまざまの神秘的な儀式を説明した。

師「さて、ある人びとは、私の魂はサマーディに入ると、鳥のようにマハーカーシャ*、無限の空間を飛びまわる、と言う。

あるとき、リシケシのあるサードゥがここにきた。彼が私に、『サマーディには五つの種類があります。あなたはそれらの全部を経験していらっしゃる。これらのサマーディのなかで人は霊の流れをアリの、または魚の、またはサルの、または鳥の、またはヘビの動きのように感じるのです』と言った。

ときには、霊の流れはアリのようにはい上がって脊椎《せきつい》を上昇する。

ときには、サマーディのなかで、魂は魚のように、神的な恍惚の海の中を喜々として泳ぐ。

ときには、横向きに寝ているときに、私は、霊の流れがサルのように私を押し、喜々として私と遊び戯れているのを感じる。私はじっとしている。その流れは、サルのように突然一とびでサハスラーラに達する。私がびっくりしてとび上がることがあるのはそのためなのだ。

ときにはまた、霊の流れは、枝から枝にとびうつる鳥のように昇ってゆく。それがとまる場所は火のように感じられる。それはムラーダーラからスワーディシュターナへ、スワーディシュターナからハートへ、というように、次第に頭に向かって飛んで行くのだ。

ときには、霊の流れはヘビのように昇って行く。それはジグザグに昇って最後に頭に達し、私はサマーディに入るのだ。

人の霊意識は、その人のクンダリニーがめざめないかぎりめざめない。クンダリニーはムラーダーラに宿っている。めざめると、それはスシュムナー神経に沿って進み、スワーディシュターナ、マニプラなどというセンターを通過して、最後に頭に達する。これがマハーヴァーユ、すなわち霊の流れの動きと呼ばれるものだ。それはサマーディで最高潮に達するのだ。

人の霊意識は単に書物を読むだけでめざめるものではない。同時に神に祈らなければならない。クンダリニーは、求道者が神を求めて焦燥にかられるときにめざめる。研究やまた聞きだけで知識を語るとは！　そんなことをして何になるか。

私は、心のこの状態に達する直前に、クンダリニーがめざめるさま、それぞれのセンターの蓮華が花開くさま、そしてそのすべてがサマーディにおいて最高潮に達するさまについての啓示を受けていた。これは非常に秘密の経験だ。私は、私とまったくそっくりの二二、三歳の若者がスシュムナー神経に入り、舌でさわってもろもろの蓮華とつぎつぎに交わるのを見たのだ。彼は肛門《こうもん》に位置するセンターから始めて、性器に位置するセンター、へそに位置するセンター、というように、つぎつぎとセンターを通った。四弁、六弁、および一〇弁など、これらのセンターのそれぞれの蓮華はうなだれていたのだが、彼の一触れでそれらはまっすぐに立った。

彼が心臓に達し——私はそれをはっきりとおぼえている——舌でふれてそこの蓮華と交わったとき、頭を垂れていた一二弁の蓮華は直立して花を開いた。それから彼はのどにある一六弁の蓮華、みけんにある二弁の蓮華に達した。そして最後に、頭にある千弁の蓮華が花開いた。それ以来ずっと、私はこの状態にあるのだ」

シュリー・ラーマクリシュナは床に下りて、マヒマーチャランの近くにおすわりになった。Mおよび数名の他の信者たちがそばにいた。ラカルも部屋にいた。

師（マヒマーに）「長いあいだ、私は自分の霊の経験をお前に話したかったのだが、それができなかった。きょうは話せるような気がする。

お前は、サーダナだけで人は私のような心の状態に達することができると言っている。しかし、そうではないのだ。ここ（ご自分のこと）には何か特別のものがあるのだ」

ラカル、M、および他の人びとは、師が言おうとなさることにきき耳を立てた。

師「神が私にお話になったのだ。ただ彼のヴィジョンを見た、というだけではない。そうだ、彼が私にお話になったのだ。バンニャンの木の下で、私は彼が、ガンガーからおいでになるのを見た。そして、私たちは大いに笑った。私と遊んでいて、彼は私の指をパチンとお鳴らしになった。それからお話をなさった。そうだ、私に向かってお話になったのだよ。

三日のあいだ、私は絶えず泣いていた。そして彼は、ヴェーダや、プラーナや、タントラや、その他の聖典に書いてあることを私にお示しになった。ある日、彼は、私にマハーマーヤーのマーヤーをお示しになった。ある部屋の中にある灯火が大きくなりはじめ、ついにそれが全宇宙をおおったのだ。

さらに、彼は、緑色の浮きかすで表面をおおわれた巨大な溜池《ためいけ》をお示しになった。風が浮きかすをちょっと動かすとすぐに中の水が見えた。しかし、まばたき一つする間に浮きかすが四方から踊り込んできて、また水面をおおってしまった。水はサチダーナンダのようなもの、浮きかすはマーヤーのようなものだということをお示しになったのだ。マーヤーのために、サチダーナンダは見ることができない。人はときおりそれの片りんをかいまみるのだが、ふたたびマーヤーがそれをおおってしまうのだ。

神は信者たちの性質を、彼らがやってくる前に私にお示しになる。私はパンチャヴァティの近く、バンニャンの木とバクルの木のあいだで、チャイタンニャの仲間がうたいかつ踊っているのを見た。そこにバララームがいるのを見た。もし彼がしてくれなかったなら、誰が私に氷砂糖やそのたぐいのものを貢いでくれるだろう。（Mをさして）そして、彼も見た。

私は、実際にケシャブに会う前に彼を見ていた。サマーディのなかで彼と彼の仲間を見ていたのだ。私の前に、部屋いっぱいの人びとがすわっていた。ケシャブは、尾をいっぱいにひろげてすわっているクジャクのように見えた。尾は彼の信奉者を表していた。私はケシャブの頭に紅《あか》い宝石を見た。それは彼のラジャスを示していた。彼は自分の弟子たちに向かって、『どうぞ、彼（師）が言っていることをよくきいてくれ』と言った。私は母なる神に申し上げた、『母《マー》よ、この人たちは「イギリス人」の考えを持っております。私が彼らに話す必要はないでしょう』と。すると母は、カリユガではこういうことになるのだ、と説明してくださった。ケシャブと彼の信奉者たちはここ（ご自分をさす）から、ハリと母なる神との御名を知った。

（ご自分をさして）ここには何か特別なものがあるに違いない。ずっと前に、ゴパール・センという名の若者がよく訪ねてきていた。私の中に宿っておいでになるお方が、彼の胸に足をおおきになった。ゴパールは忘我の状態で、『あなたはここで長いあいだお待ちにならなければならない。私はもうこれ以上、世俗の人びとと共に生きることはできません』と言った。

彼は私に別れをつげた。後に私は、彼は死んだときいた。たぶん彼は、ニッテャゴパールとして生まれたのだ。

私は多くの驚くべきヴィジョンを見た。私は不可分のサチダーナンダのヴィジョンを見たのだが、それの中に、仕切りをはさんだ二つのグループを見た。一方には、ケダールやチュニをはじめ、人格神を信じる信者たちがいた。他の一方は赤いレンガ粉の山のような、光り輝く空間だった。その中にはナレーンドラがすわって、サマーディに没入していた。深いサマーディに入っている彼を見ると、私は『おお、ナレーンドラ！』と呼びかけた。彼はちょっと目をあけた。私はそれで、彼が新たな姿でシムラー地区*の、あるカーヤスタの家に生まれたことがわかった。私はただちに母なる神に申し上げた、『母よ、彼をマーヤーにまき込んでください。そうでないと、彼はサマーディのなかで肉体をすててしまうでしょう』と。人格神の信者であるケダールがのぞき込んで、身ぶるいしながら逃げ去った。

それだから私は、この肉体に宿って信者たちとお遊びになるのは母なる神ご自身だ、ということを感じるのだ。私がはじめて心の高揚状態を経験したときには、私の肉体は光を放射したものだ。私の胸はいつも赤らんでいた。それで私は母なる神に申し上げた、『母よ、ご自身を外に表さないでください。どうぞ中のほうにお入りください』と。それだからいまは、肌の色がこんなにくすんでいるのだ。もし身体がいまも光り輝いていたら、人びとが私を悩ませたことだろう。群集が絶えずここにおし寄せたことだろう。いまは、外面的な現れはない。それが、やくざ者たちを遠ざけていてくれるのだ。いまは純粋な信者たちだけがここに残るだろう。なぜ私がこういう病気にかかっているのか、わかるか。これも同じ意味を持っているのだ。心中に利己的な動機をもって私に献身しているような人びとは、私の病気を診て逃げて行ってしまうだろう。

私は一つの願いを心に抱いていた。私は母に、『おお母よ、私は信者の王になるでしょう』と申し上げた。

また、こういう思いが心に起こった、『誠実に神に祈る人は間違いなくここにやってくるだろう。くるに違いない』と。ね、いまそのとおりになっているだろう。そういうたぐいの人たちばかりがきている。

私の両親は、誰がこの身体の中に宿っておられるかを知っていた。父がガヤーで夢を見た。その夢の中で、ラグヴィール*が彼に、『私はお前の息子として生まれるであろう』とおっしゃったのだ。

神だけがこの身体の中にいらっしゃるのだ。『女と金』のこれほどの放棄！　こんなことを私が自分の力でできただろうか。私はただの一度も、夢の中でさえ女を楽しんだことはない。

ナングターが私にヴェーダーンタを教えた。三日のうちに私はサマーディに入った。私がマーダヴィのつるの下でサマーディに入っているのを見て、彼はびっくりして叫んだ、『ああ！これはなんということだ』と。そのとき彼は、この身体に誰が宿っておられるのかを知った。彼は『どうぞ私を行かせてくれ』と言った。トター・プリー*のこの言葉をきくと私は法悦状態に入って、『私がヴェーダーンタの真理をさとるまでは行ってはいけない』と言った。

昼も夜も、私は彼といっしょに暮らした。私たちはヴェーダーンタのことしか話さなかった。ブラーフマニー*はよく、『ヴェーダーンタの話をきいてはいけません。信仰の邪魔になります』と言ったものだ。

私は母なる神に、『母よ、私に金持ちの人をお与えください。お与えくださらないと、私はこの身体を守ることができません。サードゥたちや信者たちを身近におくこともできません』と申し上げた。それで、モトゥル・バーブが一四年間、私の身に必要な品々を提供してくれたのだ。

私の中に宿っていらっしゃるお方は、どういうたぐいの信者たちがここにやってくるかを、前もって知らせてくださる。ガウラーンガのヴィジョンを見ると、私はガウラーンガの信者たちがこようとしているのを知る。カーリーのヴィジョンを見ると、シャクティ派の信者たちがくるのだ。

夕拝のときがくると、私は泣きながら、クティの屋根から叫んだものだ、『おお、みんなどこにいるのか。ここにきておくれ！』と。ね、一人また一人と、彼らは全部、ここに集まってきているだろう。

私はあらゆる種類のサーダナ、ギャーナ・ヨーガ、カルマ・ヨーガ、およびバクティ・ヨーガを行った。寿命をのばすためにハタヨガの訓練までも完了した。この身体には、別のお方が宿っておられるのだ。そうでなかったら、サマーディに達したあとでどうして信者たちとともに生き、神の愛を楽しむことなどができただろう。コアル・シンがよく私に言った、『私はいまだかつて、サマーディの段階から戻ってきた人を見たことがありません。あなたはナーナクに違いない』と。

私は世俗の人びとのまっただ中に生きている。四方八方に『女と金』を見ている。それにもかかわらず、これが私の心の状態だ、不断のサマーディとバーヴァ。それだからプラタープ*が私の法悦状態を見て、『なんということ！　彼はまるで幽霊につかれでもしたようだ』と言ったのだ」

ラカル、M、および他の者たちは、このシュリー・ラーマクリシュナの比類ない経験の物語をきいて、言葉を忘れていた。

しかしマヒマーチャランは、これらの言葉の意味を理解したのだろうか。それをきいたあとでなお、彼らは師に、「こういうことはあなたの過去世の善行の功徳によって起こったのです」と言った。マヒマーはまだ、シュリー・ラーマクリシュナは一個のサードゥか神の信者だと思っていたのだ。師はマヒマーの言葉にうなずいて、「そうだ、過去の行為の結果だ。神は、たくさんの邸宅を持つ貴族のようでいらっしゃる。ここ（ご自分をさす）に彼の客間の一つがあるのだ。バクタは神の客間だ」とおっしゃった。

黒月*一四日の、午前一時だった。真の闇があたりを支配していた。一、二の信者が、ガンガーのコンクリートの堤防を歩いていた。シュリー・ラーマクリシュナは起きておられた。彼は出てこられて、信者たちにおっしゃった、「ナングターが、真夜中のこの時刻にはアナーハタ音がきこえるものだと言った」

明け方、マヒマーチャランとMとは、師の部屋の床に横になった。ラカルは、キャンプ用簡易寝台にねた。ときどき、シュリー・ラーマクリシュナはまるで五歳の子供のように、着物をぬいで部屋の中を行きつ戻りつしておられた。

一八八五年八月二八日　金曜日

明け方だった。シュリー・ラーマクリシュナは目をさまし、母なる神を瞑想しておられた。ご病気のために、信者たちは彼が美しい声で母の御名をおとなえになるのをきくことはできなかった。

シュリー・ラーマクリシュナは小さな寝台にすわっておられた。彼はMにおたずねになった、「さて、私はなぜこんな病気にかかったのだろうか」

M「あなたがすべての点で他の者たちに似ていらっしゃらないと、彼らはあなたに近づく勇気が持てないでございましょう。しかし、あなたがこんなご病気にもかかわらず神のことしかお思いにならないのには、みな驚いております」

師（微笑して）「バララームも言っていた、『あなたでさえ病気におなりになるのなら、私たちが病むのは不思議ではございません』とね。『五元素のわなにかかればブラフマンでも泣く』のだ」

M「イエス・キリストも、信者たちの苦しみを見て普通の人間のように泣きました」

師「それはどんな話かね」

M「マリアとマルタという、二人の姉妹がおりました。ラザロというのが彼らの兄弟でございました。三人ともイエスを信仰していました。ラザロが死にました。イエスが彼らの家に近づいてこられました。姉妹の一人、マリアが走り出て彼を迎えました。彼女は彼の足もとに倒れ伏して泣きながら、『主よ、もしあなたがここにおいででしたら、彼は死ななかったでございましょうに！』と言いました。イエスは彼女の泣くのを見て涙を流しました。

それからイエスはラザロの墓にゆき、彼の名を呼びました。たちまちラザロは生き返り、墓から歩いて出てまいりました」

師「だが私にはそんなことはできないよ」

M「それはあなたがしたいとお思いにならないからでございます。こういうのは奇跡でございます。ですからあなたは興味をお持ちになりません。こういうことは人びとの注意を肉体のほうに向けさせます。したがって彼らは純粋な信仰のことを考えません。ですから、あなたは奇跡などお見せにはならないのでございます。しかし、あなたとイエス・キリストとのあいだには似たところがたくさんおありです」

師（微笑して）「どんなところ？」

M「あなたは信者たちに、断食をしたりその他の苦行をしたりすることをおすすめになりません。食物についての厳しい戒律をお命じになりません。キリストの弟子たちは安息日を守りませんでした。それでパリサイ人たちがこれを非難しました。すると、イエスは、『彼らはたべてよかったのだ。花婿といっしょにいるあいだは、彼らは楽しまなければならない』と言いました」

師「それはどういう意味なのかね」

M「キリストは、弟子たちが神の化身といっしょに暮らしているあいだはひたすら楽しむべきだ、と言おうとしたのでございます。悲しむわけがないではございませんか。しかし彼が天上にある彼自身のすみかに帰ると、そのときには、彼らの悲しみと苦しみの日々がやってくるでございましょう」

師（微笑して）「そのほかにも何か、私のなかにキリストに似たところがあるか」

M「はい。あなたは、『若者たちはまだ「女と金」に汚されていない。彼らは教えをわがものとすることができるだろう。これはミルクを新しい瓶に蓄えるようなものだ。凝乳をつくったことのある瓶に蓄えるとミルクはじきに酸っぱくなる』とおっしゃいます。キリストもそれに似たことを言いました」

師「何と言ったのか」

M「『古い革袋に新しい酒を蓄えると革袋は裂けてしまう。古い布に新しいきれでつぎを当てると古い布はやぶれる』と言いました。
それから、あなたはよく、ご自分と母とは一体であるとおっしゃいます。同じように、キリストは、『われとわが父とは一体なり』と言いました」
師（微笑して）「その他には？」
Ｍ「あなたは私たちに、『心をこめて神に呼びかけるなら、彼は必ずきいてくださる』とおっしゃいます。キリストもやはり、『たたけよ、さらば開かれん』と言いました」
師「さて、もし神がふたたび化身なさったのであるなら、それは神のかすかな、または部分的な現れなのだろうか。それとも完全な現れなのだろうか。ある人びとは、完全な現れだと言っている」
Ｍ「師よ、私には完全な現れとか一部の現れとかかすかな現れとかいう意味はよくわかりません。しかしあなたが説明してくださいましたので、壁にある円い穴という考え方はよくわかりました」
師「それを話してごらん」
Ｍ「壁に一つの円い穴があいております。そこから、壁の向こう側の牧場の一部を見ることができます。同じように、人はあなたを通して無限者なる神の一部を見るのでございます」

師「そのとおり。牧場の約一〇キロを一気に見ることができる」

Mは師に敬礼をしていとまをつげた。シュリー・ラーマクリシュナはやさしく、「あすは朝早くおいで。雨期の暑い日ざしはからだに良くないからね」とおっしゃった。

一八八五年九月一日　火曜日

シュリー・ラーマクリシュナは沐浴をしようとしておられた。一人の弟子が、部屋の南のベランダで、彼の身体を油でこすっていた。Mはガンガーで沐浴をすませてからその場にやってきて、師に敬礼をした。

沐浴をすませると、シュリー・ラーマクリシュナはタオルで身を包み、手を組み合わせて諸聖堂の祭神たちに遠くから敬礼をなさった。病気のため、聖堂まで行くことがおできにならなかったのである。

クリシュナの誕生日、聖なるジャンマーシュタミの日だった。ラームその他の信者たちが、シュリー・ラーマクリシュナのために新しい着衣を持ってきていた。彼はそれをお召しになって、魅力的だった。ふたたび神々に敬礼をなさった。

午前一一時だった。信者たちがつぎつぎに、カルカッタから到着しつつあった。バララーム、ナレーンドラ、若いほうのナレン、ナヴァゴパール、およびカトアからきた一人のヴィシュヌ信者が到着した。ラカルとラトゥはシュリー・ラーマクリシュナのもとに滞在していた。一人のパンジャーブ人のサードゥが、いく日間かパンチャヴァティに滞在していた。パンジャーブ人のサードゥが庭園の小みちを歩いていた。師はおっしゃった、「私は彼には魅力がないのだ。彼はギャーニの態度をとっている。私には彼が、材木のように無味乾燥に見える」

シュリー・ラーマクリシュナと信者たちとは師の部屋に帰ってきた。

カトアからきたヴィシュヌ信者はシュリー・ラーマクリシュナに質問をしはじめた。彼は斜視《しゃし》だった。

ヴィシュヌ信者「人は生まれ変わるものでございますか」

師「ギーターには、人は死ぬときにその心中にある傾向をもって再生すると書いてある。バラタ王は死ぬときに彼のシカのことを思っていたのでシカに生まれ変わったそうだ」

ヴィシュヌ信者「私は、ほんとうに見た人の口からきいたのでなければ再生を信じることはできません」

師「私は知らないのですよ。私は自分の病気を治すこともできないでいる。それなのに死んだあとでどうなるかを話せとは！　お前の言っていることは、お前の心の小さいことを示しているだけだ。神への愛を養うように努めなさい。神への愛を成就するためだけに、お前は人間として生まれているのだ。マンゴーをたべるために果樹園にきたのだよ。果樹園には何千本の枝があるか、何百万枚の葉があるかということなどを知る必要がどこにある？　死んだあとで起こることなどを心配するとは！　なんと愚かな！」

ギリシュ・ゴーシュが、一、二の友人をつれて馬車で到着した。彼は酒に酔っていた。部屋に入るとき、彼は泣いていた。シュリー・ラーマクリシュナの足の上に頭をつけたとき、彼は泣いた。

シュリー・ラーマクリシュナは、愛情こめて彼の背をおたたきになった。一人の信者に、「彼にタバコを用意しておやり」とおっしゃった。

ギリシュは頭を上げ、手を合わせて言った、「あなたお一人が、完全なブラフマンでいらっしゃいます！　もしそうでなければ、いっさいのものは虚偽です。私があなたに少しもお仕えすることができなかったのはじつに残念なことでございます」彼が深い感情をこめてこう言ったので、何人かの信者たちは泣いた。

ギリシュはつづけた、「おお主よ！　一年間あなたのおそばでお仕えすることができますよう、どうぞ私に恵みをお与えください。救いなどは誰が欲しがりましょう。そんなものはどこにでもあります。私はそんなものには唾をひっかけてやります。どうぞ、一年間私の奉仕を受けるとおっしゃってくださいませ」

師「このへんの人たちは良くない。ある者たちはお前を非難するだろうよ」

ギリシュ「私は気にかけません。どうぞおっしゃって――」

師「よしよし、せわをしておくれ、私がお前の家に行ったときに――」

ギリシュ「いいえ、そんなことではございません。私はここでお仕えしたいのでございます」

ギリシュは強硬だった。師はおっしゃった、「まあ、それは神の思し召し次第だ」

師ののどのご病気について、ギリシュは言った、「どうぞ『治れ』とおっしゃってください。よろしうございます。私がたたき出しましょう。カーリー！　カーリー！」

師「私はおこるよ」

ギリシュ「おお、のどよ、治れ！　(彼は祈祷師《きとうし》がやるようにのどのところに息を吹きかける)お治りになりませんか。いま治らなくても私がお仕えすれば必ずお治りになります。治る、とおっしゃってください」

師（きびしく）「ほっておいてくれ。私はそんなことは言えないのだ。母なる神に私の病気を治してくださいなどとお願いすることはできないのだ――よしよし。神の思し召しなら治るだろうよ」
ギリシュ「あなたは私を馬鹿にしようとしていらっしゃる。すべてはあなたの思し召し次第なのでございます」
師「恥を知れ！　そんなことを二度と言うではないぞ。私は自分をクリシュナの一信者と見ている。クリシュナご自身などとは思ってはいない。お前はすきなように思っていてよろしい。自分の師を神と見てもよろしい。だが、いまのような口をきくのは間違っている。二度とそんなことを言ってはならない」
ギリシュ「どうぞ、お治りになるとおっしゃって」
師「よろしい。それでお前が喜ぶなら」
ギリシュにはまだ、酔いが残っていた。ときおり、彼はシュリー・ラーマクリシュナに言った、「さて、師よ、あなたがこのたび、ご自分の神々しい美しさを現してお生まれにならなかったのはどういうわけでしょうか」
ちょっと間をおいて、彼は言った、「なるほど、このたびは、これはベンガルの救いなのでしょう」
一信者が「ベンガルだけなものか。これは全世界の救いだろう」とひとりごちた。

ギリシュは信者たちに向かって、「君たちのなかに、なぜ師がここにおいでになるのか、わかる人がいるかね。人間を解放するためにいらっしゃるのだよ。彼らの苦しみが、このお方を動かして人の姿をおとらせしたのだ」

御者がギリシュを呼んでいた。彼は立ち上がって、男のほうへ行こうとした。師はMに、「彼を見張っておいで。どこへ行くのだろう。どうぞ御者をぶったりなどしないように！」Mはギリシュのあとをつけた。

間もなく、ギリシュは戻ってきた。彼はシュリー・ラーマクリシュナに祈願してこう言った、「おお神よ。罪深い思いを兎《う》の毛ほども持たないよう、私に浄らかさをお与えください」

師「お前はすでに清い。これほどの信仰と献身の心を持っているではないか！　お前は歓喜の境地にある、そうではないのか」

ギリシュ「いいえ、師よ、私はうれしくございません。心配ごとがあります。それだからこんなに、酒を飲んでしまったのでございます」

数分後にギリシュは言った、「主よ、私は、私が、私のような者さえが、完全なブラフマンにお仕えするという特典を与えられたことを見て驚きあきれております。この特典に価するような、どんな苦行を行ったというのでしょうか」

シュリー・ラーマクリシュナは昼食をおとりになった。病気のために、ごくわずかしか召し上がらなかった。

師の心の本来の傾向は、ともすれば神意識の境地に舞い上がろうとするものだった。彼はご自分の心を強いておさえて肉体を意識させようとなさるのだった。しかし、まるで子供のように、彼はご自分の身体に気をつけることがおできにならなかった。子供のような調子で信者たちに、「少しばかりたべた。いまは休もう。少しのあいだ、外に出ていていいよ」とおっしゃった。シュリー・ラーマクリシュナは数分間お休みになった。信者たちは部屋に戻った。

カトアからきたヴィシュヌ信者が議論していた。

師（ヴィシュヌ信者に）「そのジュージュー音をたてるのをおやめ！　水のまじったバターが火にかけられると、そんな音を出すものだ。もし人が神の喜びを味わいさえするなら、議論したいという願望などは羽が生えて飛んで行ってしまうものだ。書物にあることを引用するばかりで何ができるか。パンディットたちは詩句を朗唱するだけ、他には何もしない」

ドクター・ラカルが、シュリー・ラーマクリシュナを診察するために到着した。師は彼に向かって熱心に、「中に入ってすわってください」とおっしゃった。

ヴィシュヌ信者との会話はつづいた。

師「人は、威厳《いげん》と、鋭敏さとをそなえていなければならない。霊意識のめざめている人だけがこの威厳と鋭敏さとをそなえており、したがって人間と呼ばれることができるのだ。霊意識のめざめがなければ人間として生まれても無駄だ」

まるで子供のように、師は医師におっしゃった、「先生、どうぞこののどを治してください」

医師「あなたを治せと私にお頼みになるのですか」

師「お医者さまはナーラーヤナご自身だ。私はあらゆる人を尊びます」

医師はシュリー・ラーマクリシュナののどを診察しようとした。師はおっしゃった、「ドクター・マヘンドラ・サルカールは、人びとが牛の舌をおさえるのと同じような具合に、私の舌をおさえました」

子供のように、医師のシャツの袖をいくたびも引っぱって、シュリー・ラーマクリシュナはおっしゃった、「先生！　親愛なる先生！　どうぞこののどを治してください」喉頭鏡《こうとうきょう》を見るとニッコリして、「それ知っています。それに映してごらんになるのでしょう」とおっしゃった。

ナレーンドラがうたった。しかし師のご病気のため、音楽はわずかしか行われなかった。

第一〇章　シャーンプクルでのシュリー・ラーマクリシュナ

一八八五年一〇月一八日

医師たちははっきり、シュリー・ラーマクリシュナの病気をがんと診断していた。ドッキネッショルでは手当てや看護に必要な手配をすることはできなかった。絶えず医師に診てもらうことが必要であるのに、この寺にいてはそれもむりだった。それに、カルカッタに住む信者たちにとって、毎日ドッキネッショルまできて彼につきそうのはたいそう不便なことだった。それで年輩の信者たちが、カルカッタのバグバジャルに二階建ての小さな家を借りてそこに師をおつれした。しかしシュリー・ラーマクリシュナはその場所を好まれず、バララームの家に行っておしまいになった。数日のうちに、カルカッタの北部地区にあるシャーンプクルに一軒の新しい家が契約され、師はそこにつれて行かれた。彼はドクター・マヘンドララール・サルカールの手当てを受けておられた。新しい建物は、二階に二つの大きな部屋と二つの小さな部屋があった。大きい部屋の一つは客間として使われ、もう一つのほうに師がお住みになった。小さい部屋のほうは、一つは信者たちの寝室として使われ、もう一つはホーリー・マザーがこられたときの用にあてられた。屋根への出口の近くに、狭い、ひさしにおおわれた四角い空地があり、ホーリー・マザーは昼間はここにいて、師の食物の調理をなさった。

午後だった。ドクター・サルカールが、息子のアムリタとヘムとをつれて到着した。ナレーンドラおよび他の信者たちがいた。

シュリー・ラーマクリシュナは、アムリタだけに話をしておられた。師は彼に、「瞑想をするか」とおたずねになった。さらに、「瞑想中、人はどう感じるものか知っているか。心は連続した油の流れのようになるのだよ。たった一つの対象だけを思う、そしてそれは神だ。心はその他のものはいっさい考えないのだ」とおっしゃった。

シュリー・ラーマクリシュナは信者たちに話をしておられた。

師（ドクターに）「あなたの息子さんは神の化身を信じていない。それで結構だ。彼が化身を信じていなくても、それは問題ではない。

あなたの息子さんは良い子だ。それは当然のことだ。優良な『ボンベイ』種のマンゴーが酸っぱい実を結ぶはずはないでしょう。彼の神への信仰のなんとしっかりしていることか！　つねに神を思う人がほんとうの人間だ。霊意識がめざめていて、神だけが実在、他のすべてのものは幻だ、と確信している人だけが人なのです。彼は神の化身は信じない。しかしそれが何だ。彼が神がおいでになることを信じ、この宇宙とそこにすむ生きものは——金持ちと彼の持つ庭園のように——彼の力の現れであることを信じているのであれば、それで十分です。

ある人びとは一〇人の神の化身がいると言い、ある人びとは二四人いると言うが、そのほかに無数の化身がいるという人びとがいる。もしあなたが、どこにでもあれ、神の力の特別の現れを見るなら、神がそこにご自身を化身させておられると認めてよろしい。それが私の考えです。

もう一つの見方がある。それによると、神はあなた方の見るいっさいのものになっておられるのだ。絶対者であるところのものがそれの相対的な姿を持っており、相対者であるところのものが同時に、それの絶対的な面を持っているのだ。絶対者をのけておいて相対者だけを理解することはできない。また、そこに相対者があるからこそ、それを一歩一歩乗り越えて絶対者に到達することもできるのだ。『私という意識』があるあいだは、人は相対者を超えていくことはできない」

医師「まったくそのとおりでございます」

ドクター・サルカールの考えでは、神は人間を創造し、すべての魂が無限の成長をするように定めたのだ。彼は、ある人が他の人より偉大であることは信じようとしない。それだから、神の化身の教義を信じないのだ。

医師「私は無限の進歩を信じます。もしそうでなければ、この世にたった五年や六年生きることが何の役に立つでしょう。くびに縄をまきつけてぶらさがったほうがましです。化身！　それは何ですか。汚物を排泄《はいせつ》する人の前ですくむなんて！　馬鹿げたことです。しかし、もしあなたが神の光の反映としての人間のことを話していらっしゃるのなら——はい、それなら私も認めます」

ギリシュ（微笑して）「だが、あなたは神の光を見たことはない」

ドクター・サルカールは返事をする前にためらっていた。彼のそばにすわっていた一人の友だちが、彼に何かを耳打ちした。

医師（ギリシュに）「あなただって、反映以外には何も見てはいないでしょう」

ギリシュ「私はそれを見ている！　光を見ている！　私は、シュリー・クリシュナが神の化身だということを証明しよう。それができなければ舌をかみ切ろう！」

師「そんなことはすべて無用の会話だ。精神の錯乱した病人のたわ言のようなものだ。錯乱した病人は、『私はタンクにあるだけの水を飲もう。釜にいっぱいの飯をたべよう』などと言う。医者は、『よし、よし、何でもたべていいよ。よくなったら、君が欲しいと思うものは何でもあげよう』と言うのだ。完全な知識のしるしというものがある。一つは、推理が終わる、ということだ」

医師「しかし、人は完全知を不変に持ちつづけることができるものでしょうか。あなたはすべてのものが神であるとおっしゃいます。ではなぜ、パラマハンサというこのお仕事におつきになったのですか。またなぜ、ここにいる人びとはあなたにお仕えしているのですか。なぜ、あなたは黙ってはいらっしゃらないのですか」

師（笑いながら）「静かであろうと流れていようと、あるいは波になって砕けようと水は水だ。純粋な心および純粋な知性として内に宿っておられるのは神だ。私は機械であって、彼がそれの運転者でいらっしゃるのだ。私は家であって、彼が住人でいらっしゃるのだ」

医師「ちょっと伺わせてください。なぜあなたは私に、ご病気をなおしてくれとお頼みになるのですか」

師「自分が『エゴ』という『かめ』を意識しているあいだは、私はそんなふうに言うのです。一面水に満たされた広大な海を考えてごらん。一個のかめがその中に沈んでいる。かめの中も外も水だが、かめがこわされなければ、水は一つにはならない。エゴというこの『かめ』を私のなかに置いていらっしゃるのは、神だ」

医師『エゴ』とは、そしてあなたがおっしゃることすべてはどういう意味でございますか。ぜひ説明してください。神が私たちにいたずらをしておられるとおっしゃるのでしょうか」

ギリシュ「あなた、神はいたずらをしてはいらっしゃらない、ということがどうしておわかりですか」

師（微笑して）「私たちのなかにこの『エゴ』をおおきになったのは神だ。これらすべてのことは、彼のお遊び、彼のリーラーだ。ある王様が四人の息子を持っているとする。彼らはすべて王子だ。それでも彼らが遊ぶときには、一人は大臣に、つぎは警察官に、そしてつぎは何々に、というふうになるだろう。王子だけれども警察官として遊ぶのだ。

（医師に向かって）よくおきき。もしあなたがアートマンをさとれば、私が言ったことすべてが真理だとわかるだろう。神の御姿を見れば、疑いは全部消えてしまう」

医師「しかし、すべての疑いを除くなどということが、いったいできることなのでしょうか」

師「私が話してあげただけのことは私から学びなさい。しかし、もっと知りたいと思うなら、あなたは独居して神に祈らなければいけない。なぜこのようにお定めになったのか彼におたずねなさい」

ドクターは黙っていた。

師「まあ、あなたは推理が好きだ。少し、ヴェーダーンタの論理をおききなさい。一人の魔法使いが、王様のところにきて魔法を見せた。魔法使いがほんの少し離れて行ったと思うと、王様は一人の騎手がウマにまたがってこちらにやってくるのを見た。騎手はきらびやかに盛装し、さまざまの武器を手にしていた。王様と観衆は、目前の現象のなかの何がほんものであるか、推理をしはじめた。明らかに、ウマはほんものではなかったし、衣装も武器もそうではなかった。ついに彼らは、少しの疑いの余地もなく、乗り手だけがそこにいるのを発見した。これの意味は、ブラフマンだけが実在であってこの世界は非実在であるということである。もし分析するなら、何ひとつ残りはしないのだ」

医師「私もそのことには反対いたしません」

師「だが、幻影をすてるのは容易なことではないのだよ。知識を得た後でさえ、それは尾をひいているものだ。ある男がトラの夢をみた。そこで目がさめたので夢は消えた。それでも胸はドキドキしつづけていたという。

数人の盗賊が畑にやってきた。侵入者をおどすためにそこにワラ人形が立ててあった。盗賊たちはそれを見てびっくりし、畑に入ることができなかった。でも、なかの一人が進んで行ってそれがただのワラ人形であることを知った。彼は戻ってきて、『こわいものは何もない』ことを仲間たちにつげた。それでもなお、彼らは行くのを拒み、まだ胸がドキドキしていると言った。それで、勇気のある盗賊は人形をおし倒し、『ほら、何でもありはしない、何でもありはしない』と言った。これが、『ネーティ、ネーティ』という過程なのだ」

医師「これは結構なお話です」

師（微笑して）「どんな話だって？」

医師「結構な」

師「では、私に『サンキュー』とお言いなさい」（師は「サンキュー」は英語でおっしゃった）

医師「あなたは私の心のなかがおわかりにならないのですか。あなたをお訪ねしますと、私はたいそう難儀な目にあうのでございますよ！」

シュリー・ラーマクリシュナはドクター・サルカールに、茶菓をとるようおすすめになった。信者たちが彼に菓子を出した。

医師（たべながら）「いまはこのお菓子に対して、『サンキュー』を申し上げます。でもこれはあなたの御教えに対してではございません。その『サンキュー』は、言葉などでさしあげるべきではないでしょう」

一八八五年一〇月二二日

ドゥルガー・プージャーの数日後、木曜日の夜だった。シュリー・ラーマクリシュナは、ドクター・サルカール、イシャンおよび他の信者たちと、二階の自室で寝台の上にすわっておられた。ドクター・サルカールは非常に多忙な医師だったにもかかわらず、長時間、ときには六時間か七時間を、師のもとですごした。彼は師を深く愛し、信者たちを自分の身内のように見ていた。ランプが室内で燃えていた。月光が戸外を照らしていた。

在家の信者イシャンに向かって、師はおっしゃった、「神の蓮華の御足を愛しつつ同時にこの世の務めを果たしている在家の信者は、ほんとうに恵まれた人だ。そのような人はじつに英雄だ。二モーンドもする重い荷物を頭にのせて運びながら婚礼の行列を眺めている男のようなものだ。莫大《ばくだい》な霊性の力を持っていなければ、そのような生活をすることはできない。また、このような人はドジョウのようなものだ。泥の中にすんでいるが汚れることはない。さらに、このような信者は水鳥にたとえてもよかろう。しじゅう水中にもぐるが、一度羽ばたくだけで水気はすっかりふるい落としてしまう。

お前たちは、『一人は在家の人、もう一人は僧という二人のギャーニのさとりには何か違いがあるのか』ときくかもしれないね。その答えは、両者は同一のクラスに属していると言うものだ。彼らは両方ともギャーニだ。彼らは同じ経験をしている。しかし、在家のギャーニは、恐れなければならない理由を持っている。『女と金』のまっただ中に暮らしているかぎり、その恐れをすてきることはできない。ススの満ちている部屋にしじゅう住んでいたら、たとえそれがごくわずかであろうと、またこちらがどんなに利口に立ちまわろうと、決して身体が汚れないというわけにはいくまい。

米を炒《い》るとき、いく粒かはフライパンからとび出して地面に落ちる。それらはかすかな汚点さえもついてはいず、マリカの花のようにまっ白だ。ただし鍋の中に残っている米粒も上等だ。しかし新鮮なマリカの花のように純白ではない。それらは少しばかり汚れている。これと同じように、もし出家した僧が神をさとれば、彼は純白の花のような無垢《むく》な姿を見せる。しかし知識を得た後も世間というフライパンの中にとどまっている者には、多少は汚点がつくだろう。（みな笑う）

世間に住むギャーニが少しばかりの汚点を持っていたとて、これはその人を損ないはしない。月には言うまでもなく暗い斑点《はんてん》があるが、それらが月の光を妨げているわけではない」

医師「感覚器官を統御するのは非常にむずかしいことです。それらはあばれウマのようなもので、目隠ししてやらなければなりません。あるウマの場合にはまるきり見えないようにしてしまう必要があります」

師「人はもし、たとえ一度でも神の恵みを受けているなら、たとえ一度でも神の御姿を見ているなら、たとえ一度でもアートマンの知識を得ているなら、何ひとつ恐れるものはない。そうでさえあれば、六つの欲情もその人には何の害も与えることはできないのだ。

ナーラダやプララーダのような永遠に完全な魂たちは、その目に目隠しをつけるような面倒なことをする必要はなかった。父親の手につかまって田んぼの中の細道を歩いている子供は、うっかりと手をゆるめて溝の中にすべり落ちるかもしれない。だがもし父親のほうが子供の手をつかんでいれば、それはまったく別だ。その場合には子供は決して溝に落ちるようなことはない」

医師「しかし、父親としては、子供の手をつかんでいるというのはふさわしいことではありますまい」

師「必ずしもそうではない。偉大な賢者たちは子供のような性質を持っている。神の前では彼らはつねに子供のようだ。慢心を持っていない。彼らの力は神の力、つまり彼らの父の力なのだ。彼らはわがものと呼ぶべきものは何ひとつ持っていない。彼らはそのことを確信しているのだ」

医師「最初に目隠しをつけることをしないでも、ウマをまっすぐに走らせることができるものでしょうか。最初に欲情を制御することをしないでも、神をさとることができるものでございましょうか」

師「あなたが言っているのは識別の道をたどる場合のことだ。その道を通っても神に達することはできる。ギャーニたちは、求道者はまず第一に自分のハートを清めなければならないという。彼は霊性の修行をしなければいけない。それによって、知識を得るのだ。

しかし、神は信仰の道を通ってでもさとることができる。信者がひとたび神の蓮華の御足への愛を開発し、彼の御名と徳をたたえてうたうことを楽しむようになれば、彼はもう、自分の感覚を抑制しようと特別の努力をする必要はない。このような信者の場合には、感覚はひとりでに彼の支配下に入ってくるのだ。

かりにある人が息子を失ったばかりで悲しみ嘆いているとせよ。彼がその日に他人と口論したり、友だちの家で宴会を楽しんだりするような気分になれるだろうか。その日に人前で自分のことを自慢したり、または感覚の楽しみにふけったりすることができるものだろうか。蛾《が》がもし灯火を発見しても、それでもまだ暗闇の中にじっとしていることができるものだろうか」

医師（微笑しながら）「もちろん、できません。むしろ火の中にとび込んで死ぬでしょう」

師「おお、いや、この場合はそうではない。神の愛人は、蛾のように焼け死ぬことはない。彼が突進して行く光は、宝石の光のような光だ。もちろん光り輝いているのだが、同時にそれは涼しく、そして人の心を静める。彼の身体を焦がすようなことはしない。彼に喜びと平安とを与えるのだ。

識別と知識の道を通っても神をさとることはできる。しかしそれは極度に困難な道だ。『私は肉体でも心でも知性でもない。私は苦悩も病気も悲しみも超越している。私は絶対の存在-知識-至福の権化だ。私は快苦を超越している。私は感覚器官の支配は受けていない』などと口で言うのはやさしいことだ。だがこのような想念をわがものとしてそれらを実践するのは、たいそうむずかしいことだ。もし、私の手がトゲで傷つきそこから血が噴き出すのが私の目に見えるなら、そのときに私が『なあに、私の手はトゲで傷ついたのではない！　私は無事である』と言うのは正しいことではない。そのように言えるためには、私はまず第一にそのトゲそのものを知識という火の中で燃やしてしまっていなければならないのだ」

医師（信者たちに）「もし彼（シュリー・ラーマクリシュナをさす）が書物を研究なさったのだったら、これほどの知識は獲得なさらなかったでしょう。ファラディは、自然界と感応交流していました。それだから、彼は数多くの科学の真理を発見することができたのです。単なる書物の研究からは、とてもあれだけのものを知ることはできなかったでしょう。数学の公式は頭脳を混乱させるだけで、独創的な探究の道のじゃまをします」

師「私はある時期、パンチャヴァティで、大地に身を投げ出して母なる神にこうお祈りしたものだ、『おお母《マー》よ、カルミ*たちが祭事によってさとったものを、ヨーギーたちがヨーガによってさとったものを、そしてギャーニたちが識別によってさとったものを私にお示しください』と。どんなに親密に、私は母なる神と交わったことか！　とうてい、それを説明しつくすことはできない。ああ、何という状態を、私は経験したものだったろう！　眠ることは、まったくできなくなっていた」

彼はつづけられた、「私は書物を読んだことがない。だが人びとは、私が母なる神の御名をとなえるというので私に敬意を示す。シャンブー・マリックが私のことを、『ここに剣も盾も持たない一人の偉大な英雄がいる』と言った。（みな笑う）

（医師に）神が、有限の人間であることができ、同時にすべてに遍満する宇宙の霊でもあられるのを理解するのは、たいそうむずかしい。絶対者と相対者は、彼の二つの相なのだ。私たちの小さな知性で、神は人の姿をとることはおできにならない、と強調することなどどうしてできようか。私たちの小さな知性で、こういうことを全部理解することなどができるものか。

それだから、人は聖者や偉大な魂たち、つまり神をさとった人びとの言葉を信じなければならないのだ。彼らは、弁護士が自分の担当する事件のことを考えているように、常住神のことを思っている。

人はまっ正直でなければ、そう簡単に神への信仰を持つことはできない。神は、世俗性のしみ込んだ心からは、遠く離れたところにいらっしゃるのだ。世俗の知恵はさまざまの疑念や、学問とか富とかその他のものを誇るようなさまざまの形のプライドなどをつくり出す。(医師をさして) だが彼はまっ正直だ。

神の探求者にとっては、絶えずサードゥたちと交わることが必要だ。世俗的な人びとの病気は、いわば慢性になっている。彼らはサードゥたちの教えを実行しなければいけない。彼らの忠告をただきいているだけでは何の役に立とう。処方された薬を飲むだけでなく、厳しい食餌《しょくじ》療法も守らなければいけない。食養生が大切だ」

医師「そうでございます。病気を治すのは、他の何よりもまず食養生です」

ギリシュ (笑いながら、医師に)「あなたはもう、三時間か四時間もここで過ごしてしまった。患者たちはどうなっているのですか」

医師「ああそうだ、私の仕事と患者たち! あなたのパラマハンサのおかげで、私は何もか

もを失ってしまうのだろう！（みな笑う）

（ギリシュ、Mおよび他の信者たちに）私の友人たちは、私のことをみなさん方の仲間の一員だと見ています。私は医師としてこう言っているのではありません。しかし、もしみなさんが私をご自分の仲間と見てくださるなら、私はみなさんのものです。

（師に）あなたのご病気は、患者は人と話をしてはいけないことになっております。しかし私の場合は別でございます。私がここにいるあいだは、私と話をなさってもかまいません」（みな笑う）

師「どうぞ、私の病気を治しておくれ。神の御名と栄光をうたうことができないのだ」

医師「瞑想をなされば十分です」

師「何を言うのだ。なぜ私が一本調子の生活をしなければならないのか。私は自分の魚を、カレーやフライや酢漬けなど、さまざまの料理で楽しむのだよ！ときには儀式で、ときには御名をとなえて、ときには瞑想して、ときには御名と栄光をうたって、ときには御名をたたえつつ踊って、神を拝むのだ」

医師「私も、一本調子ではありません」

師「あなたの息子アムリタは神の化身を信じない。それで少しもさし支えはない。人は、神は形を持たないと信じていても神をさとる。神は形をお持ちだと信じていてもやはり、神をさとるのだ。神をさとるには二つのことが必要だ。信仰と自己放棄である。人は本来無知なものだ。誤りは当然のことである。どの道をたどるにしても、いたたまれないような気持ちで神に祈らなければいけない。彼は、内なる魂の支配者でいらっしゃる。祈りが真剣なものであれば必ず耳を傾けてくださる。もしひたすらに神を求めるなら、人格神という理想を追求しても、超人格的な真理というそれを追求しても、要するに神のみをさとるのだ。あなたの息子のアムリタは良い子だ」

医師「彼はあなたの弟子でございます」

師（微笑して）「お日さまの下に、私の弟子などというものは一人もいないのだ。反対に、私があらゆる人の弟子である。すべての人は神の子たち、彼の召し使いだ。私もやはり一人の神の子、私もやはり彼の召し使いだ。『月おじさん』はすべての子供のおじさんなのだ！」

一八八五年一〇月二四日

午前一時だった。シュリー・ラーマクリシュナは、シャーンプクルの家の二階にすわっておられた。ドクター・サルカール、ナレーンドラ、マヒマーチャラン、M、その他の信者たちがその部屋にいた。ホメオパティについて、師はドクター・サルカールにおっしゃった、「あなたのこの手当てはたいそう良い」

医師「ホメオパティでは、医師は病気の徴候を医学書と照合しなければなりません。西洋音楽のようなものでございます。歌手は楽譜にしたがいますでしょう。

ギリシュ・ゴーシュはどこにいるのかな。心配はいらない。邪魔をしないほうがよい。彼は昨夜、眠らなかったのでございます」

師「さて、サマーディに入ると、私はまるで大麻に酔ったかのように、酔っぱらった感じになるのだ。それをあなたはどう思うかね」

医師（Mに）「その状態になると、神経中枢ははたらきを止めます。そのために手足が麻痺《まひ》します。また、全エネルギーが脳にいきおいよく入るために脚がよろめくのです。生命は神経組織からできています。えりくびのところに延髄という神経の中心があります。そこが傷つけられると、人は死ぬでしょう」

マヒマー・チャクラヴァルティーがクンダリニーの説明を始めた。彼は言った、「スシュムナー神経は精妙な形で脊髄を通って流れます。誰もそれを見ることはできません。これは、シヴァが言っておられることです」

　医師「シヴァは、成熟した状態にある人間だけを調べました。しかしヨーロッパ人は、胎児から成人まで、あらゆる発達段階にある人間を調べています。比較歴史を知るのはよいことです。ソンタール族*の歴史によって、カーリーはソンタール族の女だったことがわかります。彼女は勇敢な戦士でした。（みな笑う）

　笑わないでください。比較解剖学の研究がどれほど人類に貢献したか、お話ししましょう。膵液《すいえき》と胆汁とのはたらきの違いは、最初はわかりませんでした。しかし後にクロード・ベルナールがウサギの胃や肝臓その他を調べて、胆汁の作用は膵液のそれとは異なるということを実証しました。ですから、下等な動物にも注目すべきだ、ということは当然です。人間の研究だけでは十分でありません。

　同様に、比較宗教学の研究も非常に有益です。

　なぜ、師のお言葉はわれわれの心を打つのでしょうか。彼は、さまざまの宗教の真理を体験なさいました。ヒンドゥイズム、キリスト教、マホメット教、シャクティ派、およびヴィシュヌ派の信者たちの行う修行をみずから実践なさったのです。ミツバチはさまざまの花からみつを集めてはじめて良いみつをつくります」

シュリー・ラーマクリシュナは、ナレーンドラにうたうことをお頼みになった。ナレーンドラはうたった。

おお、王たちの王、お姿を見せてください！
あなたのお慈悲をおねがいいたします。一べつをお与えください！
愛するあなたの御足のもとに、私はいのちをささげます、
この世なる炉の火に焼かれたわがいのちを。

私のハートは、ああ、ひどく罪に汚されている。
マーヤーのわなに捕らえられて、私は死んだも同然。
慈悲深い主よ、あなたのお恵みという
回生の甘露水で、
消え入ろうとするわが魂を生き返らせてください。

師「そしてあの、『在るものすべてはあなた』というのをうたっておくれ」

医師「ああ！」

歌は終わった。ドクター・サルカールは、呪縛《じゅばく》されたように、そこにすわっていた。しばらくすると、手を合わせて、非常にへりくだった様子でシュリー・ラーマクリシュナに言った、「ではおいとまするることをお許しください。あすまた伺います」

ドクター・サルカールはいとまをつげた。満月のあくる晩だった。シュリー・ラーマクリシュナは立ち上がり、サマーディにお入りになった。ニッテャゴパールが、敬虔な態度で師のかたわらに立った。

シュリー・ラーマクリシュナはおすわりになった。ニッテャゴパールは師の脚をさすっていた。デヴェンドラ、カリパダ、および大勢の信者たちがそばにすわっていた。

若い者たち数名が代わる代わる、泊まって看病をすることになった。Mも、ここで夜をすごすことにした。

一八八五年一〇月二五日　日曜日

Mがシャーンプクルに到着してシュリー・ラーマクリシュナに容体をたずねたのは、朝の六時半ごろだった。彼は、ドクター・サルカールのところに師の容体の報告に行く途中だった。師はMにおっしゃった、「明け方に口中が水気でいっぱいになってせきがでる、とドクターに話しておくれ。それから沐浴してもよいか、ともきいておくれ」

七時すぎにMはドクター・サルカールの家にきて、師の容体を報告した。医師の年老いた師匠と、二、三人の友人たちとが部屋にいた。ドクター・サルカールが彼の師匠に向かって言った、「先生、私は朝の三時から、パラマハンサ*のことを考えていました。少しも眠れませんでした。いまも、彼のことが心を離れません」

ドクターの友人の一人が彼に言った、「ある人びとはあのパラマハンサを神の化身と呼ぶときいております。あなたは彼に毎日お会いになるでしょう。そのことをどうお感じになりますか」

医師「私は、一個の人間としての彼に最高の敬意をささげています」

M（その友人に）「ドクター・サルカールが彼の手当てをしてくださるのはたいそうご親切なことで」

医師「親切ですって？　それはどういう意味ですか」

M「彼に対してではなく、私たちに対して、です」
医師「ねえ、パラマハンサのおかげで私が現実にどれほどの損失をこうむっているか、あなた方にはおわかりにならないでしょうよ。毎日、二人か三人の患者を診ることができずじまいになります。翌日自発的に彼らの家に行くのですが、招かれないのに診察するのですから、診察料を受けとるわけにはいきません。どうして料金を請求することなどができましょうか」
Mは、ドクターにシュリー・ラーマクリシュナを見舞うことを頼んで帰宅した。

午後三時ごろ、Mは師のところに行って、ドクター・サルカールと交わした会話をくり返した。
M「自分は朝の三時に目をさましてそれからずっと師のことを思いつづけていたと申しました。私が会ったのは八時でございました。彼は私に、『いまでもまだ、パラマハンサのことが心から離れない』と申しました」
師（笑いながら）「彼は英語を勉強しているからね。私は彼に、私を瞑想せよとすすめることはできないのだ。ところが彼は自分からすすんで、それとまったく同じことをしている」
M「彼はまたあなたのことを、『私は、一個の人間としての彼に最高の敬意をささげている』と申しました」

師「お前、そのほかに何か話したか」

M「私は彼に、『患者についてのきょうのご指示はどういうことでしょうか』とたずねました。すると彼は申しました、『指示だって？　えいくそっ！　私は行くまいと思ってもやはり、あそこに行かなければならないのだ。他に何を指示することなどがあろう』と。（シュリー・ラーマクリシュナ、お笑いになる）それからこうも申しました、『私が毎日いくらぐらいのお金を失っているか、あなた方にはわからないでしょう。毎日二軒か三軒の患家への往診に行きそこなっているのですよ』と」

部屋にはナレーンドラをはじめ大勢の信者たちがいた。ヴィジョイ・クリシュナ・ゴースワーミーが到着し、うやうやしく師の足のちりをとった。数人のブラーフモーの信者たちが彼といっしょにきた。シュリー・ラーマクリシュナは、その敬虔《けいけん》さと信仰深さのゆえに、彼を深く愛しておられた。ヴィジョイはブラーフモー・サマージとの関係をたち、ひとりで霊の修行をしていた。シュリー・ラーマクリシュナは、その敬虔さと信仰深さのゆえに、彼を深く愛しておられた。師の弟子ではなかったが、ヴィジョイは師を深く敬っていた。彼は長いあいだダッカに住んでいた。最近北部インドの多くの聖地を巡ってきていた。

マヒマー・チャクラヴァルティー（ヴィジョイに）「あなたは多くの聖地や新しい国々をまわってこられたのでしょう。どうぞ、ご見聞のいくつかを話してください」

ヴィジョイ「何を話すことがありましょう。私には、私たちがいますわっているここに、いっさいのものがあることがわかります。あんなふうにうろつき回ることは無益です。他の場所場所では、私はせいぜい、師の二か、五か、一〇か、二五パーセントを見ただけでした。ここでのみ、神の現れのまるまる一〇〇パーセントを見ることができます」

マヒマー「おっしゃるとおりです。また、私たちを歩き回らせたり、または一カ所にとどまらせたりなさるのは、彼（師のこと）なのです」

師（ナレーンドラに）「ヴィジョイの心がどんなに変わったか、まあ見てごらんよ。彼はまったくの別人だ。水分がすっかり煮つめられてしまった濃いミルクのようだ。ね、彼のくびやひたいによって、私には彼がパラマハンサであることがわかるよ。そうだ、私には、パラマハンサであることがわかる」

マヒマー（ヴィジョイに）「いまは召し上がりものが少なくおなりのように思われますが、そうではありませんか」

ヴィジョイ「たぶんそうでしょう。（師に）私はあなたのご病気のことをききましたので、お目にかかりにやってまいりました。それに、ダッカでは――」

師「ダッカがどうしたのか」

ヴィジョイは答えず、しばらく黙っていた。

ヴィジョイ「彼（師）がご自身をお示しにならないかぎり、彼を理解することはむずかしい。ここだけに、神の一〇〇パーセントの顕現があります」

師「ケダールがこのあいだ、『よそでは私たちはいっこうに食物が得られないが、ここでは満腹させていただける！』と言った」

マヒマー「満腹ですって？　胃袋からあふれるほどです」

ヴィジョイ（手を合わせて、師に）「私はいま、あなたがどなたでいらっしゃるかをさとりました。ご説明くださる必要はございません」

師（法悦状態で）「それなら、それでよろしい！」

「はい、私にはわかりました」と言いながら、ヴィジョイは師の前にひれ伏した。彼は師の両足をわが胸におしあててそれにしがみついた。師は、絵姿のように微動もせず、深いサマーディに入っておられた。信者たちはこの光景に圧倒された。ある人びとはむせび泣き、ある人びとは賛歌をとなえていた。すべての目が、シュリー・ラーマクリシュナにくぎづけにされていた。彼らは、各自の霊性の開発状態に応じて、さまざまの形で彼を眺めていた。ある人びとは一人の偉大な信仰者と見、ある人びとは一人の聖者と、そしてまたある人びとは神の化身と見たのである。
マヒマーチャランは目に涙を浮かべてうたった、「見よ、神の愛の権化を見よ!」
まるでブラフマンの片りんをかいま見て楽しんでいるかのように、ときおり、彼はうたった。

超越者、一者と多者とのかなたなる、
絶対の存在－知識－至福。

ナヴァゴパールは泣いていた。ブパティはうたった。

聖なるかなブラフマン、絶対者、無限者
量り知られぬ者!
いと高き者よりも高く、もっとも深い深淵《しんえん》よりも深い!
あなたは真理の光、愛の泉、至福のふるさと!
この多様な、喜ばしい姿形にみちた宇宙はただ、
あなたの無尽蔵の御心から生まれた妙《たえ》なる詩

その美は四方上下にあふれる。

おおあなた、偉大な、そして本源の詩人、あなたの
御心のリズムにのって、
日と月はさし昇り、そして西の空に沈む。
ちりばめられた宝石のように輝く星々は、
青空の広がりにあなたの御歌を書きつづる美しい文字。
六つの季節が移ろう年々は、幸多き大地と声を併せて、
時の終わりまであなたの栄光をうたう。

花々の色はあなたの最高の美をあらわし、
静寂な湖はあなたの深い平安を示す。
雷鳴は、あなたのおきての恐ろしさをわれらに語る。
じつに深いあなたの本質、愚かな心がどうしてそれを
認識し得よう。

疑いつつ、ユガからユガの終わりまであなたを
瞑想しつづける。
幾百万の日と月と星々が、おお、主よ、
歓喜にみちた畏怖《いふ》のうちにあなたの前に頭を下げる！

あなたの創造を目のあたりにして、男も女も
喜びに泣く、
神々も天使たちもあなたを礼拝する、おお、一切所に
満ちたまう存在よ！
おおあなた、善の泉よ、あなたをわれらに知らしめ
たまえ。
われらに信仰を与えたまえ、浄らかな愛と完全な平和を
与えたまえ。
そしてあなたの尊い御足のもとに、隠れることを
許したまえ！

長いことたってから、シュリー・ラーマクリシュナはこの世の意識をとり戻された。

師（Mに）「陶酔状態のなかで、私になにごとかが起こるのだ。いまは自分が恥ずかしいような気がする。その状態になると、まるで亡霊にのり移られでもしたかのように感じる。私は自分自身ではなくなるのだ。その状態から下りてくるときには、数を正しくかぞえることができない。しいて数えようとすると、『一つ、七つ、八つ』とか何とか言ってしまうのだ」

ナレーンドラ「あらゆるものは一つだからでしょう」

師「いや、それは一も二も超越しているのだよ」

マヒマー「そうです。仰せのとおりでございます。『それは一でもなければ二でもない』のです」

師「そこでは理性は衰滅してしまう。神は学問によってさとることはできない。彼は、ヴェーダやプラーナやタントラなどという聖典を超越しておられる」

会話がこのように進んでいるときに、ドクター・サルカールが部屋に入ってきて、席についた。彼は師に言った、「私はけさ三時に目をさまし、あなたが風邪をお引きになりはしないかと非常にご案じいたしました。おお、私は他にもいろいろと、あなたのことを考えました」

師「咳《せき》が出た、そしてのどがヒリヒリする。あけ方に、口中が水分でいっぱいになった。全身が痛んでいる」

医師「はい、そのことは全部、けさ伺いました」

マヒマーチャランが国内の各地を旅行したときのことを話し、セイロン（現スリランカ）では人が笑わないと言った。ドクター・サルカールが言った、「そうかもしれません。しかし私は、それは調べてみなければ」（みな笑う）

話題は転じて人生の務めのことになった。

師（医師に）「多くの人たちが、医者の仕事はたいそう高貴なものだと考えている。医者は、もし彼が慈悲心から、患者の苦しみに動かされて無料で彼らに手当てをしてやるなら、たしかに高貴な人だ。その場合には彼の働きは、たいそう心を高めるものだと言ってよいだろう。しかし医者がもし彼の職業を金のために行うなら、彼は残酷かつ無感覚になる」

医師「おっしゃるとおりです。医師がそのような精神で仕事をするのは確かに間違っております。しかし、私は、あなたの前では自慢したくはありません」

師「だが、医者が無私の精神で他人の福祉のために献身するなら、医業はたしかにたいそう高尚な仕事だ。

在家の人はたとえどのような職業についていても、ときどき、サードゥたちといっしょに暮らすことが必要だ。人はもし神を愛していれば、おのずから彼らとの交わりを求めるようになるものだ」

医師「きょうは歌はないのでございますか」

師（ナレーンドラに）「少しうたってくれないか」

ナレーンドラがうたった。

母《マー》よ、あなたの愛で私を狂気させてください。
何で私に、知識や推理がいりましょう。
私を酔わせてください、あなたの愛のうま酒で。
おお、信者のハートをお盗みになるあなた、
あなたの愛の海深く、私をおぼれさせてください。
ここ、あなたの気違い病院であるこの世で、
ある者は笑い、ある者は泣き、ある者は喜びに踊ります。
イエス、ブッダ、モーゼ、ガウラーンガ、
みな、あなたの愛のうま酒に酔っている。

おお、母よ、この恵まれた仲間に加わって、
私が祝福されるのはいつのことでしょう。

不思議な変化が、信者たちを襲った。全員が神聖な恍惚状態に入って、まるで狂ったようになった。パンディットは学識への誇りも忘れて立ち上がり、叫んだ。

母《マー》よ、あなたへの愛に狂わせてください！
知識も理性もいりません。

神に酔った状態にわれを忘れて、まず立ち上がったのはヴィジョイだった。それからシュリー・ラーマクリシュナが、苦痛のはげしい、致命的なご自分の病気のこともすっかり忘れて、立ち上がられた。彼の前にすわっていたドクターも、やはり立ち上がった。患者と医師の両方が、ナレーンドラの歌によってつくられた魔力に魅せられてわれを忘れていた。若いほうのナレンとラトゥとは深いサマーディに入った。部屋の空気は充電されたようになった。誰もが、神の現前を感じた。卓越した科学者であるドクター・サルカールは、この不思議な光景を前に息を

飲んで立ちつくした。彼は、サマーディに入った信者たちが外界に対して完全に無意識になっているのを見た。みなが微動もせず、その場にくぎづけになっていた。しばらくして、少しずつ相対の世界に下りてくると、ある者たちは笑い、ある者たちは泣いた。もし外部の誰かが部屋に入ってきたなら、大勢の酔っぱらいが集まっていると思ったことだろう。

少したつと、シュリー・ラーマクリシュナはふたたび話をおはじめになり、信者たちもそれぞれ席についた。夜の八時ごろだった。

師「神による恍惚状態がどういうものであるか、わかっただろう。あなたの『科学』はこれをどう説明するかね。単なるインチキだと思うか」

医師（師に）「こんなに大勢の人たちが経験されたのですから、これはまったく自然なものであると申し上げないわけにはいきません。インチキではあり得ません。（ナレーンドラに向かって）あなたが、

母《マー》よ、あなたへの愛に狂わせてください！
知識も理性もいりません。

と、うたったとき、私はほとんど、自分を抑えることができませんでした。もう少しでとび上がるところでした。やっとのことで感動をおし殺しました。『いや、感動をあらわにしてはいけないぞ』と自分に言ってきかせたのです」

師（微笑して、医師に）「あなたはスメール山のようにびくともせず、不動だ。たいそう深い魂だ。ゾウがもし小さな水たまりに入れば、そこらじゅうに水がはねるだろう。しかし、これが大きな湖にとび込んだ場合には、そういうことにはならない。人が気づきもしないだろう」

医師「しゃべることでは、誰もあなたにはかないません！」（大笑い）

会話は他のことに移った。シュリー・ラーマクリシュナは、ドッキネッショルで経験された法悦状態のことを医師に話しておきかせになった。師はまた、怒りや色欲やその他の感情を制御する方法も、彼に話しておきかせになった。

医師「あなたがあるとき、サマーディに入って無意識のまま地面に横たわっておられると、悪い男が長靴をはいた足でけったという話をききましたが」

師「Mからきいたのに違いない。その男はカーリーガートのカーリー寺院の説教師、チャンドラ・ハルダルだった。彼はよく、モトゥル・バーブのところにきていた。ある日、私は法悦状態に入って地面に横たわっていた。部屋は暗かった。チャンドラ・ハルダルは、私がモトゥルの愛顧を得るためにその状態を装っているのだと思ったのだ。部屋に入ってくると、長靴で数回私をけった。私の身体にはそれであざができた。誰もがそれをモトゥルに知らせたがったが、私はそれをとめた」

医師「これもやはり神の思し召しなのでしょう。こうして、あなたは人びとに、怒りを制してゆるしを実践するすべをお教えになったのです」

そのあいだに、ヴィジョイは他の信者たちと話をはじめていた。

ヴィジョイ「私は、まるで誰かがつねに、私といっしょに動いているかのように感じます。その人は私に、遠方で起こっていることまでも見せてくれるのです」

ナレーンドラ「守護の天使のように、ですね」

ヴィジョイ「私はダッカで、このお方(師)にお目にかかりました。おからだにふれることまでしました」

師(微笑して)「誰か他の人だったに違いない」

ナレーンドラ「私もやはり、たびたび、彼にお目にかかりました。(ヴィジョイに)あなたのお言葉は信じられない、などとどとても言うことはできません」

一八八五年一〇月二七日　火曜日

ドクター・サルカールがシャーンプクルの師の部屋にやってきて彼の脈をとり、必要な薬の処方をしたのは午後五時半だった。ナレーンドラ、ギリシュ、ドゥカリ博士、若いほうのナレン、ラカル、M、シャラト、およびシャム・ボシュを含む大勢の信者たちがいた。

ドクター・サルカールは師の病気について少しばかり話し、彼が薬の最初の一回分を召し上がるのを見まもっていた。それからシュリー・ラーマクリシュナは、シャム・ボシュに向かって話をおはじめになった。ドクター・サルカールは、「あなたはシャム・ボシュとお話をなさっておいでですから、私はさようならを申し上げましょう」と言って帰ろうとした。

師とある信者とが、医師に歌をききたいかとたずねた。

医師（師に）「ぜひききとうございます。しかし、音楽がはじまるとあなたはまるで子ヤギのようにはしゃぎまわり、むやみにとんだりはねたりなさいます。あなたは感動を抑えるようになさらないといけません」

ドクター・サルカールはもう一度席につき、ナレーンドラは、タンプラとムリダンガの伴奏にあわせて、あの美しい声でうたいはじめた。

深い闇の中に、おお母《マー》よ、あなたの無形の美が
ひらめく、
それゆえヨーギーたちは、山の暗い洞穴で瞑想する。
無辺際の闇のふところ、マハーニルヴァーナの
波にのって、
平和が、静かに、尽きることなく流れる。
空無の姿をとり、闇という長衣に包まれて、
あなたは誰ですか、母よ、サマーディの聖所に、
ひとりすわっておいでになる。
恐れを消す御足の蓮華から、あなたの愛の稲妻が
ひらめく。
恐ろしく、また声高な笑いとともに、あなたの霊の御顔が
輝きわたる！

ドクター・サルカールはMに言った、「この歌はこのお方には危険だ」と。シュリー・ラー

マクリシュナはMに、ドクターは何と言ったのか、とおたずねになった。Mは、「ドクターは、この歌はあなたの御心をサマーディに投げ込むだろうと心配しているのでございます」と答えた。

やがて、師は外界の意識をなかば失われた。医師を見ながら、手を合わせて、「いや、いや、なんでサマーディなどに入るものか」とおっしゃった。そう言い終るか終わらないかに、深い法悦状態にお入りになった。その身体は不動となり、ひとみは固定し、舌は動かなくなった。完全に外界の意識を失って、石に刻まれた像のようにそこにすわっておられた。その心もエゴも他のすべての知覚器官も、まったく内に向いてしまっていた。彼は、別の人格のように見えた。

ナレーンドラは、心魂のすべてを傾けてうたいつづけた。

なんという比類のない美しさ！　なんという魅惑的な御顔を、
私は見たことか！
わが魂の君主が、賤《いや》しいわが小屋にお入りになった、
わが愛の泉は、四方八方にあふれ出る。
おきかせください、わが愛しい御方よ！　おおあなた、

わがハートの主よ！
どんな宝を、あなたの蓮華の御足の前に置いたら
よいのでしょうか。
私の生命を、私の魂をおとりください。その上に何を、
さし上げることができましょう、
私のものは何もかもおとりください。お慈悲をもって
私のすべてをお受けください。

歌のなかばでシュリー・ラーマクリシュナは外界の意識をとり戻しておられた。ナレーンドラが歌を終わると、師はお話をつづけて、なみいる人びとすべてを魅了なさった。信者たちは驚嘆して彼の顔を見まもった。それは、この病気の激しい苦痛のかげさえも示してはいなかった。御顔は、神々しい歓喜に輝いていた。

医師に向かって、師はおっしゃった、「この偽の慎み深さをすてよ。神の御名をうたうのをなんで恥ずかしがることがあろう。ことわざに、『恥、憎しみ、または恐怖にさいなまれるようでは神はさとれない』と言っているのはまさにそのとおりだ。『私はこんな偉い男だ！ 神

の御名を叫んで踊ることなどができるか。そんなことをきいたら、他の偉い連中がなんと思うだろうか。ドクター、かわいそうな奴、ハリの名を口にしながら踊っていたぞ、などと言って私をあわれむだろう』というような、愚かな考えはすてなさい」

医師「他人の言うことなど、私はまったく気にいたしません。私は彼らの意見など、ちりほども気にかけはいたしません」

師「そうだ、私はあなたの、そういうことに対する強固な心持ちを知っている。（みな笑う）知識と無知とを超越せよ。そのときにはじめて神をさとることができるのだ。たくさんのことを知るということは無知だ。学識への誇りもやはり無知だ。神ひとりがすべての生きもののなかに宿っておいでになるという不動の確信がギャーナ、つまり知識である。彼をじかに知ることはヴィッギャーナ、もっと豊かな知識だ。神は、知識と無知の両方を超えたところにいらっしゃる」

シャム・ボシュ「師よ、両方のトゲを投げすてたあとには何が残るのでございますか」

師「『永遠にしてつねに浄らかな意識』だ。どうしたらそれをお前に説明してあげることができるだろう？ ある少女が友だちにたずねた、『友よ、あなたには夫がいらっしゃる。どのような楽しみを、彼とともにお楽しみになるのですか』と。するとその友が、『あなた、それは自分で夫をお持ちになればわかります。説明することはできません』と答えたという。

ブラフマンは何であるか、ということは言葉では説明できない。人は、サチダーナンダとの遊びと交流の喜びを言い現すことはできない。それを経験した者だけが知っているのだ」

ドクター・サルカールに向かって、シュリー・ラーマクリシュナはつづけられた、「これ！人はうぬぼれから解放されないかぎり、知識を得ることはできないのだよ。ことわざがあるだろう――

私はいつ解脱するのでしょうか、
その『私』がなくなったときに。

『私が』と『私のもの』――これが無知だ。『あなたが』と『あなたのもの』――これが知識だ。ほんとうの信仰者はこう言うのだ、『おお神よ、あなただけが行為者でいらっしゃいます。あなたひとりが、すべてのことをしていらっしゃるのです。私はただの道具です。私は、あなたがおさせになるとおりに行っているのです。これらすべてのものは――富も、財産も、いや、この宇宙そのものが――あなたの持ちものです。この家も、これら身内の者たちも、あなたおひとりのものであって私のものではありません。私はあなたの召し使いです。私のものと言えば、あなたのご命令にしたがってあなたにお仕えする権利だけです』と。

二、三冊の本を読んだからと言って、うぬぼれを追い払うことができるものではない。あるとき、私はカーリークリシュナ・タゴールと神について話し合った。即座に彼は言ったものだ、『私はそういうことは全部知っています』と。私は彼に言った、『デリーに行ったことのある人はそれを自慢するかね。紳士というものは、自分は紳士である、と人びとにふれてまわるかね』と」

シャム「しかし、カーリークリシュナ・タゴールは、あなたを非常に尊敬しております」

師「おお、うぬぼれはどれほど人間の頭を狂わせるものか！　ドッキネッショルの寺に一人の掃除婦がいた。また彼女の高慢なこと！　しかもそれはひとえに、身につけた少しばかりの装身具のせいだった。ある日数人の男たちが道で彼女を追い越そうとしたら、彼女はその男たちに向かって、『こら！　お前さんたち、そこをおのき！』とどなったのだ。掃除婦がそんなふうに話すことができるのであれば、他の人びとのうぬぼれについては何を言うことができよう」

シャム「師よ、もし神のみがすべてのことをなさるのなら、人が罪を犯すと罰せられるのはなぜでございますか」

師「なんと金細工師のような口をきくこと！」

ナレーンドラ「言いかえれば、シャム・バーブは精密なはかりで品物を量る金細工師のように、計算する心を持っておいでなのです」

師「これ、まあこの愚かな息子よ、まずマンゴーをたべて、そして幸せになるのだよ。お前のようにこの果樹園に木は何百株あるか、枝は何千本あるか、葉は何百万枚あるかなどという勘定ばかりしていて何になるか。お前はマンゴーをたべるためにこの果樹園にやってきたのだ。それをたべて、そして満足しなさい。

（シャムに）お前は、神を礼拝するためにこの世に人間として生まれてきたのだ。それだから、彼の蓮華の御足への愛をわがものとするように努めなさい。なぜそんなに苦労して、それ以外の百もの事柄を知ろうと努めるのだ？『哲学』を論じたところで何の得るところがあろう。ね、一オンスの酒でお前は十分に酔えるのだよ。居酒屋に何ガロンの酒があるかを知ろうなどと努めて、何の役に立つか」

医師「まったくそうでございます。それに、神の居酒屋にある酒は量ることができません。際限がありません」

師（シャムに）「神に委任状を渡してしまったらよいではないか。お前の責任を全部、彼にもっていただくのだ。もし、ある正直な男にお前の全責任を委ねるなら、彼がお前のためにその力を悪用するかね。神のみが、お前の罪を罰すべきかいなかをご存じなのだ」

医師「神だけが、ご自身のお心のなかをご存じです。どうして人間がそれを推察することなどできましょう。神は、われわれの計算をまったく超越しておいでです」

師（シャムに）「これがお前たちカルカッタの連中の決まり文句だ。神はある人を幸福にし、他の人を不幸にしていらっしゃるから、『彼は不公平という罪悪に汚されておいでだ』と言う。この悪漢ども、自分の内部に見えるものをそのまま神のなかにも見るのだ」

シャム「私たちは、幽体*についてさまざまのことをききます。それを見せることのできる人がいるものでしょうか。人が死ぬときにはこの幽体が粗大な体（肉体）を残して去って行くのである、ということを証明することのできる人がいるものでしょうか」

師「ほんとうの信仰者は、そんなことを人に示すことなどには全然興味をもっていない。お偉方の馬鹿者が自分を尊敬しようがすまいが、彼らがなんでそんなことを気にするものか。偉い人を自分の支配下におこうなどという願望は、彼らの心中には決して起こらないのだ」

シャム「粗大な体と幽体とはどうちがうのでしょうか」

師「五つの粗大な元素からできている体が、粗大な体と呼ばれるのだ。幽体は、心、エゴ、識別力、および心の実質から成り立っている。それから原因体というものもあって、人はその体によって神の至福を楽しみ、神と交流するのだ。タントラはそれを、バーガヴァティ・タヌゥ、つまり神の体と呼んでいる。これらすべての体を超越して、マハーカーラナ、つまり大原因がある。それは、言葉で言い現すことはできない。

ただ言葉をきくだけで何の役に立つか。人は、糸の商売に携わっているのでなければ、どうして四〇番手とか四一番手とかいうような番号の違う糸を見分けることができよう。糸の商売をしている人たちは、糸の特定の番号を言いあてることを少しもむずかしいとは思わない。それだからね、少し霊の修行をしなさい。そうすれば、粗大な体も幽体も原因体も、そして大原因も、これらすべてのことが分かるだろう。神に祈るときには、彼の蓮華の御足を愛することができますように、ということだけをお願いしなさい。

私は母なる神に愛だけをお願いした。彼女の蓮華の御足に花をお供えして、手を合わせてこう申し上げたのだ、『おお母よ、ここにあなたの無知があり、ここにあなたの知識があります。この両方ともをとり上げて、私にあなたへの純粋な愛だけをお授けください。ここにあなたの清らかさがあり、ここにあなたの不浄があります。この両方ともをとり上げて、私にあなたへの純粋な愛だけをお授けください。ここにあなたの徳があり、ここにあなたの罪があります。ここにあなたの善があり、ここにあなたの悪があります。これらのすべてをとり上げて、私にあなたへの純粋な愛だけをお授けください。ここにあなたのダルマがあり、ここにあなたのアダルマがあります。この両方ともをとり上げて、私にあなたへの純粋な愛だけをお授けください』と。

ダルマというのは、施しをするような、善い行為のことだ。もしダルマを認めるのなら、アダルマをも認めなければならない。もし徳を認めるなら、罪も認めなければならない。もし知識を認めるなら、無知も認めなければならない。もし清らかさを認めるなら、不浄も認めなければならない。それはちょうど、人が光を意識するのと同じことだ。その場合には彼は闇をも意識しているのだ。もし人が一を知っているなら、彼は多をも知っている。善を知っているなら悪をも知っている。

たとえブタ肉をたべていても、神の蓮華の御足を愛しつづけているならその人は幸いなるかな。しかしもし世間に執着しているなら、たとえ煮た野菜と穀物しかたべていなくてもその人は――」

医師「あさましい人間です。しかし、ここでちょっとおじゃまをしてあるお話をすることをお許しください。ブッダはあるときブタ肉をたべ、その結果として腹痛に悩まされました。この痛みを忘れるために彼はよくアヘンをとり、こうして無意識になったのでした。ニルヴァーナとこのような薬との意味をご存じですか。ブッダはアヘンを飲んだあとでよく無意識になりました。外界の意識を失うのです。これが、人びとがニルヴァーナと呼んでいるところのものなのです！」

ニルヴァーナのこの珍奇な解釈をきいてみなが笑った。会話はつづいた。

シャム「師よ、神智学《しんち》のことをどうお考えになりますか」

師「要するに、弟子づくりに奔走しているような連中はごく程度が低いのだ。ガンガーを歩いて渡ったり遠い国で誰かが話すことを言いあてたりするような通力を欲しがる連中も、やはり同様だ。このような人びとにとっては、神への純粋な愛を持つことはたいそうむずかしい」

シャム「でも神智学徒たちは、ヒンドゥの宗教を再興しようと努力してきました」

師「私は彼らのことはあまり知らない」

シャム「神智学では、魂が死後どこへ行くか、ということ——月界に行くか、星世界に行くか、またはもっと他の世界に行くか、ということ——を教えてくれます」

師「そうかもしれない、だが私自身の態度を話させておくれ。あるとき、ある人がハヌマーンに、『きょうの月齢は何日でしょうか』とたずねた。ハヌマーンはこれに答えて、『私は曜日とか月齢とか星の位置とかそのたぐいのことはまったく知らない。ラーマだけを思いつづけている』と言ったそうだ。これが私の態度でもあるのだ」

シャム「神智学徒たちは、マハートマーたちの存在を信じております。あなたもそれを、お信じになりますか」

師「もしお前が私の言葉を信じるなら、私はイエスと言うよ。だがいまはどうぞ、そのような問題は持ち出さないでおくれ。私がもう少し加減の良いときにまたおいで。もしお前が私を信じるなら、お前が心の平和を得るための、何らかの方法が見つけられるだろう。お前もお気づきだろうが、私はお金とか着物とかいう贈り物はいっさい受けとらない。私たちはここでは寄付を集めることもしない。それだからこんなに大勢の人たちがやってくるのだよ。（笑い）

（医師に）もしあなたが怒らないなら、ちょっと言うことがある。こういうことだ。あなたはもう、金や名誉や講演などというようなものにはあきあきしている。今度は数日間、心を神のほうに向けなさい。そしてときおり、ここにきなさい。神の話をきくことによって、霊的感情に火が点ぜられるだろう」

少したって、医師が暇をつげるべく立ち上がると、ギリシュ・チャンドラ・ゴーシュが部屋に入ってきて師の前にひれ伏した。ドクター・サルカールは彼を見て喜び、ふたたび席についた。

医師（ギリシュをさして）「もちろん彼は、私がここにいるあいだはこないつもりだったのでしょう。私が立ち去ろうとするやいなや、こうして部屋に入ってくる」

ギリシュとドクター・サルカールとは、後者が設立した科学協会について話しはじめた。

師「いつか私をそこにつれて行ってくれないか」

医師「もしあなたがあそこにおいでになったら、驚くべき神の御わざを目のあたりになさって完全に意識を失っておしまいになるでしょう」

師「おお、まさか！」

医師（ギリシュに）「何をなさってもかまわないが、どうぞ彼を神として拝むことはしないでください。あなたはこの善良な人の頭をおかしくしているのだ」

ギリシュ「私にそれ以外の何ができますか。おお、この世という大海を、もっと重大なことは、疑惑という大海をつれて渡ってくださった人を、どうしてそれ以外のものと見ることができましょうか。彼の内部には、私にとって神聖だと思えないものは一つもないのです」

医師「私には彼（シュリー・ラーマクリシュナ）の御足のちりをとることができないというのですか。ごらんなさい」

医師はシュリー・ラーマクリシュナに敬礼をし、師の足にひたいをあてた。
ギリシュ「おお、天使たちが言っている、『このめでたき瞬間に幸あれ、幸あれ!』と」
医師「人の足のちりをとるのを見てなんで驚くことがありますか。私は誰の足のちりだってとることができます。みなさん、私にみなさんの足のちりをください」
医師は信者たち全部の足にさわった。
ナレーンドラ（医師に）「私たちは彼（師）を、神のような人だと思っているのです。それがどういうことであるかおわかりですか。植物界と動物界とのあいだには、そこにある特定のものが植物であるか動物であるか、決めるのがたいそうむずかしいような一点があります。それと同様に、人間の世界と神の世界とのあいだには、そこに住む人格が人であるか神であるか、断言することが極めて困難な一つの段階があるのです」
医師「まあ、わが親愛なる若き友よ、神に関する事柄に類推を適用することはできない」
ナレーンドラ「私は彼は神であると言っているのではありません。私が言っているのは、彼は神のような人であるということです」
医師「このような事柄にあたっては感情を抑制しなければいけない。感情を発散させるのはよくない。ああ! 誰も私のこの気持ちを理解してはくれない。私の最良の友でさえ、私を頑固で冷酷な人間だと思っている。みなさんのような人たちでさえ、おそらくいつかは、私を靴でたたいて追い出すのでしょう」

師「そんなことを言うものではない！　この人たちはあなたを心から愛しているのだよ！　婚礼の部屋で花婿の到着を待ち受けている花嫁づきの少女たちのように、熱心にあなたのくるのを待っているのだ」

ギリシュ「誰もが、あなたをこの上なく尊敬しています」

医師「私の息子も、そして妻までもが、私を心のつめたい人間だと思っています。私の唯一のよくない点は、感情を外に表さないことでしょう」

ギリシュ「それでしたら、少なくとも友人たちへの同情心から、ご自分の心の扉を開かれるのがあなたにとって賢明なことでしょう。ごらんのとおり、そうでないとあなたの友だちはあなたを理解することができないのですから」

医師「私はあなた以上に情にもろいと言っても、あなたは信じるでしょうか。（ナレーンドラに向かって）私はひとりで涙を流すのです。

（シュリー・ラーマクリシュナに向かって）さて、あることを申し上げてもかまいませんか。法悦状態のときに、あなたは他人のからだに足をおのせになります。あれはよくございません」

師「あなたは、私があのときに自分が足で他人にさわっていることを知っている、と思うのか」

医師「あなたも、それは良くないことだと感じていらっしゃるのでしょう。そうではありませんか」

師「私がサマーディのなかで経験することを、どうしてあなたに説明することができようか。あの状態から下りてきたあとでは、ときどき、自分の病気はサマーディのせいかもしれないと思うのだ。要するに神を思うと私は狂気するのだ。このようなことすべては、私の神聖な狂気の結果だ。どうしてそれをとめることができよう」

医師「いまは彼も私の考えを認めておいでになる。ご自分のなさることに遺憾の意を表明しておられる。この行為は良くない、ということがわかっておいでになるのだ」

師（ナレーンドラに）「お前はたいそう賢い。お前が返答をしておくれよ。このことをすっかり、ドクターに説明してあげておくれ」

ギリシュ（医師に）「あなた、あなたは間違っておられるのですよ。師は、サマーディ中に信者たちの身体にふれたことに対して遺憾の意を表明しておられるのではありません。彼の身体は清浄で、いかなる罪にも汚されてはいらっしゃいません。このようなやり方で他者におふれになるのは、彼らの福祉のためなのです。ときには彼も、この病は彼らの罪を自分に引き受けたがために得たのかもしれないと思っていらっしゃいます。

あなたご自身の場合を考えてごらんなさい。いつか、あなたは腹痛に苦しみましたね。あのときあなたは、夜たいそう遅くまで起きて読書をしていたことを後悔なさったのではありませんでしたか。それだからといって、夜遅くまで読書すること自体が悪いことだと決めることができますか。彼もたぶん、ご自分のご病気を残念に思っておいででしょう。しかしそれだからといって、彼が、他者の福祉のために彼らにふれることは自分として間違った行為である、とお感じになるわけではないのです」

ドクター・サルカールはいくぶんかきまりが悪くなって、ギリシュに言った、「あなたに負けたことを告白します。あなたの足のちりをください」彼はギリシュに敬礼した。

医師（ナレーンドラに）「他の点についてはなんと言おうと、この人（ギリシュ）の知力だけは認めなければなりません」

ナレーンドラ(医師に)「あなたはこのことを、また別の観点からごらんになってもよいでしょう。あなたはご自分の健康や安楽をまったくかえりみずに、科学の研究にご自分の、生涯をささげることがおできになる。しかし神の科学は、すべての科学のなかのもっとも立派なものです。彼が神をさとるためにご自分の健康を賭《か》けられるのは当然ではないでしょうか」

医師「イエス、チャイタニヤ、ブッダ、およびモハメッドを含めてすべての宗教改革者は、最後にはうぬぼれにみたされました。彼らは全部、『私の言うことだけが心理だ』と言っています。なんと恐ろしいこと！」

ギリシュ（医師に）「ほら、あなた、あなたも同じ誤りを犯していらっしゃる。あなたは彼ら全部のうぬぼれを非難していらっしゃる。彼らをとがめていらっしゃる。まさにそのことによって、あなたもまたそのうぬぼれを非難されることになるのです」

ドクター・サルカールは黙っていた。

ナレーンドラ（医師に）「私たちは彼に、神への礼拝とほとんど同じような礼拝をささげるのです」

この言葉をきき、師は子供のようにお笑いになった。

一八八五年一〇月二九日　木曜日

Mが、シュリー・ラーマクリシュナの容体を報告するためにカルカッタ、シャーンカーリトラのドクター・サルカールの家に着いたのは、午前一〇時ごろだった。その後すぐ、ドクターの馬車に乗った。医師は多くの患家を訪れた。彼は、パートゥリアーガータにある、タゴール一族に属する一軒の家に入り、そこで家の主人に引きとめられた。馬車に戻ると、彼はMに話しはじめた。シュリー・ラーマクリシュナの病気のことや、どのような看護が必要であるかということなどを話した。

医師「あなた方は、彼をドッキネッショルに送り返すおつもりですか」

M「いいえ。そんなことをしたら信者たちがたいへんな不便をこうむるでしょう。師がカルカッタにいらっしゃれば、彼らはいつでもお訪ねすることができます」

医師「でも、ここではずいぶん費用がかかるでしょう」

M「信者たちは、そのことは意に介しておりません。彼らが欲しているのはただ、師に奉仕ができることだけです。費用のほうは、彼がカルカッタにお住みになってもドッキネッショルにおいでになっても、負担しなければならないのです。しかしもし彼がドッキネッショルにお帰りになったら、彼らはしじゅうはお見舞いすることができなくなり、それは彼らの大きな心痛のたねとなりましょう」

ドクター・サルカールとMとはシャーンプクルに着き、師が信者たちとともに自室にすわっておられるのを見た。ドクター・バドゥリもそこにいた。

ドクター・サルカールは師の脈をしらべ、容体をたずねた。会話は神のことに移った。

ドクター・バドゥリ「ほんとうのことを言いましょうか。このすべてのものは、夢のように非実在なのです」

ドクター・サルカール「あらゆるものが妄想なのですって？　ではこの妄想は誰のものなのですか。またなぜ、この妄想があるのですか。もしすべての人がそれを妄想と知っているのなら、なぜ彼らは語るのですか。私には、神は実在であって神の創造物は非実在である、などということは信じられません」

師「それは良い態度だ。神を主人と見、自分をその召し使いと見なすのが良いのだ。人が肉体を実際にあるものと感じているあいだは、彼が『私』と『お前』を意識しているあいだは、主人と召し使いという関係を保っているのがよろしい。『私は彼である』という考えを抱くのは良くない。

別の話をしようか。この部屋を、はしのほうから眺めても、あるいはまん中に立って眺めても、結局、同一の部屋を見ているのだよ」

ドクター・バドゥリ（ドクター・サルカールに）「私がいま言ったことは、ヴェーダーンタのなかにあることです。あなたは聖典を学ばなければいけない。そうすればおわかりになるでしょう」

ドクター・サルカール「なぜですか。彼（師）はこのすべての知恵を聖典を学ぶことによって獲得なさったというのですか。彼もまた、私の見解を支持していらっしゃいます。人は聖典を読まなければ賢くはなれないと言うのですか」

師「でも、私はどんなにたくさんの聖典をきいたことか」

ドクター・サルカール「人は、ただきいただけなら、意味をとり違えることもありましょう。あなたの場合には、それは単なる聴聞《ちょうもん》ではありません」

師（ドクター・サルカールに）「あなたは私のことを狂人だと言ったそうだね。それだから彼ら（Mその他の者たちをさして）があなたのところに行きたがらないのだ」

ドクター・サルカール（Mを見ながら）「なんで私が、あなた（師）を狂人だなどと申しましょう。ただあなたのうぬぼれのことを言ったのです。なぜあなたは、人びとにあなたの御足のちりをとることをお許しになるのですか」

M「それをさせていただけなかったら彼らは泣きます」

ドクター・サルカール「それは彼らの間違いだ。よく言いきかせておやりにならなければいけません」

M「彼らが彼の御足のちりをとることに、なぜ反対なさるのですか。神はすべての生きものに宿っておられるのではありませんか」

ドクター・サルカール「私はそのことに反対するのではありません。そうであればあなた方はすべての人の足のちりをとらなければならないのです」

M「しかし、ある人びとのなかには、他の人びとにおけるよりも大きな神の顕現があるのです。水はどこにでもありますが、湖や川や海の中にはより多くの水が見られるでしょう。あなたはファラデイに示すのと同等の敬意を、新米の理学士にもお示しになるでしょうか」

ドクター・サルカール「それには同意します。しかし、なぜあなた方はこのお方を神と呼ぶのですか」

M「なぜ私たちは互いに敬礼をするのですか。それぞれのハートのなかに神が宿っていらっしゃるからです。あなたはこの問題についてはあまりお考えになったことがないでしょう」

師（ドクター・サルカールに）「私はすでに、ある人びとは他の人びとよりも多く神を表しているとあなたに言っただろう。大地はある方法で、樹木は別の方法で、また鏡はさらに別の方法で太陽の光を反射している。鏡には他のものにおけるよりも優れた反射が見られるのだ」

ドクターは答えなかった。みなが沈黙していた。

師（ドクター・サルカールに）「ね、あなたはこれ（ご自分をさしておられる）に愛を感じている。

あなたは私に、私を愛していると言っただろう」

ドクター・サルカール「あなたはまるで子供のようなお方でいらっしゃいます。だからそのようなことを申し上げるのです。人びとがあなたの御足にふれて敬礼をしているのを見ると私は不愉快になります。私は心に思うのです、『こんな善良な人を、彼らは駄目にしている』と。ケシャブ・センもやはり、彼の信者たちによってそのような具合に毒されました。まあ私の言うことをおききください――」

師「あなたの言うことをきくのだって？　あなたは欲ばりで好色的で、そしてうぬぼれ屋だよ」

ドクター・バドゥリ（ドクター・サルカールに）「それはつまり、あなたはジーヴァ、肉体を持つ存在、の特徴をそなえておいでだということなのです。色欲、自己中心性、富へのどん欲および名声へのあこがれ――これらがジーヴァの特徴です。肉体を持つ存在はみな、これらの特徴を持っているのです」

ドクター・サルカール（師に）「あなたがそのようにおっしゃるのなら、私はのどを拝見しただけでおいとまするとにしましょう。たぶん、それがあなたのお望みなのでしょう。それであれば、私たちは他のことは話すべきではありません。しかしもしあなたが議論をお望みになるなら、その場合には私は自分が正しいと思うことを申しましょう」

みなが黙っていた。

師（ドクター・サルカールに）「ギーターやバーガヴァタやヴェーダーンタを読んでみよ。こういうこと全部がわかるだろう。神が彼の被造物のなかにいらっしゃらない、などということがあるか」

ドクター・サルカール「特定のもののなかにおられるのではありません。一切所におられるのです。そして、一切所におられるのだから、探し求めることはできません」

会話は他のことに移った。シュリー・ラーマクリシュナはつねに、この医師が病気を重らせるだろうと言っている、法悦ムードを経験しておられた。ドクター・サルカールは彼に言った、「あなたはご自分の感動をお抑えにならないといけません。私の感情までも、非常にかき立てられます。私はあなたよりもっと激しく踊れそうだ」

若いほうのナレン（微笑して）「その感動がもう少し深まったら、あなたどうなさいますか」

ドクター・サルカール「私の抑制力も同時にふえます」

師とM「いまはそんなことを言っていても！」

M「もし法悦ムードにお入りになったら何をなさるだろうか、ご自分で言うことがおできになるのですか」

会話はお金のことに移った。

師（ドクター・サルカールに）「私は金のことはまったく考えない。あなたもそのことはよく知っている。そうではないか。これは見せかけではない」

ドクター・サルカール「あなたのことは申し上げるまでもないこと——私だって金の欲は持っておりませんよ！ 私の銭箱はあけっ放しで置いてあります」

師「ジャドゥ・マリックもやはり、ぼんやりしている。食事をとっているときに、ときどき、その食物の善しあしがわからないほど、うわの空になることがあるのだ。誰かが、『それを召し上がりなさるな。味がよくありません』と言うと、ジャドゥは『えっ？ これは良くないのか？ おや、そうだ！』と言うのだよ」

師は、神に心を集中しているために起こる放心状態と、世俗の思いに没頭しているために起こる放心とのあいだには、大海のような差があると、ほのめかしておられたのだろうか。

ドクター・サルカールをさして、師はほほ笑みながら信者たちにおっしゃった、「ものが煮えると、それは軟らかになる。最初彼はたいそう堅かった。いまは、中のほうから軟らかになりつつある」

ドクター・サルカール「ものが煮えれば外側から軟らかになりはじめます。残念ながら、私は今生ではそうはなるまいと思います」（みな笑う）

ドクター・サルカールはいとまをつげようとしていた。彼はシュリー・ラーマクリシュナに話しかけていた。

ドクター・サルカール「人びとがあなたの御足にふれてごあいさつをするのを、とめることはおできになりませんか」

師「すべての人が不可分のサチダーナンダを理解することができるかね」

ドクター・サルカール「でもあなたは、何が正しいかを人びとにお教えになるべきではありませんか」

師「人びとはさまざまの好みを持っている。それに、すべての人が霊的生活に対して同一の適合性を持っているわけではない」

ドクター・サルカール「それはどういうことで？」

師「好みにどれほどの違いがあるものか、知らないかね。ある人びとは魚のカレーを好む。ある人びとは魚のフライを、ある人びとは酢漬けを、そしてまたある人びとは栄養分豊かな魚ピラフを好むだろう。それからまた、適合性の差もある。私は人びとに、最初にはバナナの木を射ることを、つぎにランプの芯を、そしてそれから飛ぶ鳥を射ることを学ぶようすすめるのだ」

夕暮れであった。シュリー・ラーマクリシュナは、神の黙想に没入なさった。しばらくのあいだ、彼は苦痛の激しいご自分のご病気のことをすっかり忘れておられた。数名の内輪の弟子たちがそばにすわり、そのお姿を一心に見つめていた。長いことたって、彼は外界にお気づきになり、ささやき声でMにおっしゃった、「ね、私の心は不可分のブラフマンに完全に融合したのだよ。そのあとで、私はさまざまのものを見た。私は、あのドクターは霊的にめざめるであろう、ということを知った。だが、それにはいくらかの時が必要だ。私は、彼に多くを説きかせる必要はないだろう。私はそのムードのなかでもう一人の人物を見た。私の心は私に向かって、『彼をも引きつけておけ』と言った。その人のことはあとで話してあげよう」

一八八五年一〇月三〇日　金曜日

一〇時半ごろにMはドクター・サルカールの家に着いた。彼は二階に上がっていって、応接間につづくポーチにおいてある椅子にすわった。ドクター・サルカールの前には、数尾の金魚を入れたガラス鉢が置いてあった。ときどき、ドクター・サルカールはカルダモンの殻を鉢に投げ入れてやった。彼はまたスズメにも、小麦粉をまるめた粒を投げ与えた。Mは彼を見つめていた。

医師（微笑してMに）「ね、この金魚たちは、神を見つめる信者たちのように私を見つめているのですよ。私が水の中に投げてやった餌のほうは見向きもしません。だから私は言うのです、単なるバクティだけでは何にもならないと。知識も必要なのです」

ドクター・サルカールとMとは客間に入った。周囲は全部、書物のいっぱいつまった棚だった。医師はしばらく休んだ。Mは書物を見た。彼はキャノン・ファラーの「イエスの生涯」をとって数ページを読んだ。ドクター・サルカールはMに向かって、ホメオパティの最初の病院が、大きな反対を冒してどのようにスタートしたかを話した。彼はMに一八七六年の「カルカッタ医学ジャーナル」にのっている、そのことに関係した手紙を読んでみよとすすめた。ドクター・サルカールはホメオパティにたいそう身を入れていた。

Mは他の書物、マンガーの「新しい神学」をとりあげた。ドクター・サルカールはそれに目をとめた。

医師「マンガーは、みごとな論法と推理から結論を引き出しています。あなた方が、チャイタンニャとかブッダとかイエス・キリストとかいう人たちがそう言ったから、というだけであることを信じているのとはちがいますよ」

M（笑って）「そうです。チャイタンニャやブッダを信じてはいけません。でもマンガーは信じなければなりません！」

医師「何とでもおっしゃい」

M「私たちは、自分に権威を与えるために誰かを引きあいに出さなければなりません。マンガーはそれなのです」（ドクター笑う）

ドクター・サルカールはMを伴って自分の馬車に乗った。馬車はシャーンプクルに向かった。真昼だった。二人は雑談をした。会話は、やはりときどき師をたずねてきていた、ドクター・バドゥリのことに移った。

M（微笑して）バドゥリはあなたのことを、あなたはもう一度、石やレンガの塊からすっかりやり直しをなさらなければいけない、と言っていました」

医師「それはどういうこと？」

M「あなたがマハートマーや幽体やそのたぐいのことをお信じにならないからです。おそらくバドゥリは神智学徒なのでしょう。それに、あなたは神の化身をお信じになりません。ですから彼は、あなたをひやかして、このたび死なれたときには決して人間には再生なさるまいと言うのです。人間などは思いもよらぬこと、鳥や獣にさえも、いや木や草にさえもお生まれにはなるまい。石やレンガの塊から出直さなければなるまい。それから、じつに多くの生を重ねた後に、ようやく人間の身体をおとりになるかもしれない、と」

医師「これはたいへんだ！」

M「バドゥリはさらに、あなたは自然科学の知識はうその知識だと言っていました。このような知識はつかの間の知識だと。彼は一つのたとえ話を持ち出しました。二つの井戸があるとします。一つは水を地下の水脈から得ている。もう一つは、そのような水脈につながってはおらず、雨水がたまっているのである。第二の井戸の水は長くはつづかない。あなたの科学知識は雨水のようなものだ。干上がってしまうと」

ドクター・サルカール（笑って）「なるほど！」

馬車はコーンウォリス街に着いた。ドクター・サルカールはドクター・プラタープ・マズンダーをひろった。プラタープは前の日にシュリー・ラーマクリシュナを訪れたのだった。彼らは間もなくシャーンプクルに着いた。

シュリー・ラーマクリシュナは、数名の信者たちとともに二階の自室にすわっておられた。プラタープはドクター・バドゥリの女婿だった。シュリー・ラーマクリシュナは、プラタープに向かって彼の義父のことをほめてお話になった。

師（プラタープに）「ああ、彼はじつに立派な人物になったものだ！　神を瞑想し、行いは精進を守っている。その上に、神の二つの相を認めている――人格的と超人格的と」

師（ドクター・サルカールに）「ドクター・バドゥリがあなたについて言ったことを知っているか。あなたはこれらのことを信じないものだから、つぎの周期には地上生活を石かレンガの塊から始めなければなるまい、と言ったのだ」（みな笑う）

ドクター・サルカール（微笑して）「かりに石かレンガの塊から始めて何回も生まれ変わった後に人間の身体を得るとしても、この場所に戻ってくるやいなや、またもう一度石かレンガの塊から始めなければならないことになるのでしょう」（ドクターも他の一同も笑う）

会話は、ご病気にもかかわらず起こる師の法悦のことに移った。

プラタープ「きのうは、あなたが法悦状態でおいでのところを拝見いたしました」

師「あれはひとりでに起こったのだ。だがあまり強くはなかった」

ドクター・サルカール「恍惚状態と会話とは、いまはあなたにはおよろしくありません」

師（ドクター・サルカールに）「私はきのう、サマーディのなかであなたを見た。あなたが知識の宝庫であることがわかった。しかしそれは全部干からびた知識だ。あなたは神の至福を味わったことがない。（プラタープに、ドクター・サルカールのことを）もし彼が少しでも神の至福を味わえば、高きも低きも、いっさいのものがそれで満たされていることがわかるはずだ。そうすれば彼は、自分の言うことは何もかも正しくて他人の言うことは間違っている、などとは言わなくなるだろう。鋭い、強い、とがった言葉は口にしなくなるだろう」

信者たちは黙っていた。

突然、シュリー・ラーマクリシュナは霊的ムードに入り、ドクター・サルカールにおっしゃった、「マヒンドラ・バーブよ、お金に関するあなたのこの狂気は何だ？　なぜそんなに妻に執着するのか。なぜそんなに名声を求めるのか。もうそんなものは全部すててしまえ。そして全霊魂を傾けた信仰をもって、心を神に向けなさい。神の至福を楽しみなさい」

ドクター・サルカールは、一語も発せずじっとすわっていた。信者たちもまた、黙したままだった。

師「ナングターがよく私に、ギャーニがどのように瞑想するかを話した。いたるところ、上も下もあらゆる層が水で満たされている。人は魚のように、その水の中を喜々として泳いでいるのだ。真の瞑想のなかでは、実際にこのすべてが見られるだろう。

ギャーニの瞑想のもう一つの方法を知っているか。無限のアーカーシャと、喜びにみちて翼を広げつつその中を飛んでいる一羽の鳥を考えてごらん。チダーカーシャがある、そしてアートマンがその鳥にあたるのだ。鳥はかごの中に閉じ込められているのではない。チダーカーシャの中を飛んでいるのだ。その喜びにはかぎりがない」

信者たちは、瞑想に関するこれらの話に非常に熱心にきき入っていた。しばらくたってから、プラタープがふたたび会話を始めた。

プラタープ（ドクター・サルカールに）「人は真剣に考えれば確実に、いっさいのものをただの影と見ます」

ドクター・サルカール「もし影のことを言うなら、そこに三つのものが必要です。太陽と、物体と、そして影とです。物体なしに、どうして影があり得ましょう。しかもあなたは、神は実在であって被造物は非実在だと言う。私は、被造物もやはり実在であると言います」

プラタープ「結構です。鏡の中に映像を見るように、心という鏡の中にこの宇宙を見るのです」

ドクター・サルカール「しかし、対象がないのに、どうして映像があり得ましょうか」

ナレーンドラ「知れたこと、神が対象です」

ドクター・サルカールは黙っていた。

師（ドクター・サルカールに）「あなたはたいそうよいことを言った。いままで誰ひとり、サマーディは心が神に合一した結果であることは言わなかった。あなただけがそのことを言った。

シヴァナートは、神のことを思いすぎると正気を失うと言った。言いかえれば、人は宇宙意識を瞑想すると意識を失うと言うのだ。考えても見よ！　その性質が意識そのものであって、その意識が世界に意識を与えているのだという、その彼を瞑想したために無意識になるなんて！

そしてあなた方の『科学』は何を言っているか。これがこれと結合するとあれを生むとか、あれはあれと結合してこれを生むとか。そんなことを考えるほうが――物質的なことにかかわりすぎるほうが――よほどやすやすと、人は意識を失うことになるのだ」

ドクター・サルカール「それらのもののなかに神を見ることができるのです」

M「もしそうなら、人は人のなかにもっとはっきりと神を見、偉大な魂のなかにはさらに一段とよく神を見るでしょう。偉大な魂のなかには、より大きな神の現れがあります」

ドクター・サルカール「そうです、人のなかに、確かに」

師「ちょっと想像してみるがよい。神を瞑想することによって意識を失うとは！　神の意識によって、生なき物質さえもが意識があるように見え、手足や身体が動くのに！　人びとは、身体はそれ自身で動くものだと言っている。それは彼らが、身体を動かしておられるのは神である、ということを知らないからだ。湯が手をやけどさせると人々は言う。だが水は決して手をやけどさせることはできない。やけどをさせるのは水の中の熱、つまり水の中にある火だ。人は、感覚器官はその働きをそれらみずからの力で行っているのだと言う。その性質がすなわち意識であるところの彼が内に宿っておられることだ。それを知らないのだ」

ドクター・サルカールは立ち上がった。いとまをつげようとしていた。シュリー・ラーマクリシュナもお立ちになった。

ドクター・サルカール「人びとは危機に直面すると神に呼びかけるのです。彼らが『おお主よ！　あなた様！　あなた様！』と言うのは決してただの冗談ではありません。あなたはご自分ののどのお悩みのゆえに神の話をなさるのだ」

師「私には話すことは一つもない」

ドクター・サルカール「なぜですか。私たちは神のひざの上に横たわっているのです。彼に気兼ねは感じません。自分のご病気のことなど、彼に話さないで誰に話しましょう」

師「あなたの言うとおりだ。私もときおり、彼にそのことをお話ししようとするのだが、うまくいかないのだ」

ドクター・サルカールは去った。Mはシュリー・ラーマクリシュナのそばにすわって、ドクター・サルカールの家で行った会話をくり返した。
M「彼はさらにこう申しました、『チャイタンニャとかブッダとかキリストのような人びとがそう言ったから、というだけであることを信じなければならないものだろうか。それは正しいことではあるまい』と」
師「彼はずっとここ（ご自分をさす）のことを考えている。彼の信仰は深まりつつある。うぬぼれを完全にすて去ることなどはできるものではない。あれほどの学識！　あれほどの名声！　そしてまたたくさんの金を持っているのだもの。しかし彼は、私の言うことに軽蔑は示さない」

一八八五年一〇月三一日　土曜日

午前一一時ごろだった。シュリー・ラーマクリシュナは、信者たちとともに自室にすわっておられた。彼は、ミスラというキリスト教徒の信者と話をしておられた。ミスラはインド北西部に住むあるクリスチャンの家庭に生まれ、クエーカー派に属していた。三五歳だった。洋服を着てはいたが、その下にサンニャーシーの黄土色の衣をまとっていた。彼の兄弟のなかの二人の、その一人が結婚することになっていた日に死んだ。彼はその日に世をすてたのだった。

ミスラ「『生きとし生けるものの内に宿りたまうは、ラーマ御一方《ひとかた》なり』」

シュリー・ラーマクリシュナは、若いほうのナレンに向かって、ミスラにきこえるようにおっしゃった、「ラーマはお一人だが、彼は一〇〇〇もの名前を持っていらっしゃる。クリスチャンから『ゴッド』と呼ばれていらっしゃるお方が、ヒンドゥからはラーマとかクリシュナとかイーシュワラとか、その他さまざまの名前で呼ばれておられるのだ」

ミスラ「イエスはマリアの息子ではありません。彼は神そのものです。（信者たちに向かって）いまこのお方は（シュリー・ラーマクリシュナをさして）みなさんがごらんになるとおりのお方です――同時に、神そのものでもあられるのです。みなさんはこのお方を認識することができにならない。私は、いまは肉眼で直接見ていますけれど、前に彼をヴィジョンのなかで見ました」

師「お前はヴィジョンを見るのか」

ミスラ「師よ、家で暮らしていたころでも、私はよく光を見ました。そのころ、イエスのヴィジョンを見ました。その美しさは、どうしたら言い表すことができましょう。あの美しさに比べたら女の美しさなどなんとつまらないことか！」

しばらくすると、ミスラはズボンをぬいで、下に着ている黄土色の腰布を信者たちに見せた。

間もなく、シュリー・ラーマクリシュナはポーチに出られた。部屋に戻ると、彼は信者たちにおっしゃった、「私は彼（ミスラ）が、雄々しい姿勢で立っているのを見た」このように言いながら、彼はサマーディにお入りになった。彼は、西を向いて立っておられた。

なかば意識をとり戻すと、彼はミスラをじっと見つめて笑われた。まだ恍惚としたムードのなかで彼と握手をし、またお笑いになった。彼の手をとって、「お前は、いま求めているものを獲得するだろう」とおっしゃった。

ミスラ（手を合わせて）「あの日いらい、私は自分の心も魂も肉体も、あなたにささげております」

シュリー・ラーマクリシュナはなお恍惚としたムードのなかで笑っておられた。

ドクター・サルカールが到着した。彼の姿を見ると、シュリー・ラーマクリシュナはサマーディにお入りになった。法悦のムードがやや弱まると、彼はおっしゃった、「まず神に酔いしれる至福で、それからサチダーナンダ、つまり原因の原因、の至福だ」

医師「そうです」

師「私は無意識なのではないよ」

医師は、師が神の至福に酔いしれておられるのを、理解した。それゆえ、彼は言った、「そうでございますとも！ 完全にさめておいでです」

シュリー・ラーマクリシュナは微笑し、そしておっしゃった。

私は並の酒は飲まない、永遠の至福の酒を飲む、
母カーリーの御名《みな》をくり返しつつ。
それは私を強く酔わせるので、
人は私が酔っぱらったと思う！

この言葉をきくと、医師もまたほとんどわれを忘れた。シュリー・ラーマクリシュナはふたたび深い霊的ムードに入られ、医師のひざの上に片足をお置きになった。数分後に外界の意識をとり戻し、足を引っ込められた。彼は医師におっしゃった、「ああ、あなたはこのあいだ、なんというすばらしいことを言ったものだろう！『私たちは神のひざの上に横たわっているのです。彼に申し上げないで、自分の病気のことなど誰に話しましょう』と。もし私が祈らなければならないなら、確かに、彼にお祈りするだろう」シュリー・ラーマクリシュナがこのよ

うにおっしゃったとき、彼の目には涙があふれた。ふたたび彼は法悦状態に入られ、医師におっしゃった、「あなたは非常に純粋だ。そうでなければ私は、あなたのひざに足をのせることはできなかっただろう」さらにつづけて、こうおっしゃった、『『ラーマの至福を味わいたる者のみ、平和をわがものとなす』だ。この世界がなんだ。そこに何があるというのだ。金とか富とか、名誉とか安楽な生活などのなかに何があると言うのだ。『おお心よ、ラーマをこそ知れ！他の何者をか知るべき』』

一八八五年一一月六日　金曜日

シュリー・ラーマクリシュナの理想神*である母なる神の祭礼、すなわちカーリー・プージャーの日だった。朝の九時ごろ、師は新しい布をまとって、シャーンプクルの仮住居の、二階の南の部屋に立っておられた。彼はMに、カルカッタ市の中央部のタンタニアーにあるシッデシュワリ寺院に花や青いココナッツや砂糖や菓子などを聖なる母にささげて参拝してくるよう、お命じになった。Mはガンガーで沐浴してから参詣《さんけい》し、はだしでシャーンプクルまで帰ってきた。彼はプラサードを持って帰ってきたのである。シュリー・ラーマクリシュナは靴をぬぐと、非常にうやうやしい態度でプラサードの少量をたべ、少量を頭上におのせになった。

シュリー・ラーマクリシュナは、Mといっしょに部屋の中を行きつ戻りつしておられた。彼は上ぐつをはいておられた。苦痛の甚だしいご病気にもかかわらず、そのお顔は歓喜に輝いていた。

師「それに、この歌もたいそうよい、『この世は幻影の枠組み』」

M「さようでございます」

突然、シュリー・ラーマクリシュナはハッとなさった。彼は上ぐつをぬぎ、その場にじっとお立ちになった。深いサマーディに入っておられた。この日は、母なる神の祭礼の日だった。頻繁《ひんぱん》にサマーディにお入りになったのはそのせいだったのだろうか。長いことたってから、彼はためいきをつき、やっとのことで、というように感動を抑制なさった。

それは一〇時ごろだった。シュリー・ラーマクリシュナは、まくらによりかかって寝台の上にすわっておられた。信者たちは彼のまわりにすわっていた。ラーム、ラカル、ニランジャン、カリパダ、M、および他に大勢がいた。

シュリー・ラーマクリシュナはMにおっしゃった、「カーリー・プージャーの日だ。何か、おまつりのための設けをするがよかろう。どうぞ信者たちにそのことを話しておくれ」

Mは客間に行って、信者たちに師のおっしゃったことをつげた。カリパダをはじめとする人びとが、準備に忙しく働いた。

新月の暗い夜である。七時に、信者たちは二階のシュリー・ラーマクリシュナの部屋に、カーリー礼拝の準備を整える。花、白檀香《びゃくだんこう》、ベルの葉、赤いハイビスカス、米のプディングおよびさまざまの菓子と、その他の礼拝用の品々とが、師の前におかれる。信者たちは、彼の周囲にすわっている。大勢のなかには、シャラト、シャシ、ラーム、ギリシュ、チュニラル、M、ラカル、ニランジャン、および若いほうのナレンがいる。

シュリー・ラーマクリシュナは、一人の信者に香を持ってくることをお命じになる。数分後に、彼はすべての品物を母なる神におささげになる。Mは彼のすぐそばにすわっている。Mを見て、彼は信者たちに、「しばらく瞑想をせよ」とおっしゃる。信者たちは目を閉じる。

やがて、ギリシュが、シュリー・ラーマクリシュナの足もとに花輪をささげる。Mは花と白檀香とをささげる。ラカル、ラーム、および他の信者たちもそれにならう。

ニランジャンは、シュリー・ラーマクリシュナの足もとに一輪の花をささげて、「ブラフママイー！　ブラフママイー！」と叫び、頭を師の足につけて彼の前にひれ伏す。信者たちはいっせいに、「ジャイ・マー！」「母《マー》よ、万歳！」と叫ぶ。

たちまち、シュリー・ラーマクリシュナは深いサマーディにお入りになる。まさにこの信者たちの目の前で、師の内に驚くべき変容が起こる。その御顔は、天上の光をおびて輝く。両の手は、信者たちに恵みを授け、平安を約束する形で高くあげられる。母なる神の御像に見られる姿である。身体は不動、彼は外界の意識は持っておられない。北に向いてすわっておいでになる。宇宙の母なる神が、彼の身体をかりてみずからを現しておられるのだろうか。信者たちは驚きに言葉を忘れ、シュリー・ラーマクリシュナを凝視する。彼らの目には、母なる神みずからの権化と見えるのだ。

信者たちは賛歌をうたいはじめる。なかの一人が先導をつとめると、あとの全員がこれに唱和する。

徐々に、シュリー・ラーマクリシュナは外界の意識にお戻りになった。彼は信者たちに、「お母シャーマよ、神聖な酔いに酔いしれていらっしゃる」をうたってくれとお頼みになった。彼らはうたった。

この歌が終わったとき、シュリー・ラーマクリシュナは信者たちに、「シヴァとたわむれる私の母を見よ」をうたってくれとお頼みになった。信者たちはうたった。

シュリー・ラーマクリシュナは、信者たちを喜ばせるために少量のプディングを味わわれたが、すぐに深い法悦状態に入っておしまいになった。

数分後に、信者たちはシュリー・ラーマクリシュナの前にひれ伏して、客間のほうに行った。そこで彼らはプラサードをいただいた。

それは夜の九時だった。シュリー・ラーマクリシュナは信者たちに伝言をおよこしになり、スレンドラの家に行ってカーリーの礼拝に加わるようお頼みになった。

彼らはシムラー街のスレンドラの家につき、非常に丁重に迎えられた。スレンドラは彼らを、二階の客間に案内した。家は祝祭の気分にみたされ、信者たちの歌と音楽によってまさに喜びの市が出現した。師の愛弟子であるスレンドラが提供した豪華な祝宴を楽しんだ後、彼らが家路についたのは、夜もかなりふけてからのことだった。

第一一章　コシポルにおける師

一八八五年一二月二三日　水曜日

一二月一一日金曜日、シュリー・ラーマクリシュナは、カルカッタの郊外コシポルにある一軒の美しい家にお移りになった。家は、約五エーカー（約一五〇〇メートル四方）の土地を占めて果樹や花の木がいっぱい植えられている、庭園の中に建っていた。ここで、師の生涯は最後の幕を閉じたのである。

コシポルにおいて、彼は倍加されたエネルギーをもって、ずっと前にドッキネッショルではじめになった霊的教化の仕事の、完成に努力をなさった。肉体の生命が終わりに近づいていることをさとられると、ご自分の霊性の至宝を惜しげもなくすべての人にお与えになった。まるで、自分の果物を市場に持ってきて、初めは値段に注文をつけていたが日没が近づいて市が終わりそうになると相手かまわずに品物をふりまいてしまう、あの果物売りのようだった。ここで弟子たちは、彼の霊性の力の、最大の現れを目撃したのだった。ここで彼らは、「私は去る前にすべてのことを公開するであろう」とか、「大勢の人びとがやってきてこの身の偉大さを知り、そのことをささやき合うころには、母《マー》がそれをおとり戻しになるだろう」とか、「終わりのころには信者たちは、内輪の者たちと外部の者たちとにふるい分けられるだろう」などという、ご自分の最後に関する彼の予言が成就するのを見た。ここで彼は、ナレーンドラナートをリーダーとする若い弟子たちの一団がやがては世を放棄し、神の自覚と人類への奉仕にみずからささげるであろうことを、予言なさったのである。

若い信者たちは、シュリー・ラーマクリシュナの看護をするためにこの別荘に泊まり込んでいた。大部分の者たちがときどき各自の家を訪れてはいたけれど——。在家の者たちはほとんど毎日、お見舞いにやってきた。そしてそのなかのある者たちは、しばしばここに泊まった。

一二月二三日の朝、シュリー・ラーマクリシュナは、信者たちへのご自分の愛をとめどもなくお示しになった。カリパダの胸に手をふれて、「お前の内なる霊性よ、めざめよ!」とおっしゃった。カリパダのあごを愛情こめてなで、「真剣に、神にお願いしたり毎日のお勤めを行じたりしてきた人は誰でも、必ずここにくるだろう」とおっしゃった。朝のうちに、二人の婦人が彼の特別の祝福を受けた。サマーディの状態で、彼が足で彼らのハートにおふれになったのた。彼女たちは歓喜の涙を流した。その一人は泣きながら、「なんとご親切な！」と、彼に申し上げた。この日、彼の愛はほんとうにあらゆるせきを切ってあふれた。シンティのゴパールを祝福してやりたいとお思いになって、一人の信者に、「ゴパールをここにつれておいで」とおっしゃった。

夕方であった。シュリー・ラーマクリシュナは、宇宙の母の黙想に没入しておられた。しばらくすると、彼は信者たちのなかの何人かと、非常に静かに話をおはじめになった。カーリー、チュニラル、M、ナヴァゴパール、シャシ、ニランジャン、およびその他数名がそこにいた。

師「さて、この病気が治るまでにはどのくらいかかるか、お前にわかるか」

M「ご病気は少し進んだようですから、いくらか日数がかかりますでしょう」

師「どのくらい?」

M「おそらく、五カ月から六カ月」

これをきくと、シュリー・ラーマクリシュナは子供のように、イライラなさって、「そんなに長いこと? それはどういう意味だ?」とおっしゃった。

M「師よ、完全にお治りになるまでには、という意味でございます」

師「おおそうか! 安心した。ある一つのことを説明してもらえるかね。これほど多くのヴィジョン、これほどの法悦やサマーディを経験しているにもかかわらず、こんな重い病気にかかるのはどういうわけなのだろうか」

M「あなたのお苦しみはもちろん大きゅうございます。しかしそれは深い意味を持っております」

師「それは何か」

M「あなたの御心に、一つの変化が起こっております。御心が、神の形のない面のほうに向けられようとしております。あなたの『知識のエゴ』さえもが、消えようとしております」

師「それはほんとうだ。私の他者を教えることは、もう終わろうとしているのだ。私はもはや教えることができない。私にはあらゆるものがラーマ御自身と見えるのだ。そしてときどき、『誰に教えたらいいのだろうか』と思うのだ。ね、私が貸家に住んでいるものだからさまざまの種類の信者たちがここにやってくるだろう。シャシャダル*かクリシュナプラサンナ・セン*などのように、私の講義を知らせる『看板』などを掲げるようなことにならなければよいが、と思うよ」（師とM、笑う）

M「このご病気にはまだもう一つの目的がございます。これはお弟子たちの最後のふるい分けでございます。この数日間に、信者たちは五年間のタパッスヤーによってもさとり得なかったであろうほどのものを獲得いたしました。彼らの愛と帰依心とは一足とびに深まりつつあるのでございます」

師「それはほんとうだろう。でもニランジャンは家に帰ってしまった。（ニランジャンに）お前はどのように感じているのか、どうぞ話しておくれ」

ニランジャン「いままでもたしかにあなたを愛しておりました。しかしいまは、私はあなたなしに生きることは不可能でございます」

M「ある日、私はこれらの若い人たちがどれほど偉大であるかということに気がつきました」

師「どこで？」

M「師よ、ある日私はあのシャーンプクルの家の片隅に立って、信者たちをじっと見ておりました。私は、彼らの一人ひとりが、ほとんど打ちかつことができないほどの障害をのりこえてここにやってき、あなたにお仕えすることに身を投じていることを、はっきりと見たのでございます」

この言葉をきいておられるうちに、彼は放心状態におなりになった。少しのあいだ黙っておられたが、やがてサマーディにお入りになった。

外界の意識をとり戻すと、Mにこうおっしゃった、「私は、いっさいのものが形から無形へと移って行くのを見た。見たもの全部のことをお前に話してあげたいのだが、とてもできない。さて、無形のものに向かって行く私のこの傾向は、私の死が近づきつつあるしるしにほかならない。そうではないか」

Ｍ（いぶかりつつ）「そうかも」

師「いまでも、無形不可分のサチダーナンダを見ているのだ――ちょうどそのような……………しかしやっとのことで感情を抑えているのだ。

弟子たちのふるい分けについてお前の言ったことは正しいよ。この病気は、誰が内輪の仲間に属し、誰が外部の仲間に属するかを示してくれている。世間をすててここに住んでいる者たちは内輪の仲間に属し、ときどきやってきて、『師よ、お具合はいかがで』とたずねる者たちは外部の仲間に属しているのだ。

（Ｍに）神がその信者たちのために人の形をおとりになるときには、彼の信者たちのなかから大勢の者がお供をしてこの地上にやってくる。そのなかのある者たちは内輪の仲間に属し、ある者たちは外部の仲間に属し、そしてある者たちは、化身の身辺の必要品の供給者となるのだ。

私は一〇歳か一一歳のときに、ヴィシャーラークシーの聖堂に行こうと牧場を横切っている途中で、最初の法悦状態の一つを経験した。なんというヴィジョンだったことか！　私は完全に外界の意識を失った。

母なる神がある日カーリー聖堂で私に、『お前は、アクシャラになりたいか』とおたずねになったのは、私が二二歳か三歳のときだった。私はその御言葉の意味を知らなかったのでハラダリにたずねた。彼は、『クシャラはジーヴァ、つまり生きもののこと、アクシャラはパラマートマン、つまり至高の霊のことです』と言った。

カーリー聖堂の夕拝の時刻になると、私はクティの屋根に登って、叫んだものだ、『おお信者たちよ、みなどこにいるのか。早くきてくれよ！　私は世俗的な人びととのつきあいで死にそうなのだ！』と。こういうことすべてを『イギリス人*』たちに話すと、彼らは、それは全部私の心の幻想だと言った。『たぶん、そうだろう』と自分に言ってきかせて、私は落ちついた。だがいまやそれは全部実現しつつある。信者たちがやってきつつあるのだ。

母なる神はまたヴィジョンのなかで、私に必要品を供給してくれる五人の人をお見せになった。第一はモトゥル・バーブ、そして第二は、そのときにはまだ会ったことのなかったシャンブー・マリックだった。私はふちなし帽子をかぶった色の白い男のヴィジョンを見た。そして何日もたってから、はじめてシャンブーに会ったときにあのヴィジョンを思い出した。自分があの恍惚状態のなかで見たのはこの人だったとさとった。私はまだ、その他三人の物資供給者は見いだしていない。しかし彼らはみな、色の白い人たちだった。スレンドラがそのなかの一人のように見える。

あるヴィジョンのなかで、私はシャシとシャラトとがキリストの信奉者たちのなかにいたのを見た。

パンチャヴァティのバンニャンの木の下で、私は一人の子供のヴィジョンを見た。フリダイは、『それではあなたに息子が生まれるのでしょう』と言った。私は彼に、『しかし、私はすべての女を母と見ている。どうして息子を持つことなどができよう』と言った。その子供がラカルなのだ。

ヴィジョイはこの姿(彼自身)のヴィジョンを見た。お前それをどう説明するかね。ヴィジョイは私に、『いまあなたにさわっているのとまったく同じように、それに手をふれました』と言った。

あるヴィジョンで、私は最後に近いころには、毎日プディングで生命をつながなければならないであろうことが示された。この病気になってからある日、妻が私にプディングをたべさせていた。私は泣き出して、『これが、私の最後に近いころにはプディングで生命をつなぐ、ということなのだろうか、しかもこんなに痛い思いをして』と言ったものだ」

一八八六年一月四日　月曜日

黒月の一四日だった。午後四時、シュリー・ラーマクリシュナは自室にすわっておられた。彼はMに、ドッキネッショルのカーリー寺院からラーム・チャタージーがお見舞いにきたとおっしゃった。寺院の境内は非常に寒いのではないかとMにおたずねになった。

ナレーンドラが到着した。ときどき、師は彼を眺めては微笑なさった。Mにはその日、彼のこの愛弟子《まなでし》への愛は量りしれぬもののように見えた。彼はMに向かって身ぶりで、ナレーンドラは泣いていたのだよ、とお示しになった。それから、しばらくじっとしておられた。また身ぶりで、ナレーンドラは家からここまでくる道中ずっと泣いていたのだ、とお示しになった。

誰もものを言わなかった。ナレーンドラが沈黙を破った。

ナレーンドラ「私は、きょうはあそこに行こうと考えてまいりました」

師「どこに？」

ナレーンドラ「ドッキネッショルにです。ベルの木の下で火をたいて瞑想しようと思います」

師「いや、火薬庫の役人がそれは許さないだろう。パンチャヴァティはよい場所だ。多くのサードゥたちがあそこでジャパや瞑想をした。だがあそこはたいそう寒い。それにあの場所は暗くもある」

また、ひととき、みなは黙ってすわっていた。

師（ナレーンドラに、微笑して）「勉強をつづけるつもりはないのか」

ナレーンドラ（師とMとを見ながら）「いままでに学んだことを、全部忘れさせてくれるような薬がもし見つかったら、私はさぞホッとすることでしょう」

やはり部屋の中にいた年長のゴパールが言った、「私がナレーンドラについてまいります」と。

カリパダ・ゴーシュが、シュリー・ラーマクリシュナにと、ブドウを一箱持ってきていた。それは師のそばにおいてあった。師はいくらかをナレーンドラに与え、残りを、信者たちが拾うように床の上におまきになった。

夕方だった。ナレーンドラは階下の一室にすわっていた。彼はタバコを吸いながら、Mに、自分の魂のあこがれを説明していた。他には誰もいなかった。

ナレーンドラ「私はこの土曜日にここで瞑想していたのですが、そのときに突然、ハートに奇妙な感じを経験しました」

M「それはクンダリニーの目ざめだったのです」

ナレーンドラ「おそらくそうだったのでしょう。イダーとピンガラーの神経をはっきりと知覚しました。それでハズラに、胸にさわってみてくれるよう頼みました。きのう、私は二階で彼（師）にお目にかかって、そのことをお話しました。私は申し上げたのです、『他の人たちは全部、それぞれにさとりを得ました。私にもどうぞ何かをください。みなが成功したというのに、私だけが満たされないままでいるのでございますか』と」

M「彼は何とおっしゃいましたか」

ナレーンドラ「こうおっしゃいました、『お前はまず、家庭の問題を片づけなければいけないよ。それができてからおいで。何でもあげよう。何が欲しいのかね』と。私は、『三日間か四日間つづけてサマーディにひたりきりでいたい、というのが念願でございます。少量の食物をとりにほんのときたま感覚世界に下りてくるだけで』とお答えしました。すると彼がおっしゃるには、『お前は随分心の小さい人間だね。そんなことよりもっと高い境地があるのだよ。「在りと在る、すべてのものはおん身」――この歌をうたうのはお前ではないか』と」

M「そうです。彼はつねに、サマーディから下りてくると、この宇宙、生きもの、および存在するすべてのものになっておられるのは神ご自身である、ということが見えるとおっしゃいます。イーシュワラ・コーティーたちだけが、そのような境地に達することができるのです。普通の人間は、サマーディに入ることができるのがせいいっぱい、その状態から下りてくることはできません」

ナレーンドラ「彼（師）はおっしゃいました、『家庭の問題を片づけてからおいで。お前はサマーディよりも高い境地に到達するだろう』と。私はけさ家に帰りました。家の者たちは、『なぜ浮浪者のようにうろつきまわっているのか。法律試験も追っているのに少しも勉強には身を入れない。あてもなくさまよい歩いて』と言っておこりました」

M「母君は何かおっしゃいましたか」

ナレーンドラ「いいえ、彼女はただ、私にものをたべさせることに一生懸命でした。私にシカの肉をくれました。私は少しだけたべました。肉はたべたくなかったのですけれど」

M「そしてそれから？」

ナレーンドラ「私は祖母のところにある自分の書斎に行きました。ものを読もうと努力していますと、まるで、勉強するのが非常に恐ろしいことでもあるかのような、つよい恐怖心にとらえられました。私のハートは、内部で苦闘しました。私はワッと泣き出しました。生まれてからまだ、あんなに激しく泣いたことはありませんでした。私は書物をすてて逃げ出しました。街々を走りぬけました。靴は足から脱げてしまいましたが、どこで脱げたのかわかりませんでした。干し草の山を走りぬけたので、全身に干し草をかぶりました。私はこうして、コシポルまでの道を走りつづけたのです」

ナレーンドラは数分間沈黙していたが、やがて話をつづけた。

ナレーンドラ「ヴィヴェーカチューダーマニ*を読んでから、私は非常に気落ちしているのです。そのなかでシャンカラーチャーリヤは、莫大《ばくだい》なタパッスヤーと幸運とによってはじめて、これらの三つのもの、つまり人間に生まれること、解脱への願望、および偉大な魂の加護は得られるのだ、と言っています。私は思いました、『私は間違いなく、この三つを全部得ているのだ。大きなタパッスヤーの結果として人間と生まれた。大きなタパッスヤーによってまた、解脱への願望を抱いている。そして大きなタパッスヤーにより、こんなにも偉大な魂の知遇を得たのだ』と」

M「ああ!」

ナレーンドラ「私はもはや、世間には心を引かれません。世間に生きる人びとと交わっても、楽しいとは思いません。もちろん、一、二の信者たちとの場合は別ですが」

ナレーンドラはふたたび沈黙した。強烈な放棄の火が、彼の内部で燃えていた。彼の魂は、神のヴィジョンを求めて落ちつかないのだった。彼はまた話をはじめた。

ナレーンドラ（Mに）「あなたは平安を得ていらっしゃる。だが私の魂は落ちつかないのです。あなたはほんとうに恵まれていらっしゃる」

Mは答えず、黙ってすわっていた。彼は心中に思った、「シュリー・ラーマクリシュナは、人は神に恋いこがれなければだめだ、それではじめて、神の御姿を見ることもできるとおっしゃった」

日が暮れるとすぐ、Mは二階に行った。シュリー・ラーマクリシュナは眠っておられた。

夜の九時ごろだった。ニランジャンとシャシとが、師のそばにすわっていた。彼は目をさましておられた。ときどき、ナレーンドラのことをお話になった。

師「ナレーンドラの心境のなんとすばらしいことか！　ね、ほかでもないこのナレーンドラが、神の姿というものを信じなかったのだよ。それがいまはあんなにも、神を恋い慕っているではないか！

魂がこのように神を恋いこがれるなら、神のヴィジョンを得るのはそう遠いことではないと思ってよろしい。東の地平線のバラ色は、間もなく太陽が昇ることを示しているのだ」

この日、シュリー・ラーマクリシュナのご病気は一段と悪かった。非常な苦痛にもかかわらず、彼はナレーンドラについてさまざまのことをお話になった。おおかたは身ぶりによって、ではあったが。

夜、ナレーンドラはドッキネッショルに向かって出かけた。新月の夜だからたいそう暗かった。一、二の信者たちが彼について行った。Mはコシポル・ガーデンに泊まった。彼は、サンニャーシーたちの集まりのなかにすわっている夢を見た。

一八八六年三月一四日　日曜日

シュリー・ラーマクリシュナは、階上の大きな部屋に北を向いてすわっておられた。夕方だった。彼のご病気はたいそう悪かった。ナレーンドラとラカルとが、静かに足をマッサージしていた。Mはそばにすわっていた。師は手まねで、彼も足をなでよ、とお命じになった。Mは命にしたがった。

その前の日曜日に信者たちは、礼拝と祈りとでシュリー・ラーマクリシュナの誕生祝いを行った。その前の年の彼の誕生日は、ドッキネッショルで盛大に祝われたのだった。しかしこの年は、彼のご病気のために信者たちは悲しみに満ちており、お祭り気分はまったくなかった。

ホーリー・マザーは師への奉仕に日夜忙しくしておられた。若い弟子たちのなかで、ナレーンドラ、ラカル、ニランジャン、シャラト、シャシ、バーブラーム、ヨーギン、ラトゥおよびカーリーはこの別荘に泊まり込んでいた。年長の信者たちは毎日来訪し、そのなかのある者たちはしばしばそこで夜を過ごした。

その日、シュリー・ラーマクリシュナは非常にお悪かった。真夜中、月の光が庭にあふれていたが、信者たちのハートには何の反響もよび起こさなかった。彼らは悲しみの海におぼれていた。彼らは、まるで自分たちが、敵軍に包囲された美しい都市に住んでいるかのように感じていた。いたるところ、完全な沈黙が支配していた。南風による木々の静かな葉ずれの音を除き、自然は静寂であった。シュリー・ラーマクリシュナは、目をさまして横たわっておられた。一、二の信者たちが、黙って近くにすわっていた。ときどき、彼はうとうとなさるようだった。

Mは、おそばにすわっていた。シュリー・ラーマクリシュナは手まねで、もっと近寄れとお命じになった。彼の苦しみのご様子を見ることは耐えがたかった。非常に低い声で、しかもようやくのことで、彼はMにおっしゃった、「お前たちみなを泣かせるのがいやさに、こんなに苦しみつづけてきたのだよ。もしお前たちみなが、『おお、こんなに苦しんで！　もう肉体は死んだらよい』と言うなら、私は肉体をすててもよいのだ」

この言葉は信者たちの胸を刺し貫いた。しかも彼らの父であり、母であり、そして保護者でもある彼がこうおっしゃったのだ！　彼らに何を言うことができるだろう。みなは黙ってすわっていた。ある者たちは思った、「これは信者たちのための肉体の犠牲――もう一つの十字架であろうか」と。

真夜中だった。シュリー・ラーマクリシュナのご病気は、一段と悪化しつつあった。信者たちは、どうしたら良かろうかと迷った。一人がカルカッタに向かった。ちょうどその夜、ギリシュが二人の医師、ウペンドラおよびナヴァゴパールをつれて別荘にきた。

信者たちは師のそばにすわった。彼は少し気分がよくなられ、彼らにおっしゃった、「病気は肉体のものだ。それはなるようになるのだ。肉体は五元素でできている、ということが私には見えている」

ギリシュのほうを向いて、彼はおっしゃった、「私は、神のさまざまの御姿を見ている。それらのなかには、これ（ご自分の姿をさす）も入っているのだ」

一八八六年三月一五日　月曜日

朝七時、師は少し気分が良くなられた。彼はささやいたり、手まねをしたりして信者たちにお話をなさった。ナレーンドラ、ラカル、ラトゥ、M、シンティのゴパール、および他の人びとが部屋にいた。彼らは、前夜の師のお苦しみを思って言葉もなくすわり、沈痛な面持ちだった。

師（信者たちに）「私がたったいま何を見ているか、お前たちにわかるか。これらすべてのものになっておられるのは神ご自身である、ということを見ているのだ。私には、人びとやその他の生きものは皮でできており、これらの皮のケースの中に宿っていて手や足や頭を動かしておられるのは、神ご自身であると思われるのだ。前にも一度、同様のヴィジョンを見た。家々も庭も道路も人びとも家畜も――すべてが一つの実質でできているのを見た。まるで全部がロウでできているかのようだった。

私には、犠牲供養の首切り台と執行人と犠牲動物とになっておられるのは、神ご自身であると見える」

この、唯一実在のなかですべてのものは一つだということの完全な自覚である、肝をつぶすような経験を語りながら、彼は感動に圧倒されて、「ああ！　なんたるヴィジョン！」とお叫びになる。

ただちに、シュリー・ラーマクリシュナはサマーディにお入りになる。完全に、ご自分の肉体のことも外界のこともお忘れになる。信者たちは困惑する。なすすべを知らず、彼らはじっとすわっている。

やがて師は、なかばこの世の意識をとり戻しておっしゃる、「いまはまったく痛みを感じない。私はまた昔の私になっている」

信者たちは、この、快苦も禍福も超越した師の状態を見つめ、驚嘆している。

彼は、ラトゥをチラと見ておっしゃる、「そこにロトがいる。彼はひたいにてのひらをあてて、うつむいている。私にはそれは、ご自分の手の上にご自分の頭をのせていらっしゃる神ご自身と見えるのだ」

シュリー・ラーマクリシュナは信者たちをごらんになり、彼の信者たちへの愛は無数の流れとなってふき出す。子供たちをやさしくいたわる母親のように、彼はラカルとナレーンドラの顔やあごをおさわりになる。

数分後に、彼はMにおっしゃる、「もしこのからだがあと数日間もってくれたとしたら、大勢の人びとの霊性がめざめることだろうに」

彼は数分間、間をおおきになる。

「しかしこれはあり得ないことだ。このたびは、このからだはもつまい」

信者たちは一心に、師のつぎの言葉を待ち受ける。

「そういうことは神の思し召しではないのだ。このたびはこの身体はもたないだろう、私がまっ正直で愚かなのを知って人びとが私を利用するようなことがあってはならないし、私も、まっ正直で愚かなために、相手かまわず何もかも与えてしまうようなことをしたら、よくないからね。このカリユガでは、ねえ、人びとは瞑想やジャパを嫌っているのだよ」

ラカル（やさしく）「もう少しのあいだお身体をもたせてくださるよう、どうぞ神にお願いしてくださいませ」

師「それは神の思し召し次第だ」

ナレーンドラ「あなたの思し召しと神の思し召しとは一致していますでしょう」

シュリー・ラーマクリシュナは黙っていらっしゃる。彼は何かを考えておられるようだ。

師（ナレーンドラ、ラカル、その他に向かって）「また、もし私が神にお話しても、なにごとも起こりはしないだろう。いまはもう、私と母《マー》とは一つになっているのがわかるのだ」

信者たちは黙って部屋の中にすわっている。シュリー・ラーマクリシュナは、やさしく彼らを見ておられる。やがて彼は、手をご自分のハートのあたりにお置きになる。そして話そうとなさる。

師（ナレーンドラおよび他の者たちに）「このなかには、二人の人がいるのだ。一人は、母なる神――」

彼は少し間をお置きになる。信者たちは、つぎに何とおっしゃるかと、かたずをのんで見つめる。

師「そうだ、一人は彼女だ。そしてもう一人は、彼女の信者である。いつか腕を痛めたその信者である。いま病気をしているその信者である。お前たちわかるか」

信者たちは、ひと言もものを言わずにすわっている。

師「ああ！　誰に向かって、こういうことを話したらいいのだろう。誰がわかってくれるのだろう」

少し間をおいて、彼はおっしゃる、「神は人、つまりアヴァターにおなりになる。そして、彼の信者たちとともに地上においでになる。そしてその信者たちは、彼とともにこの世を去るのだ」

ラカル「ですから私たちは、あなたが私たちを残して行っておしまいになどならぬよう、祈っているのです」

シュリー・ラーマクリシュナは微笑しておっしゃる、「吟遊詩人の一団が突然現れ、踊り、うたい、そしてきたときと同じように突然いなくなる。彼らはきて、そして帰って行くのだが、彼らがどこの誰であるのか、誰も知らない」

師も信者たちも微笑する。

数分後に、彼はおっしゃる、「人間の身体を持っているあいだは、苦痛は避けられない。ときおり、私は心に思うのだ、『この地上には二度と戻ってこないですむように！』と。だが別の何かがある。外でぜいたくなごちそうを楽しんだあとでは、うちのお総菜料理はうまいとは思わないものだ。それに、人間の身体をとるということは、信者たちのためなのだ」

シュリー・ラーマクリシュナは、ナレーンドラを非常にやさしい目でごらんになる。

師（ナレーンドラに）「一人の不可触賤民が、肉の包みを運んでいた。シャンカラーチャーリヤが、ガンガーでの沐浴を終えてそこを通っていた。突然、その賤民が彼にさわった。シャンカラは厳しく、『なんと！　お前は私にさわったぞ！』と言った。すると彼が答えたという、『だんなさま、私はあなたにさわりませんでしたし、あなたも私におさわりになりません。私といっしょにお考えください。あなたは肉体ですか、心ですか、あるいはブッディですか。ご自分が何であるか、分析してください。あなたは純粋なアートマンでいらっしゃる、無執着で自由で、サットワ、ラジャス、およびタマスという、三つのグナにも影響されてはいらっしゃらないのです』と。

ブラフマンはどんなものだか、知っているか。それは空気のようなものだ。よい匂いや悪い匂いが空気によって運ばれるが、空気自体は何の影響も受けてはいない」

ナレーンドラ「そうでございます」

師「彼は、グナとマーヤーを超越している——『知識のマーヤー』と『無知のマーヤー』の両方を超越している。『女と金』は、『無知のマーヤー』だ。知識、放棄、信仰、およびその他の霊的な諸性質は、『知識のマーヤー』の輝きだ。シャンカラーチャーリヤはこの『知識のマーヤー』を持ちつづけていた。そして、お前やここにいる連中が私のことを心配してくれるのも、やはりこの『知識のマーヤー』のせいだ」

ナレーンドラ「ある人びとは私が放棄のことを言い出すと怒《おこ》るのです」

師（ささやいて）「放棄は必要だよ。（ご自分の手足をさして）もしある物がもう一つの物の上に置いてあったら、もう一つのものをとるためにはそれを除かなければいけないだろう。第一の物を動かさないで第二のものをとることができるか」

ナレーンドラ「ほんとうにそうでございます」

師（ささやき声で、ナレーンドラに）「人がいっさいのものが神だけで満たされているのを見るとき、その人が何か他のものを見るか」

ナレーンドラ「世間は除かなければいけませんか」

師「いま言ったばかりではないか、『人がいっさいのものが神だけで満たされているのを見るとき、その人が何か他のものを見るか』と。そのときに彼に、世間というようなものが見えるかね。

私は精神的な放棄のことを言っているのだよ。ここにきている連中のなかには、一人として世俗的な人間はいない。ある者たちは、かすかな欲望——たとえば、女への気まぐれ——を持っていた。（ラカルとM、微笑する）そしてその欲望はもう満たされた」

師はやさしくナレーンドラを見て、愛情でいっぱいにおなりになる。信者たちを見て、「立派だ！」とおっしゃる。ナレーンドラが微笑しつつ、師におたずねする、「何が立派なのですか」

師（微笑して）「崇高な放棄への準備が進行しつつあることがわかるのだ」

ナレーンドラおよび信者たちは黙って師を見つめる。ラカルが会話をつづける。

ラカル（微笑して、師に）「ナレーンドラはいまは、あなたを非常によく理解しはじめております」

シュリー・ラーマクリシュナは笑って、そしておっしゃる、「そうだ、たしかにそうだ。私には、他の連中もみな理解しはじめているということがわかる。（Mに）そうではないか」

M「さようでございます」

シュリー・ラーマクリシュナはナレーンドラとMとに目を向け、指先で合図をして信者たちの注意を彼らのほうにお引きになる。彼はまずナレーンドラを、そしてつぎにMをおさしになる。ラカルは師のヒントを理解し、微笑して彼に申し上げる、「ナレーンドラは英雄の態度を、そして彼（M）は神の侍女の態度を持している、とおっしゃるのではございませんか」

シュリー・ラーマクリシュナはお笑いになる。

ナレーンドラ（微笑しつつ、ラカルに）「彼（M）はあまり話さないし、内気だ。それだから君は、彼は神の侍女だと言うのか」

師（微笑しつつ、ナレーンドラに）「さて、お前、私のことはどう思うか」

ナレーンドラ「あなたは英雄でいらっしゃるし、神の侍女でいらっしゃるし、その他いっさいのものでいらっしゃいます」

この言葉は、シュリー・ラーマクリシュナを神聖な感動で満たす。彼はご自分のハートのあたりに手を置き、何かを言おうとなさる。ナレーンドラおよびその他の信者たちにこうおっしゃる。

「私には、すべてのもの――存在するあらゆるもの――はここから出ているということがわかるのだ」

彼は、手まねでナレーンドラにおたずねになる、「お前は何を理解したか」と。ナレーンドラ「すべての被造物はあなたから生まれました」

師の顔は歓喜に輝く。彼はラカルにおっしゃる、「彼の言ったことをきいたか」

シュリー・ラーマクリシュナはナレーンドラに、うたってくれとお頼みになる。ナレーンドラはある賛歌を吟じる。彼の心は放棄の念にみちている。彼はうたう。

蓮の花びらにたまる水ははかない、
人の生命のはかないように。
サードゥとともにあるひとときは、
この世の海を渡らせてくれる舟だ……

ナレーンドラが一、二行うたい終るか終わらないときに、シュリー・ラーマクリシュナは合図とともに彼におっしゃる、「何をうたっているのだ。それはじつにつまらない態度、じつにありふれたものだ」

今度はナレーンドラは、クリシュナの侍女の一人の口をかりた、彼への愛の歌をうたう。

おお友よ、生と死のおきてのなんと不思議なこと！
ブラジャの若者（クリシュナ）は逃げて行ってしまった、
ブラジャのこの哀れな乙女は、じきに死ぬでしょう。
マーダヴァ（クリシュナ）は、私よりも美しい
他の乙女たちを愛している。
ああ！ 彼は、牧人の素朴な娘を忘れてしまった。

彼、あんなにやさしくあんなに神々しい愛人が、
簡単に外見の魅力の乞食になるだろうとは、
愛する友よ、誰が想像したでしょう。
それを予見できなかった私は、馬鹿でした。
しかし彼の美しさに夢中になり、
彼の両足をわが胸に抱くことだけにあこがれたのです。

いまは私は、ジャムナーの流れに身を投げるか、
友よ、またはひといきに毒薬をのみましょう。
それともつる草でくびを絞めるか、
それとも若いタマーラの木にぶらさがるか、
それとも、これらのすべてに失敗したら、
クリシュナの御名をとなえることによって、私の
惨めな自己を、滅ぼしましょう。

シュリー・ラーマクリシュナと信者たちは、この歌に深く感動する。師とラカルとは、愛の涙を流す。ナレーンドラは、恋人シュリー・クリシュナへの、ブラジャのゴーピーたちの愛に酔って、さらにうたう。

おおクリシュナ！　愛しいお方よ！　あなたは私のもの。
あなたになんと申し上げたらよいのか、おお主よ！
あなたにいったい、何を申し上げたらよいのでしょう。

私は一介のただの女、
運命の寵児《ちょうじ》でもありません。
何を申し上げるべきか、知らないのです。

手にとってはあなたは鏡、
そして髪にとってはあなたは花。
おお友よ、私はあなたを花にして、
私の髪にさしましょう。
おさげの陰に、私はあなたを隠しましょう、友よ！
誰もあなたを見つけないでしょう。

あなたは、口にとってはキンマの葉、
目にとってはさわやかな目薬。
おお友よ、私はあなたによって唇をよごし、
あなたによって目をいろどりましょう。

あなたは、からだにとっては白檀香、
あなたは、くびにとってはくび飾り。
私は、身にあなたを塗りましょう、
私のかぐわしい白檀香を、
そして身と魂とを静めましょう。
私は、あなたをここ、くびのまわりに掛けましょう、
私の美しいくび飾りを、
するとあなたは、私の胸のあたり、
鼓動するハートの近くにお休みになる。

あなたは、私のからだのなかの宝もの、
あなたは、私という家のなかの住人
あなたは私にとって、おお主よ、
飛ぶ鳥にとっての翼です、

魚にとっての水です。

一八八六年四月九日　金曜日

午後五時だった。ナレーンドラ、カーリー、ニランジャン、およびMは、コシポルのガーデンハウスの階下で話をしていた。ナレーンドラは、カーリーとタークといっしょにボドゥガヤー*（ブッダガヤー*）に行き、帰ってきたばかりだった。あの聖地で、彼はブッダの像の前で深い瞑想に入ったのだった。彼は、ブッダがその下でニルヴァーナに達したもとの木のヒコバエであるという、菩提樹《ぼだいじゅ》に敬意を表してきたのだった。

シュリー・ラーマクリシュナは、二階の大広間の寝台の上にすわっておられた。夕方だった。Mひとりだけ部屋にいて、師を扇であおいでいた。少したつとラトゥが入ってきた。ナレーンドラが部屋に入ってきて席についた。シャシ、ラカル、および他の一、二の信者たちも入ってきた。師はナレーンドラに、足をさすってくれとお頼みになった。また、もう食事をしたか、ともおたずねになった。

師（微笑してMに）「彼はあそこ（ボドゥガヤー）に行ったのだよ」

M（ナレーンドラに）「ブッダの教義はどういうことなのでしょうか」

ナレーンドラ「彼は、自分がタパッスヤーによってさとったものを言葉で表現することができませんでした。それで人びとが、彼は無神論者だと言うのです」

師（手まねで）「どうして無神論者などと？ 彼は無神論者ではなかった。ただ、自分の内的経験を言葉では説明することができなかっただけだ。お前たち、『ブッダ』という言葉の意味を知っているか。それは、本来純粋な知恵そのものであるところのそれを瞑想することによって、ボダすなわち純粋知恵と一つになる、ということなのだ。純粋知恵そのものになるということなのだ」

ナレーンドラ「そうでございます。ブッダの種類は三つあります。ブッダとアルハト（阿羅漢《あらかん》）とボーディサットワ（菩薩《ぼさつ》）です」

師「これもまた神自身のお遊びだ、神の新しいリーラーなのだ。なぜブッダが無神論者などと呼ばれなければならないのか。人がスワルーパ、つまり彼の自己の真の性質をさとると、彼はアスティ*（ある）ナスティ（ない）との中間とでもいうべき状態に達するのだ」

ナレーンドラ（Mに）「それは、そのなかでは矛盾が合流する、というような状態です。酸素と水素の一つの結合は冷水を生み出すでしょう。そしてそれと同じ酸素と水素とが、酸水素溶接器に用いられるのです。その状態にあっては、活動と非活動とが共存することができます。

つまり、そのときには人は非利己的な活動をしているのです。

感覚対象に夢中になっている世俗の人びとは、いっさいのものはアスティ、つまり存在すると言います。しかしマーヤーヴァティー*、つまり、マーヤー学説の信者たちは、何ものもナスティ、つまり存在しないと言います。ブッダの経験は、存在と非存在の両方を超越しているのです」

師「この『存在』と『非存在』とは、プラクリティの性質だ。実在は、その両方を超越している」

信者たちはしばらく黙っていた。

師（ナレーンドラに）「ブッダは何を説法したのか」

ナレーンドラ「彼は、神の存在も非存在も論じませんでした。ただ、その生涯を通じて、他者への慈悲を示しました。一羽のタカが小鳥に飛びかかってそれを食おうとしました。ブッダはその小鳥を救うために、タカに自分の肉を与えました」

シュリー・ラーマクリシュナは黙っておられた。ナレーンドラはさらにいっそうブッダに熱中した。

ナレーンドラ「彼の放棄の、なんと立派だったことか！ 王子と生まれ、いっさいのものをすてたのです！ もし人が何も持っていず、富もなければ、放棄したとて大したことではありません。ブッダの境地に達してニルヴァーナを経験してから、ブッダはあるときわが家を訪れ、妻や息子をはじめとする王家の人びとに放棄の生活をすすめました。彼の放棄のなんと強烈だったことか！　それなのにヴィヤーサの行為を見てごらんなさい！　彼は息子のシュカデーヴァに、『わが子よ、在家の者として宗教を実践せよ』と言って、彼が出家することをとめたのです」

シュリー・ラーマクリシュナは黙っておられた。まだ一語もお発しにならなかった。

ナレーンドラ「ブッダは、シャクティだとかそういうたぐいのことには関心を持ちませんでした。ニルヴァーナだけを求めたのです。ああ、彼の離欲の念のなんと強烈だったことか！　瞑想すべく菩提樹《ぼだいじゅ》の下にすわったとき、彼はつぎのような誓いをしたのです、『もしニルヴァーナに達しないのなら、この肉体はここで朽ちてしまえ』と。じつに固い決意だ！

この肉体はじつに大敵です。これをこらしめることをしないで何かを成就することなどができましょうか」

シャシ「でも、肉をたべるとサットワが展開する、というのは君でしょう。君は肉食を主張している」

ナレーンドラ「僕はたしかに肉をたべる。しかし米でも、塩もなしに米だけでも生きることができるのだ」

数分後に、シュリー・ラーマクリシュナは沈黙をお破りになった。彼は手まねでナレーンドラに、ブッダの頭上に髪の房を見たかどうかをおたずねになった。

ナレーンドラ「いいえ、師よ。彼は冠のようなものをかぶっているように見えます。彼の頭は、ルドラクシャのじゅずの重なりで覆われているように見えます」

師「そして彼の目は？」

ナレーンドラ「目は、彼がサマーディに入っていることを示しております」

シュリー・ラーマクリシュナはまた、沈黙にお入りになった。ナレーンドラおよび他の信者たちは、じっと彼を見つめた。突然、微笑がその御顔に輝き、彼はナレーンドラと話をお始めになった。Mは彼を扇であおいでいた。

師（ナレーンドラに）「さて、ここには何もかもあるだろう――ごく普通の赤いレンズ豆やタマリンドまでもだ。そうではないか」

ナレーンドラ「あのすべての境地をご経験なさったあとで、いまあなたは、もっと低い世界に住んでいらっしゃるのでございます」

M（心中に）「そうだ、すべての理想を実現なさったあとで、彼はいま一人のバクタ、神の信者として生きておいでになる」

師「何者かが、私を低い段階にひきとめているような気がするのだよ」

こう言いながらシュリー・ラーマクリシュナは、Mの手から扇をとっておっしゃった、「いまこの扇を直接自分の前に見ているように、それとまったく同じように、私は神を見たのだ。そして私は見たのだ――」

こう言いながら、彼はハートのところに手をあてて、身ぶりによってナレーンドラに、「私の言ったことがわかるか」とおたずねになった。

ナレーンドラ「わかりました」

師「言ってごらん」

ナレーンドラ「よくはきこえませんでした」

シュリー・ラーマクリシュナはふたたび身ぶりでおっしゃった、「私は、彼と、私のハートのなかに宿っている者とは、同一人格だということを見たのだ」

ナレーンドラ「そのとおりでございます！ ソーハム――私は彼である」

師「ただ、ほんの一すじの線が二者を分けているのだ――私が神の至福を楽しむことができるようにね」

ナレーンドラ（Mに）「偉大な魂たちは他者の解脱を助けるために、みずからは解脱をとげた後にもエゴを保持して、肉体の快苦を経験するのです。それはクーリー（苦力）の仕事のようなものです。私たちは強制されてクーリーの仕事をするのですが、偉大な魂たちは彼ら自身の愛深い喜びからするのです」

ふたたびみなが黙ってしまった。しばらくして、シュリー・ラーマクリシュナがまた話をお始めになった。

師（ナレーンドラおよび一同に）「屋根ははっきりと見えている。だがそこまで登るのは極度にむずかしいことだ」

ナレーンドラ「そうでございます」

師「しかしもうすでにそこまで登った者がロープを下げるなら、彼は他の者を引きあげてやることができる」

ラカル（他の信者たちに）「このへんでおしまいにしようではないか。ずいぶんたくさんお話になった。ご病気に悪いだろう」

一八八六年四月一三日　火曜日

シュリー・ラーマクリシュナは信者たちとともにすわっておられた。一人の気の狂った女が、師にお目にかかりたいと言ってみなを悩ませていた。彼女は師に対して愛人の態度をとり、しばしば、ガーデンハウスにかけ込んできては、彼のお部屋にとび込むのだった。信者たちに打たれさえしたのに、やめなかった。

シャシ「もしまた彼女がやってきたら、ここから押し出してやろう！」

師（やさしく）「いや、いや！　こさせて、それから行かせておやり」

ラカル「はじめのころには僕もやはり、他の人びとが師のところにやってくると嫉妬《しっと》を感じたものだ。でも師がお慈悲をもって、僕のグルは同時に宇宙のグルでもあられる、ということをお示しくださったのだ。僕たち少数の者たちだけのためにこのたびお生まれになった、というわけではないのだもの」

シャシ「そういうつもりで言ったのではありません。でも、師がご病気だというのになぜこんなにお悩ませするのだろう。じつにうるさい女だ！」

ラカル「僕たち全部が、お悩ませしているのだよ。みなが完全になってからここにきたというのか。僕たちは彼にご苦労をおかけしはしなかったかね。ナレーンドラをはじめ何人かが、最初どんなふうにふるまったことか！　どんなふうに彼と議論をしたことか！」

シャシ「ナレーンドラは、口で言ったことは全部行動に移した」

ラカル「ドクター・サルカールの、師に対してどんなに無礼だったことか！　ことこのことに至ると誰ひとり罪がないとは言えない」

師（ラカルに、やさしく）「何かたべるか」

ラカル「いまは結構です。あとでいただきます」

シュリー・ラーマクリシュナは身ぶりでMに、そこで食事をすることになっているのかどうかおたずねになった。

ラカル（Mに）「どうぞ、ここで召し上がってください。師がそうしてくれとおっしゃるのです」

シュリー・ラーマクリシュナはすわっておられた。彼は五歳の男の子のようにお見えになった。ちょうどそのとき、気の狂った女が階段を上ってきて、ドアのそばに立った。

M（小声で、シャシに）「師に敬礼をして、そして帰るように頼みたまえ。騒ぎたててはいけない」

シャシは彼女を階下につれて行った。

この日はベンガル暦の一年の最初の日だった。大勢の女の信者たちが到着した。彼らはシュリー・ラーマクリシュナとホーリー・マザーとに敬礼をした。彼らのなかにはバララームとマノモハンの妻や、バグバジャルのブラーフマニーがいた。ある人びとは子供たちをつれてきていた。ある人びとは、師の足もとに花をささげた。九歳か一〇歳ぐらいの二人の少女が二、三の歌をうたった。

午後だった。Mおよび数名の信者たちが師のそばにすわっていた。ナレーンドラが入ってきた。彼は、よく師がおっしゃるように、抜き放たれた剣のように見えた。

ナレーンドラは師のそばにすわり、彼にもきこえるほどの声で、女はつくづくいやだ、と言った。信者たちに向かって、神のさとりへの道で女はどれほど妨げになるものであるかを語った。

シュリー・ラーマクリシュナは応答をなさらず、ナレーンドラの言うことをきいておられた。

ナレーンドラはまた言った、「僕は平安が欲しい。神さえも、別に欲しいとは思わない」

シュリー・ラーマクリシュナは一語も発せず、ナレーンドラをじっと見つめておられた。ナレーンドラはときどき、「ブラフマンは真理、知識、無限なる者」ととなえた。

一八八六年四月一六日　金曜日

月はさん然と輝き、その白い光は庭の小道に、木々に、池の面に満ちあふれていた。ギリシュ、M、ラトゥ、および他の数名の信者たちは、池に下りる階段に腰をかけていた。家は池の西のほうに建っていた。二階の師の部屋には灯火がともっていた。シュリー・ラーマクリシュナは、寝台の上にすわっておられた。部屋には数名の信者たちがいた。その夜は、ナレーンドラとカーリーとタータークはドッキネッショルに行っていた。彼らは、神を瞑想しつつパンチャヴァティで夜を過ごすことになっていた。

ギリシュとラトゥとMとがシュリー・ラーマクリシュナの部屋に行くと、彼は寝台にすわっておられた。シャシと一、二の信者たちが、師のお世話をしていた。バーブラーム、ニランジャン、およびラカルも、部屋に入ってきた。広い部屋だった。いくらかの薬とその他の品々が、寝台のそばに置いてあった。部屋には、北側の端のドアから入るようになっていた。

シュリー・ラーマクリシュナには夜通しの看護が必要だったので、信者たちは代わる代わる起きていた。看護にあたる信者はシュリー・ラーマクリシュナの蚊帳をつり、自分は床に敷いたござの上に横になるか、夜中すわっているかするのだった。シュリー・ラーマクリシュナは病気のためにごくわずかしかお眠りにならなかったから、看護人もほとんど眠らなかった。

その夜は、シュリー・ラーマクリシュナはいくぶんかおよろしかった。信者たちは師に敬礼をして床にすわった。師はMに、ランプを近くに持ってきてくれとお頼みになった。彼はギリシュに懇ろなごあいさつをなさった。

師（ギリシュに）「元気かね。（ラトゥに）タバコの用意をし、キンマの葉をあげなさい」
二、三分たつと、彼はラトゥに、ギリシュに何か軽い食物を出せ、とおっしゃった。ラトゥは、とりにやっていると申し上げた。
シュリー・ラーマクリシュナはすわっておられた。ある信者が、いくつかの花の輪をさし上げた。シュリー・ラーマクリシュナはそれを一つ一つ、ご自分のくびにかけられた。信者たちは不思議そうに彼を眺めていた。彼は、二つの花輪をくびからはずしてギリシュにお与えになった。

ときどき、シュリー・ラーマクリシュナは、食物が届いたかどうかをおたずねになった。

Mは師を扇であおいでいた。寝台の上に、ある信者のささげ物である白檀の扇が置いてあった。師はそれをとってMにお与えになり、彼はその扇であおぎつづけた。彼はまたMに、二つの花輪をお与えになった。

Mは、一年半ほど前に七、八歳になる息子を失っていた。子供は師にたびたびお目にかかっていたのだった。ラトゥはシュリー・ラーマクリシュナに、Mのことを申し上げていた。

ラトゥ「Mは昨夜、亡くなった子供の持っていた書物を見てひどく泣きました。奥さんは、悲しみで気違いのようになっています。ときどき、他の子供たちにたいそうつらくあたります。

彼がときおりここに泊まるので、家で一さわぎ起こすのです」

シュリー・ラーマクリシュナは、これをきいてご心痛のようだった。

ギリシュ「少しも驚くことはありませんよ。バガヴァッド・ギーター*という教えを受けた後でさえ、アルジュナは息子アビマニュの死を悲しんで気を失ったのです」

ギリシュは、皿にのせた菓子を与えられた。シュリー・ラーマクリシュナはそのごく少量をおとりになり、ギリシュはそのあとをプラサードとしてちょうだいした。彼は、シュリー・ラーマクリシュナの前にすわってたべはじめた。彼には飲み水が必要だった。部屋の東南の隅には焼き物の水さしが置いてあった。四月で、その日は暑かった。シュリー・ラーマクリシュナは、「ここには良い水があるのだよ」とおっしゃった。

師のご病気は重く、彼は立ち上がる力さえ十分にお持ちではなかった。それなのに、まったく驚いたことには、弟子たちが何を見たと思うか。彼が寝台を離れて、素はだかのままで水さしのほうに寄って行かれたのだ！　彼はご自分で、コップに水をそそごうとしておられた。信者たちは恐怖に身がすくんでしまった。師はコップに水をおそそぎになった。彼は、水が冷たいかどうかを見るためにてのひらに一、二滴おたらしになった。あまり冷たくはないことがわかったが、それ以上のものは手に入らないので、仕方がない、というご様子でそれをギリシュにお与えになった。

ギリシュは菓子をたべていた。信者たちは周囲にすわっており、Mは師をあおいでいた。

ギリシュ（師に）「デベン・バーブは世をすてる決意をいたしました」

ご病気のために、シュリー・ラーマクリシュナはほとんど口をきくことがおできにならなかった。指を口もとにあてながら、手まねでギリシュにおたずねになった、「妻子は誰が養うのかね」

ギリシュ「存じません」

他の信者たちは黙っていた。ギリシュは、菓子をたべながら話しはじめた。

ギリシュ「師よ、惜しみながら世をすてるのと、在家の生活をしながら神に呼びかけるのと、どちらが賢明でしょうか」

師（Mに）「ギーターを読んでいるのだろう？　もし人が世間の務めを無執着の精神で行うなら、もし彼が、いっさいは幻であるとさとった上で世間に生きるなら、その人はほんとうに神をさとるのだ。惜しみ惜しみ世間を放棄する人たちは劣った階級に属している。在家のギャーニとはどんなものだか、知っているか。ガラスでできた家に住んでいる人のようなものだ。内側も外側もよく見ることができる」

ふたたび、部屋の中は沈黙に支配された。

師（Mに）「菓子は、からくて上等だね」

M（ギリシュに）「はい、それはファーグの店で買ったのですよ。あそこは有名です」

師（微笑して）「そうだ、有名だ」

ギリシュ「ほんとうに結構です。（師に）師よ、私の心はいまはたいそう高い領域におります。なぜそれが、また低くに落ちるのでしょうか」

師「人が世間の生活をしている場合には、それはつねに起こることだ。在家の者の心はときどきは高くあがる。ときどきはさがる。ときどきは非常に深い信仰を感じる。ときどきはそれほどに感じない。これは、彼が『女と金』のまっただなかに生活しているからそうなるのだ。彼はときには神を黙想したり神の御名をとなえたりし、ときには『女と金』のほうに心をそらせる。彼はいま甘い菓子にとまっていたと思うと、もう汚物の上や、膿《う》んだ腫物の上にとまっている普通のハエのようなものだ。

しかしサンニャーシーの場合にはまったくちがう。彼らは、自分の心を『女と金』からは完全に引っ込めて、神だけに集中することができる。神の至福だけを楽しむことができるのだ。真の放棄の人は、神以外の何ものをも楽しむことはできない。彼は、人びとが俗事を語っている場所からは必ず去る。霊性に関する話だけに耳を傾けるのだ。真の放棄の人は、神以外のことは決して語らない。ハチは、みつを吸うために花にだけとまるだろう。他のものにはとまらないのだ」

ギリシュは手をすすぐために狭い露台のほうに行った。

師（Mに）「人は、心のすべてを神に集中するには彼のお慈悲が必要なのだ。さて、ギリシュはずいぶんたくさんの菓子をたべたねえ。今夜はもう何もたべるなと言っておやり」

ギリシュは部屋に戻ってきて、師の前にすわった。彼はキンマの葉をかんでいた。

師（ギリシュに）「ラカルはもう、何が善くて何が悪いか、何が実在であって何が非実在であるかを理解した。もちろん彼は家族といっしょに暮らしているが、彼はそれが何を意味するかを知っている。彼は妻を持っている。そして息子も生まれた。しかし彼は、これらすべては幻影であり、かりそめのものであることをさとった。ラカルは決して、世間には執着しないだろう。

彼はドジョウのようなものだ。あの魚は泥の中にすんでいるが、その身には泥のあとさえもつけてはいない」

ギリシュ「師よ、私にはさっぱりわけがわかりません。あなたは、もし、しようとさえお思いになるなら、あらゆる人を純粋に無執着にしてやることがおできになるのでしょう。世俗の人間であろうがサンニャーシーであろうが、あらゆる人を善くしてやることがおできになるのです。マラヤ風はすべての樹木を白檀に変えると思います」

師「彼らの内に実質がなければ駄目だ。例えば綿の木のように、白檀には変わらない木もあるのだよ」

ギリシュ「そんなことはどうでもよろしうございます」

師「でも、これは法則なのだ」

ギリシュ「しかし、あなたに関することは何もかもが非合法的でございます」

信者たちは、この会話をきいて驚き、あきれていた。しばしば、Mの手にある扇は動きを止めた。

師「ああ、それはそうかもしれない。バクティの川がはんらんすれば、まわりの土地は全部、旗ざおの先も隠れるほど水びたしになる。（Mに）神への愛が育ってくると、他のものは何ひとついらなくなるのだよ」

M「はい」

話は変わって、シュリー・ラーマクリシュナを自分の愛人と思い込んでいる頭のおかしい女のことになった。信者たちは彼女をパーグリ*と呼んで、師に近づけないようにしていた。

師（ギリシュおよび他の者たちに）「パーグリは私に対してマドゥルの態度をとっているのだよ。ある日ドッキネッショルにやってきた。突然ワアワア泣き出した。私が『なぜ泣くのか』とたずねると、『おお、頭が痛いのです！』と言う。（みな笑う）またある日、私が食事をしていると、彼女がドッキネッショルにやってきた。そして突然、『お願いできませんでしょうか』と言うのだ。彼女がいったい何を思いついたのか、さっぱりわからないので、私はたべつづけていた。すると彼女は、『なぜ、あなたは私をお心の中でおしのけなさったのですか』と言う。私が、『あなたの態度は何か』とたずねると、彼女は『私はあなたを私の恋人と思っています』と答えた。私は言った、『ああ！　だが私は、すべての女を母なる神の現れと見ているのだ。私にとってはすべての女は母親なのだよ』と。すると彼女は、『私にはそんなことはまったく分かりません』と言うのだ。そこで私はラムラルを呼んで、『ラムラル、彼女の言うことをきいておくれよ！　この「心でおしのける」というのは、何のことを言っているのだろうか』と。いまでも彼女は同じ態度をとりつづけている」

ギリシュ「パーグリのじつに恵まれていることよ！　彼女は気違いかもしれない。信者たちにたたかれるかもしれない。それでも彼女は、二四時間あなたを思いつづけているのです。たとえどんなにあなたを思いつづけても、彼女がそのために災いをこうむるようなことは決してございません。

師よ、それを伺って私の感じることを、どう表現したらよいのでしょうか。私がかつてどんな人間だったか、いま、あなたを思うことによってどのようになったか、まあ考えてみてください！ かつては、私は怠け者でございました。いまは、その怠惰は神への帰依心に変わりました。前には、私は罪びとでした。いまは謙虚になっております。他に何を申し上げることができましょう」

信者たちは黙していた。ラカルは、パーグリへの同情を示した。彼は言った、「私たちはみな、彼女を気の毒に思っています。彼女はたいそういやがられ、そのために自分も苦しんでいるのです」

ニランジャン（ラカルに）「君は自分の家に奥さんがいるものだからそんなふうに考えるのだ。だが僕たちは彼女を殺してやりたいくらいだ」

ラカル（厳しく）「そんなホラを吹いて！ このお方（シュリー・ラーマクリシュナ）の前で、よくもそんな言葉を口に出せたものだ」

師（ギリシュに）『女と金』だけが世間なのだよ。多くの人びとが、金を自分の生き血のように思っている。だが、どんなに金に愛情を示しても、おそらくそれはいつかは、一かけらも残らずに手から滑り落ちていってしまうのだ。

神のまつりや、修行者や信仰者への奉仕などに金を使う人だけが、自分の金を有効に使ったと言えるのだ。彼らの金は実を結ぶ。

私は、医者たちが持ってきたものはどうしてもたべることができない。人間の苦しみで商売をしている人びとのことを言うのだよ。彼らの金は、血と膿《うみ》だ」

シュリー・ラーマクリシュナは、このことに関連して、二人の医師の名をおあげになった。

ギリシュ「ドクター・ラージェンドラ・ダッタは、心の広い人です。彼は、誰からも一文もとりません。慈悲のためによく施しております」

一八八六年四月一七日　土曜日

満月の夜だった。少し前から、ナレーンドラは毎日、ドッキネッショルに通っていた。彼は大方の時を、パンチャヴァティで瞑想と沈思に過ごしていた。この日には、夜になって、ドッキネッショルから帰ってきた。ターラクとカーリーとがいっしょだった。

午後八時だった。月の光と南風とが、このガーデンハウスにいっそうの魅力を加えていた。信者たちの多くが、階下の部屋で瞑想していた。彼らのことを、ナレーンドラはMにこう言った、「彼らは一つひとつ、ウパーディを脱ぎすてているのです」

数分後、Mはシュリー・ラーマクリシュナの部屋に入り、床にすわった。師は彼に、タオルと痰壺《たんつぼ》とを洗ってくれとお頼みになった。Mは、池でそれらを洗った。

翌朝、シュリー・ラーマクリシュナはMを呼びよせられた。ガンガーで沐浴し、シュリー・ラーマクリシュナにごあいさつをしてから、彼は屋上に行っていたのである。シュリー・ラーマクリシュナはMに、悲嘆にくれている彼の妻をこのガーデンハウスにつれてきて、ここで食事をさせるようにせよ、とおっしゃった。

師は手まねでMに、「彼女にここにこいと言いなさい。一両日ここに泊まらせるがよい。赤ん坊をつれてきてもよいから」とおっしゃった。

M「はい、神を深く愛するようになってくれればありがたいことで」

シュリー・ラーマクリシュナは重ねて、手まねでお答えになった、「おお、悲しみは信仰をおしのけてしまうのだよ。しかもあの子はもう、あんなに大きくなっていたのに！

クリシュナキショレは二人の息子を持っていた。彼らはバーヴァナートと同い年でね、どちらもが大学の二つの学位を持っていた。それが両方とも死んだのだ。だからクリシュナキショレは、ギャーニだったのだけれど、最初は自分を制御することができなかった。息子を持たないで、私はまあなんと幸せなことか！

キショリはなぜこないのかね」

一信者「ガンガーには、毎日沐浴にきております」

師「でもなぜここにこないのか」

信者「くるように申しましょう」

師「ハリシュはなぜこないのかね」

Mの家庭に属している、九歳と一〇歳の二人の少女が、師のために母なる神の歌をいくつかうたった。彼らは、かつて師がシャーンプクルのMの家をお訪ねになったときにうたったことがあるのだ。師はたいそうお喜びになった。彼女たちがうたい終ると、階下にいる信者たちからうたってくれという迎えがきて、つれて行かれた。

師（Mに）「あの子たちに、これ以上歌を教えるではないよ。彼らが自分から進んでうたうのなら別だ。しかし、誰でも彼でもの前でうたっていると慎み深さを失う。女には慎みは非常に大切だ」

花々と白檀香とが、花かごに入れて師の前に置かれた。彼は寝台にすわって、これらのささげ物をもってご自身を礼拝なさった。花々と白檀香とを、ときには頭上に、ときにはのどのところに、ときにはハートのあたりに、そしてときにはへその上にお置きになった。

コンナガルのマノモハンが入ってきて、師に敬礼をした後そこにすわった。シュリー・ラーマクリシュナはなお、しきりにご自分の内なる自己への礼拝をつづけておられた。彼は花の輪を、ご自分のくびにおかけになった。しばらくすると、マノモハンの来着をお喜びのご様子で、彼にいくらかの花をお与えになった。Mもまた、一輪の花をちょうだいした。

朝の九時ごろだった。師とMとは話し中。シャシも部屋のなかにいた。

師（Mに）「ナレーンドラとシャシとは何のことを話していたのか。何を論じていたのかね」

M（シャシに）「君たち何を話していたの？」

シャシ「ニランジャンがそのことを申し上げたのですか」

師「何を論じていたのだ？『神』とか、『実在』とか、『非実在』とかいうような言葉がきこえたが」

シャシ（微笑して）「ナレーンドラを呼びましょうか」

師「ああ」

ナレーンドラが入ってきて、そこにすわった。

師（Mに）「彼に何かたずねなさい。（ナレーンドラに）お前たちが論じていたことを、私たちに話しておくれ」
ナレーンドラ「私は生かじりです。何も申し上げるようなことはありません」
師「お前はその生かじりを克服するよ」
M（微笑して）「ブッダの経験について、話してくれたまえ」
ナレーンドラ「彼について話せ、とおっしゃるところを見ると、私はブッダになったのですか」
M「神の存在について、ブッダは何と言っているのだろうか」
ナレーンドラ「神は存在するなどと、どうして言うことができるのですか。この宇宙を創造したのはあなたたなのですよ。それについてバークレーが言っていることをご存じですか」
M「ええ、知っています。彼にしたがえば、『存在』は『知覚』*です。世界は、感覚器官がそれを知覚するあいだだけ存在しているのです」
師「ナングターがよく言っていた、『世界は心の中にのみ存在し、心の中でのみ消滅するのだ』と。しかし、『私‐意識』が存在するあいだは、人は神に対して主従の関係をとらなければいけない」
ナレーンドラ（Mに）「どうして、推理によって神は存在するということなどを証明し得ましょう。でも、もし信仰によるなら、主従の関係を容認しなければなりません。そしてもしそれを認めるなら——また認めざるを得ないのですが——神は親切であるとも言わなければならないでしょう。

人はこの世の不幸のことばかり考えます——神はじつにたくさんの幸福も与えていらっしゃることをなぜ忘れるのでしょう。彼のなんとわれわれに対して親切なことか！　三つの非常に偉大なものを授けてくださった。人間としての誕生、神を知りたいというあこがれ、および一個の偉大な魂との交わりです」

みな黙っていた。

師（ナレーンドラに）「私は、私の内部に何者かがいる、ということを非常にはっきりと感じるのだよ」

ナレーンドラは階下に降りて行った。彼は歌を口ずさんでいた。

主よ、あなたは御顔を示して、私の悲しみを
全部とり上げてくださいました、
そしてあなたの美の魔術は、私の心を魅惑してしまいました。

あなたを見て、七つの世界もその果てしない悲しみを忘れます。貧しくつたない魂、私のことは、いまさら言うまでもありません……

ナレーンドラは、少し生かじりのところがあった。彼はMにこう言った、「人がもしバクティの道をたどれば、心は少し肉体のほうにおりてきます。そうでなければ、私は何者ですか。人でもなければ神でもない。私は楽しみも感じなければ苦痛も感じないのです」

夜の九時ごろだった。スレンドラと他の数名の信者たちがシュリー・ラーマクリシュナの部屋に入ってきて、彼に花の輪をさし上げた。バーブラームとラトゥとMも、部屋の中にいた。シュリー・ラーマクリシュナは、スレンドラの花輪をご自分のくびにおかけになった。みなが静かにすわっていた。突然、師は身ぶりでスレンドラに、近くにこいとおっしゃった。この弟子が寝台に近づくと、シュリー・ラーマクリシュナはその花輪をくびからはずしてスレンドラのくびにおかけになった。スレンドラは師に敬礼した。シュリー・ラーマクリシュナは手まねで彼に、足をさすってくれとお頼みになった。スレンドラは、そっともんだ。

一八八六年四月二二日　木曜日

夕方、ラカルとシャシとMとはコシポルの庭園を散歩していた。

M「師は子供のようでいらっしゃる――三つのグナを超越して」

シャシとラカル「彼ご自身がそう言っていらっしゃいます」

ラカル「まるで、彼は塔の上にすわっておられ、そこからすべての情報を得、あらゆるものを見通しておいでになるかのようです。でも他の者たちは、そこまで行くことも、彼のそばに行くこともできない」

M「彼は、『このような心境になると、人は常住、神を見ているのだよ』とおっしゃった。彼の内には、少しの世俗性もありません。その御心は、火をつければたちまち燃え上がる乾いた燃料のようです」

シャシ「彼はチャールに、知恵のさまざまの種類のことを話しておきかせになりました。正しい知恵は、人がそれによって神に達するような知恵です。人を副知事や弁護士にならせたり、彼に家を獲得させたりする知恵はいやしい知恵なのです」

M「ああ、なんというすばらしいお言葉だろう！」

シャシ「カーリーは、師にこう申し上げました、『喜びを得て何のよいことがありましょう。＊ビルたちは喜ばしげです。未開人はいつも、喜びに狂ってうたったり踊ったりしています』と」

ラカル「彼（師を意味する）は、カーリーにこうお答えになりました、『何を言っているのだ？ ブラフマンの至福が世俗の楽しみと同じだなどということがあるものか。普通の人間は世俗の楽しみで満足している。人は世間の事物への執着を完全にすてきらなければ、ブラフマンの至福を楽しむことはできない。金と感覚的経験の楽しみがあり、そして神をさとることの至福がある。この二つはいったい同じものかね。リシたちはブラフマンの至福を楽しんだのだよ』と」

M「ね、カーリーはこのごろブッダを瞑想している。だから彼は、至福を超えた状態のことを言うのです」

ラカル「そうです。カーリーは師にブッダのことを話しました。シュリー・ラーマクリシュナは彼に、『ブッダは神の化身だ。どうして彼を他の者と比べることなどできよう。彼が偉大であるから、彼の教えも偉大なのだ』とおっしゃいました。カーリーは彼に、『ほんとうに、あらゆるものは神の力の現れです。世間の楽しみも神の至福もともに、その力の現れです』と申し上げました」

M「それに対して師は何とおっしゃいましたか」

ラカル「彼はおっしゃいました、『どうしてそんなことがあり得よう。子供をこしらえる力が、人がそれによって神をさとる力と同じものなのかね』と」

シュリー・ラーマクリシュナは二階の自室にすわっておられた。ナレーンドラ、ラカル、シャシ、スレンドラ、M、バーヴァナートおよび他の弟子たちがそばにいた。

ナレーンドラは、ニルヴァーナをうたっているシャンカラの六連詩をうたった。

オーム。私は心ではない、知性でも
　エゴでもチッタでもない、
耳でもなければ舌でもなく、嗅《か》いだり見たりする
　器官でもない。
エーテルでもなければ土でもなく、火でも水でも
　空気でもない。
私は純粋知識であり至福である。私はシヴァである、
　私はシヴァである。

私はプラーナではない、五つの活力の息でもない、
肉体の七つの要素*でもなければそれの五つの
　さやでもない。
手でも足でも舌でもなく、性や排泄《はいせつ》の器官でもない。
私は純粋知識であり至福である。私はシヴァである、
　私はシヴァである。

私には嫌いもなければ好きもなく、欲もなければ迷いもない。
エゴの感覚もなければプライドもなく、ダルマもなければ
　モクシャもない。
心に欲望なく、したがってその欲望の対象もない。
私は純粋知識であり至福である。私はシヴァである、
　私はシヴァである。

私は正しいことも間違ったこともないし、
　快楽も知らなければ苦痛も感じない。
私にはマントラも聖地もなく、ヴェーダも犠牲供養もない。
たべる行為もなく、たべる者もなく、食物もない。
私は純粋知識であり至福である。私はシヴァである、
　私はシヴァである。

私には死も恐怖もなく、カーストの区別もない。
父もなければ母もなく、かつて生まれたことさえない。
友もなければ仲間もなく、グルもなければ弟子もない。
私は純粋知識であり、至福である。私はシヴァである、
　私はシヴァである。

私は形も心象も持たない、私は遍在する者である。
一切所に遍在するが、感覚でとらえることはできない。

私は救いではなく、知られ得る何ものでもない。
私は純粋知識であり、至福である。私はシヴァである、
　私はシヴァである。

ヒラーナンダ「すばらしい！」
シュリー・ラーマクリシュナ（ヒラーナンダに、手まねで）「彼に返答を与えなさい」
ヒラーナンダ「部屋の中を、隅の方から眺めようとまん中に立って眺めようとまったく同じことです。『おお、神よ、私はあなたの召し使いです』と言おうと、『私は彼だ』と言おうと、その人が感じているのは同一の神‐意識なのです。一つの部屋に、いくつもの入り口から入ることができるでしょう」
　みな、黙ってすわっていた。ヒラーナンダがナレーンドラに言った、「何かもう少しうたってくださいな」ナレーンドラは、カウピーナ*をうたった。

ヴェーダーンタの森をつねにさまよう、
乞食《こつじき》の食でつねに満足し、

悲しみに縛られぬハートでつねに行く、
幸いなるかな、腰布をまとう人。

屋根を求めては樹下にすわり、
わがてのひらを器として食をとり、
身を包むものの美醜を意に介しない、
幸いなるかな、腰布をまとう人。

内なる至福に十分に満足し、
感覚の欲望を完全に抑え、
昼も夜も絶対者ブラフマンを思っている、
幸いなるかな、腰布をまとう人。

シュリー・ラーマクリシュナは、「昼も夜も絶対者ブラフマンを思っている」という行をおききになると、ごく低い声で「ああ!」とおっしゃった。それから、手まねで信者たちに、「これがヨーギーの特徴なのだよ」とおっしゃった。
ナレーンドラは賛歌を終わりまでうたった。

心と身体の変転を見きわめ、
内なる自己以外の何ものをも見ず、
外についても内についても真中についても考えない、
幸いなるかな、腰布をまとう人。

救いの言葉、「ブラフマン」をとなえ、
「われブラフマンなり」とだけ瞑想し、
施しに生きて自由にさまよう、
幸いなるかな、腰布をまとう人。

シュリー・ラーマクリシュナは内観的な気分にお入りになった。ヒラーナンダとMは、そばにすわっていた。部屋は完全な沈黙に支配されていた。師の身体は、言い表しようのない苦痛にさいなまれていた。信者たちは、この病状を見るに堪えなかった。しかし何とかしては、師は、彼らにそれをお忘れさせになった。のどのご病気など、そのあとかたさえもないかのように顔を輝かせて、彼はそこにすわっておられた。

信者たちは、心をこめたささげものとして花や花輪を、彼の前にさし上げていた。彼は一輪の花をとり上げて、それで第一にご自分の頭を、それからのど、ハート、そしてへそをおさわりになった。信者たちの目には、彼は花で遊んでいる子供のように見えた。

シュリー・ラーマクリシュナはよく信者たちに、自分が神のヴィジョンを見、神的なムードに入るときにはいつも同時に体内の霊性の流れが上昇する、と言っておられた。

いま、彼はMにおっしゃった、「いつこの流れが昇ったのか、覚えがないのだよ。いま子供の気分になっている。だからこのように花で遊んでいるのだ。私がいま何を見ているかわかるか。自分のからだが、割り竹で枠組みをつくって外側を布でくるんだつくり物のように見えるのだよ。つくり物は動く。その中に何者かが宿っているから動くのだ。

またこのからだは、種子をすっかりかき出してしまったカボチャのようにも見える。このからだの中には、情欲または世俗の執着はあとかたもない。中はまったく清浄だ、そして——」

シュリー・ラーマクリシュナは、話をつづけることが苦しくおなりになった。お力が出なかった。Mはすぐに、師が信者たちに言いたいと思っておられることを推察して、「そして、ご自分の内に神を見ておいでなのでございましょう」と言った。

師「内と外の両方だ。不可分のサチダーナンダ――私はそれを、内と外の両方に見る。それはただ、このさや（ご自分の身体）を支えとしているだけで、内にも外にも存在するのだ。私はこれをはっきりと見る」

Mとヒラーナンダとは、彼の神意識のこの高い状態についてのお話に、じっと耳を傾けた。しばらくすると、シュリー・ラーマクリシュナは彼らを見つめて、話をおつづけになった。

師「お前たちは全部、私の身内と思える。誰も他人とは思えない。私には、お前たち全部が多くのさや*であって頭が動いているように見える。

心が神に直結しているときには、肉体の苦痛はどこかに置いてくるらしいよ。いま私にはこれだけが見えるのだ、不可分のサチダーナンダが皮で包まれている、そしてのどのこの腫物がその片はしにくっついている」

師はふたたび沈黙なさった。数分後にこうおっしゃった、「物質の属性が霊の上に置き重ねられている。そして霊の属性が物質の上に置き重ねられている。それだから、肉体が病むと人は、『私は病んでいる』などというのだ」

ヒラーナンダは、師がいまおっしゃったことを理解したいと思った。そこでMが彼に言った、「熱湯で手にやけどを負うと、人びとは湯でやけどをしたと言うでしょう。でもほんとうはやけどをさせるのは熱なのです」

ヒラーナンダ（師に）「なぜ神の信者が苦しむのか、どうぞおきかせくださいませ」

師「苦しむのは肉体だよ」

シュリー・ラーマクリシュナは、もう少し何かを言おうとしておられるように見えた。ヒラーナンダとMとは、熱心にお言葉を待った。

シュリー・ラーマクリシュナはおっしゃった、「わかるか」

Mはヒラーナンダにささやいた、「肉体は、人びとを教えるために苦しんでいらっしゃるのです。このお方の生涯は参考書のようなものです。並々ならない肉体の苦痛にもかかわらず、このお方の御心は一〇〇パーセント神に直結していらっしゃる」

ヒラーナンダ「そうです、キリストのはりつけのようなものです。それでもやはり、不思議だ――なぜ大勢の人間のなかで、彼がこのようにお苦しみにならなければならないのだろうか」

M「師は、それは母なる神の思し召しだとおっしゃいます。彼の身体を通して彼女がこのように遊んでいらっしゃる、ということなのでしょう」

二人の信者はささやき声で話し合っていた。シュリー・ラーマクリシュナは手まねでヒラーナンダに、Mは何を言っているのか、とおたずねになった。ヒラーナンダが手まねの意味を理解することができなかったので、シュリー・ラーマクリシュナはそれをくり返された。

ヒラーナンダ「あなたのご病気は、人びとを教えるためのものでいらっしゃると言ったのでございます」

師「だがそれは彼の推察にすぎないよ。

（Mとヒラーナンダとに）私の気分は変わりつつあるのだ。誰でも彼でもに向かって、『お前の霊意識めざめよ』などと言うべきではないと思う。カリユガにあっては人びとはじつに罪深いので、もし私が彼らの霊意識をめざめさせると、私は彼らの罪の重荷を受けなければならなくなるだろう」

M（ヒラーナンダに）「師は、機が熟さなければ、人びとの霊意識をめざめさせることはなさらないでしょう。その人に用意ができている場合には、彼の意識を、お呼びさましになるのです」

用語解説

（五〇音順）

あ行

アーカーシャ　ākāśa　エーテルすなわち空間。ブラフマンから展開する五要素の最初のもの、物質の最も精妙な形であって、ついには、すべての要素はそれの中に溶け込む。

アーチャーリヤ　āchārya　宗教の教師

アーディヤーシャクティ　Ādyāśakti　根本エネルギー。母なる神の一つの呼び名。

アートマン　Ātman　（本来の、普遍の、至高の）自己。アドヴァイタ・ヴェーダーンタは、個別の自己はそれと一体であると説く。

アーナンダ　ānanda　至福

アーナンダマイー　ānandamayī　（字義は、〝至福に満ちた〟）母なる神の呼び名。

アーナンダマヤコシャ　ānandamayakośa　至福のさや。（〝コシャ〟の項参照）

アーラティ　ārati　灯明を振りながら行う礼拝。

アヴァターー　avatār　神の化身。

アヴィディヤー　avidyā　実在の認識を妨げている無知（個人の、または、宇宙の）。

アヴィディヤー・マーヤー　avidyāmāyā　二元性をもたらすマーヤーは、アヴィディヤー・マーヤーとヴィディヤー・マーヤーの二面を持っている。アヴィディヤー・マーヤー、つまり無知のマーヤーは怒り、欲情などからなり、人を世俗に巻き込む。ヴィディヤー・マーヤー、つまり知識のマーヤーは親切、純粋さ、無私の性質などからなり、人を解脱に導く。両方とも、相対界に属するものである。（〝マーヤー〟の項参照）

アギャーナ　ajnāna　無知（宇宙の無知と個人の無知）、そのために、実在を直視することができない。

アクシャラ　akshara　不変の。また、ブラフマンの呼び名。

アシュターヴァクラ・サムヒター　Ashtāvakra Samhitā　アドヴァイタ・ヴェーダーンタ（非二元論哲学）を説く基礎的な書物。

アシュワッタ　aśwattha　菩提樹。ピーパルに同じ。

アスティ　asti　存在する。存在。

新しい摂理　New Dispensation（Navavidhān）（〝ナヴァヴィダーン〟の項参照）

頭としっぽ　head and tail　不必要な部分。

アダルマ　adharma　不正義。ダルマの反対。

アディヤートマ・ラーマーヤナ　Adhyātma Rāmāyana　ラーマの生涯を描き、ギャーナとバクティとの理想の調和を試みている書物。

アドヴァイタ　Advaita　非二元論。神と魂と宇宙とは一つのものであると説く。ヴェーダーンタ哲学の一派。

アナ ānnā　インドの少額の貨幣。一ルピーの一六分の一。
アナーハタ・シャブダ Anāhata Śabda　オームの別名。
アハンカーラ ahamkāra　エゴ、すなわち私‐意識。(〝四つの内部器官〟の項参照)
アヨーッデャー Ayodhyā　ラーマの王国の首都。北インドにある。現在のオウドゥ。
アルジュナ Arjuna　マハーバーラタの主人公の一人。クリシュナの友。(〝パーンダヴァス〟の項参照)
アルタ artha　富。人生の四つの目的の一つ。(〝四つの果実〟の項参照)
アンナマヤコシャ annamayakośa　物質のさや、肉体。(〝コシャ〟の項参照)
イーシュワラ Īśvara　人格神。
イーシュワラ・コーティー Īśvarakoti　この世に特別の使命を持って生まれてくる、すでに完成された魂。シュリー・ラーマクリシュナの言葉によると、〝神の化身か、化身の性質の一部を持って生まれてくるものをイーシュワラ・コーティーという〟。
イシャン Ishān　シヴァの一名。
イシュタ Ishta　信者の理想、または理想の神。
イダー Idā　脊柱を通る神経。(〝スシュムナー〟の項参照)
五つの宇宙原理 five cosmic principles (Pancha-mahābhūta)　エーテル(アーカーシャ)、空気(ヴァーユ)、火(アグニ)、水(アプ)、および土(クシティ)。
五つの活力(プラーナ) five vital forces, or prānas (Pancha-Prāna)　プラーナ、アパーナ、サマーナ、ヴィヤーナ、およびウダーナ。これらのおのおのが呼吸、消化、排泄等の作用を受け持つ。

五つの行動の器官　five organs of action (Pancha-Karma-Indriya)　手、足、言語の器官、生殖器と排出の器官。

ヴァーッツァリア　vātsalya　信仰者が自分のイシュタに対してとる五つの信仰態度の一つ。わが子に対する母親の態度。

ヴァールミーキ　Vālmīki　ラーマーヤナの著者。

ヴァイクンタ　Vaikuntha　ヴィシュヌ信仰者の天国。

ヴァイシャ　vaiśya　第三の（商人）階級。

ヴァイシャーク　Vaiśākh　ヒンドゥ暦の第一月。夏にくる。

ヴァイシュナヴァ　Vaishnava　（字義は〝ヴィシュヌ神信仰者〟）主として、ベンガルでは、シュリー・チャイタンニャの信奉者であり、南インドではラーマーヌジャとマーダヴァの信奉者である。

ヴァイディ・バクティ　vaidhi-bhakti　聖典に命じられた儀式を行う信仰。

ヴァスゥ（ス）　Vasus　天人の一族。

ヴァルーナ　Varuna　海の神。

ヴィーナー　vīnā　弦楽器の一種。

ヴィヴェーカ　viveka　識別。

ヴィヴェーカチューダーマニ　Vivekachūdāmani　シャンカラによる、ヴェーダーンタに関する論説。

ヴィシシュタ・アドヴァイタ　Viśishtādvaita　限定（条件つき）非二元論。

ヴィシャーラークシー　Viśālākshi　（字義は〝大きな目をした者〟）母なる神の一名。また、カマルプクルの近くを流れる川。

ヴィジャヤー（の日） Vijayā day　ドゥルガー・プージャーの最後の日。神像はこの日に水に沈められる。

ヴィシュヌ Vishnu　維持者としての神。創造者ブラフマー、破壊者シヴァとともに、ヒンドゥ三位一体の第二。

ヴィッギャーナ vijnāna　絶対者の特別の知識（悟り、自覚）。宇宙を肯定し（neti, neti と言わない）それをそのまま、ブラフマンの現れと見る。

ヴィッギャーナマヤコシャ vijnānamayakośa　知性のさや。（〝コシャ〟の項参照）

ヴィッギャーニ vijnānī　ヴィッギャーナを備えた人。

ヴィッシュワナータ Vishwanāth　〝キャプテン〟の項参照。

ヴィディヤー vidyā　解脱に導く知識。

ヴィディヤー・マーヤー vidyāmāyā　知識のマーヤー。（〝アヴィディヤー・マーヤー〟の項参照）

ヴィッダーシャーゴル（イーシュワル・チャンドラ） Vidyāsāgar, Īswar Chandra　ベンガルの偉大な教育家、博愛家。

ヴィデハ Videha（字義は〝肉体を離れた〟）完全な離欲を示したジャナカ王にまつられた別名。

ヴィヤーサ Vyāsa　ヴェーダの編集者。シュカデーヴァの父。

ヴィラート Virāt　ヒンドゥ宇宙学で、ブラフマンから一番はじめに生まれたもの。宇宙霊。普遍霊。

ヴェーダ Veda　ヒンドゥ最高の聖典。

ヴェーダーンタ Vedānta 六派哲学の一つ。ヴィヤーサによって創始される。

ヴェーダーンティスト Vedāntist ヴェーダーンタ哲学信奉者。

ウッダヴァ Uddhava シュリー・クリシュナの信者。

ウパーディ upādhi （ヴェーダーンタ哲学の用語）無知のゆえアートマンの上に置き重ねられた限定。このために、人は世間の生活に縛られる。

ウパニシャド Upanishad(s) 有名なヒンドゥの聖典。

英国人（イギリス人） Englishman 英国の学校で教育を受けた人、もしくはヨーロッパの思想に影響された人について言うときに、シュリー・ラーマクリシュナによって使われる一〇の言葉の一つ。

エゴ（知識のエゴ、信仰のエゴ） Ego of knowledge (Devotee-I) 神の知識（または愛）によって清められたエゴ。ある魂たちはサマーディの中でブラフマンとの一体性を悟った後、人びとを助ける目的でふたたび相対界に下りてくる。このような魂たちは、ごくかすかなエゴの意識を保持する。シュリー・ラーマクリシュナが〝知識のエゴ〟と呼んだこのエゴは、相対界にいても、ブラフマンとの一体感を完全には失わない。バクタの場合には、サマーディから相対界に下りてきた後に〝信者のエゴ〟、〝召し使いのエゴ〟、〝子供のエゴ〟などと呼ばれるエゴを保つ。

オーム Om Aumとも書かれる。ヴェーダの中の最も聖なる言葉。神、ブラフマンを現す。

オルコット大佐 Olcott, Col. 神智学協会の有名な指導者の一人。

『女と金』（おんなとかね） 'Woman' and 'Gold' カーミニカーンチャン（ナ） (Kāminī-Kānchana)。シュリー・ラーマクリシュナは、この言葉で色欲と物欲をあらわした。

か行

カーシー　Kāśī　ベナレス。

ガーデンハウス　Garden house　庭に建てられた裕福な人の田舎の邸宅。

ガート　ghāt　川か湖の岸の沐浴場。

カーナーイ　Kānāi　シュリー・クリシュナの若いときの愛称。

カーマ　kāma　欲望の達成。人生の四つの目的の一つ。（〝四つの果実〟の項参照）

カーミニカーンチャン（ナ）　kāminīkānchan(a)　『女と金』シュリー・ラーマクリシュナは、この言葉で色欲と物欲をあらわした。

カーヤスタ　Kāyastha　クシャトリヤ（階級）の中の副次的な一階級。

ガーヤットリー　Gāyatrī　聖糸を受けた上位三階級のヒンドゥが毎日となえることになっているヴェーダの聖句。

カーリー　Kālī　母なる神の一名。ドッキネッショル寺院の祭神。シュリー・ラーマクリシュナはしばしば、アーディヤーシャクティ、すなわち根本エネルギーと呼んでいる。

カーリーガート　Kālīghāt　カルカッタ北部の一地域、有名なカーリー寺院がある。

カーリヤダマンガート　Kālīyadaman Ghāt　ブリンダーバンのジャムナー河岸にある沐浴場。そこでシュリー・クリシュナが毒蛇カーリヤを征服した。

カーンチ Kānchi　南インドの聖地。
カイラース Kailās　ヒマラヤ山脈の一峰、シヴァ神の聖なる住まいと見なされている。
カヴィラージ kavirāj　インド伝統医術の医師。
カウピーナ kaupīna　サンニャーシーの腰布、放棄の象徴の五連詩。
ガウラーンガ Gaurānga　シュリー・チャイタンニャの一名。
ガウリー Gaurī　（字義は、〝色の白い〟）母なる神の一名。また、シュリー・ラーマクリシュナを信奉した一人のパンディットの名。
ガウル Gaur　ガウラーンガの略称。
かくれんぼ hide-and-seek　〝おばあさん〟と呼ばれるリーダーが、他の仲間に目隠しをして自分は隠れる。その〝おばあさん〟を探りあてたものが勝ち、ゲームからは外される
カタク kathak　プラーナの物語を語りきかせる職業の人。
カピラ Kapila　神話中の偉大な賢者。サーンキヤ哲学の創始者。
カマラーカーンタ Kamalākānta　ベンガルの聖者、詩人。
カマルプクル Kamarpukur　シュリー・ラーマクリシュナの生地。
カマンダル kamandalu　僧の持ち歩く水鉢。
ガヤー Gayā　北インドの聖地。
カリユガ Kaliyuga　四つのユガすなわち世界の周期の一つで、その最後のもの。（〝ユガ〟の項参照）
カルターバジャー Kartābhajā　ヴィシュヌ派の一小派。男女ともに暮らし、その愛を次第に高めて神

の愛にまで昇華させるという修行法をとる。

カルパタル（願望成就の木） Kalpataru （カルパの木） 願望成就の木。 神のこと。

カルマ karma 行為。 義務。 儀式的礼拝。

カルマ・ヨーガ karmayoga （字義は〝行為を通じての神との結合〟） 無執着の働きによって神をさとろうとする道。 また、 聖典に命じられている儀式的礼拝。

カルミ Karmis 儀式を行う人。

彼 he シュリー・ラーマクリシュナのこと。

ガンガー Gangā ガンジス川

ガンガー・サーガル Gangāsāgar ベンガル湾に面した、 ガンガーの河口。 聖地。

ギーター Gītā バガヴァッド・ギーターに同じ。

キールタン kirtan 信仰の歌。 しばしばダンスを伴う。

ギャーナ jnāna 推理と識別によって得た神の知識。 通常、 ブラフマンとの一体の自覚。 また、 その推理の過程もさす。

ギャーナ・ヨーガ jnānayoga 知識の道、 識別と放棄、 およびその他の修行からなる。

ギャーニ jnāni 知識の道をたどる人。 主として、 非二元論者をさす。

キャプテン Captain カルカッタ駐在ネパール代表ヴィシュワナータ・ウパディヤーヤ大佐。 シュリー・ラーマクリシュナの信者。 師は常に彼を〝キャプテン〟と呼んだ。

クシャトリヤ kshatriya 四階級の第二。 武士階級。

クティ　kuthi　ドッキネッショル寺院境内にある一棟。寺院の持ち主やその客がきたときに泊まった。

グナ　guna　サーンキヤ哲学によると、プラクリティ（自然）はプルシャ（魂）とは対照的に、三つのグナ（性質）からなる。タマス（惰性、不活発）、ラジャス（活動、不安定）、およびサットワ（安定、英知）。

クリシュナ　Krishna　ヴィシュヌ派の理想神の一つ。

クリシュナプラサンナ・セン　Krishnaparasanna Sen　当時の有名な説教師。

グル　guru　霊性の教師。

グルマハーラージ　Gurumahārāj　グルの尊称。

クンダリニー　kundalinī　（字義は〝蛇の力〟）あらゆる人の内部に潜在する霊的エネルギーである。タントラにしたがえば、スシュムナーに沿って、体内に六つのエネルギーの中心（チャクラ）がある。一番下が①ムラーダーラ（生殖器の底部と肛門との間、脊柱の最下端）、それから上に昇って順に、②スワーディシュターナ（生殖器の底部）③マニプラ（へその位置）、④アナーハタ（心臓の位置）、⑤ヴィシュッダ（喉の下部）、および⑥アージュニャー（眉間）である。①は四弁の、②は六弁の、③は一〇弁の、④は一二弁の、⑤は一六弁の、そして⑥は二弁の蓮華にたとえられる。大脳中にサハスラーラ、千弁の蓮華、シヴァの座がある。銀色の満月のように白く、稲妻のように輝き、しかも月光のように優しく穏やかである。

ムラーダーラにとぐろを巻いた形で眠っているクンダリニー、すなわち霊的エネルギーは、条件が整うと目覚め、スシュムナーにそって上昇し、これらのチャクラをつぎつぎに通過して、ついにはサハスラーラに至り、ここで完全に自らの栄光を現す。

ケシャブ・チャンドラ・セン　Keshab Chandra Sen　著名な、ブラーフモー・サマージの指導者。(一八三八～一八八四)

ゲルアー　geruā　黄土色。黄土色の僧衣。

原因体　causal body (kārana-śarīra)　魂の座をなす三重の体の一つ。一番外側が肉体、つぎが幽体、その内側がこの体。熟睡のとき、魂はここに宿る。

限定（条件付き）非二元論　Qualified Non-dualism (Viśiṣta-Advaita)　ラーマーヌジャ（別項）によって創立された、ヴェーダーンタの一派。

ゴヴァルダン　Govardhan　ブリンダーバンの近くにある丘。村人を洪水から救うために、クリシュナが指一本で持ち上げた。

ゴーヴィンダ　Govinda　クリシュナの一名。

ゴースワーミー　goswāmī　ヴィシュヌ派の聖職者。

ゴーピー　gopī　ブリンダーバンの乳しぼりの乙女たち。クリシュナの信者であり、仲間。

ゴーラー　Gorā　チャイタンニャの一名。

黒月（こくげつ）　the dark fortnight of the moon　月が欠けて行く二週間。

ここ　here　この開廊は境内にあり、ガンガーに下る石段につづいている。正統ヒンドゥの伝統にしたがうと、僧は家の中に住むことを禁じられている。

コシャ　kośa　（字義は〃さや〃、または〃おおい〃）外側から内側へと重なり合って魂を覆っている五つのコシャ（さや）は、一番外側から、①アンナマヤコシャ（食物で作られ維持されている肉体）、②

プラーナーマヤコシャ（五つの活力からなる活力のさや、すなわち幽体）、③マノマヤコシャ（心のさや）、④ヴィッギャーナマヤコシャ（知性のさや）、および⑤アーナンダマヤコシャ（至福のさや）である。中心にある魂は、これらのさやの性格にはまったく影響されない。

ゴパーラ Gopāla　赤子クリシュナ。

ゴラクダーム golakdhām　すごろくに似たゲーム。

コンクシェル conch-shell（sankha）　寺の儀式において使われるほら貝。

さ行

サ・レ・ガ・マ・パ・ダ・ニ sā, re, gā, mā, pā, dhā, ni　インドの音階。

サーダカ sādhaka　霊性の修行に専念する求道者。

サーダナ sādhanā　霊性の修行。

サードゥ sādhu　高徳の人。通常出家の修行者をさす。

サーラダー・デーヴィー Sāradā Devī　シュリー・ラーマクリシュナの妻。ホーリー・マザーとも呼ばれる。

サーリー sāri　女性が衣服として身にまとう布。

サーンキヤ Sāmkhya　六派哲学の一つ。カピラによって創始された。

サグナ saguna　属性をそなえた。

サダラン・ブラーフモー・サマージ　Sādhāran Brāhmo Samāj　ブラーフモー・サマージの一分派。

サチダーナンダ　Satchidānanda　（字義は〃絶対なる実在、知識、至福〃）ブラフマン。究極実在の一名。

サッキャ　sakhya　信仰者が自分のイシュタに対してとる五つの態度の一つ。友だち同士の態度。

サット　sat　実在。存在。

サットワ　sattva　調和、または英知の原理。（〃グナ〃の項参照）

サトウィック　sattvic　サットワ的な。

サナータナ・ダルマ　Sanātana Dharma　（字義は〃永遠の宗教〃）ヴェーダのリシたちが説いたヒンドゥの教えをさす。

サハスラーラ　sahasrāra　大脳中にある千弁の蓮華。（〃クンダリニー〃の項参照）

サマーディ　samādhi　神との交流による没我の状態。

さや　sheaths　彼らの肉体を意味しておられる。

サラスワティー　Sarasvatī　学問と音楽の女神。

サンデーシュ　sandeś　ベンガル地方の菓子。チーズと砂糖でつくる。

サンディヤー　sandhyā　上位三階級の聖糸を受けた男子が毎日行うことになっている礼拝。

サンニャーシー　sannyāsī　ヒンドゥの僧。（出家）

サンニャース　sannyās　出家の生活。人生の四つの段階の最後。（〃四つの段階〃の項参照）

死　died　師のサマーディを指す。

ジーヴァ　jīva　肉体を持つ魂。生き物。普通の人間。

シーク教徒 Śikhs　パンジャブ地方に住む宗教ならびに武力の一派。

シーター Sīitā　ラーマの妻。

シヴァ Śiva　破壊者なる神。ヒンドゥ三位一体の第三の神格。他の二つは、創造者ブラフマーと維持者ヴィシュヌ。

ジヴァートマー jivātmā　肉体に宿っている魂。

シヴァラーム Shivarām　師の甥。

ジヴァンムクタ jīvanmukta　肉体に宿っているあいだに解脱した魂。

シムラー地区 Simla　カルカッタ市内、スワーミー・ヴィヴェーカーナンダの生家のあるところ。

シャークタ Śakta　シャクティすなわち母なる神の信者。タントラ哲学の言葉。

シャーマ Śyāmā　(字義は〝黒い者〟)母なる神カーリーの一名。

シャーンタ śānta　信仰者が彼のイシュタに対してとる五つの態度の一つ。他の四つと異なり、平穏冷静な態度。

シャーンティ śāntih　平安。

ジャーファル Jāfar　詩の作者。

シャイヴァ Śaiva　シヴァ神の信仰者。

ジャガダンバー Jagadambā　母なる神の名の一つ。

ジャガンナータ Jagannāth　(宇宙の主の意)ヴィシュヌ神の一名。

シャクティ Śakti　力。通常、ブラフマンの創造力を意味する。母なる神の呼び名。マーヤー。

シャシャダル Shashadhar　当時の有名な説教師。
ジャダ・サマーディ jada samādhi　修行者の外見が生なきもののようになる、深い神との交流状態。
ジャナカ Janaka　神話中の理想的な王。シーターの父。
ジャパ japa　唱名。神の御名の反復。
ジャムナー Jamunā　ガンガーの支流。聖河。
ジャル jal　ベンガル語の〝水〟。
シャンカラ Śankara　シヴァ神の一名。偉大な聖者、ヴェーダーンタ哲学者、シャンカラーチャーリヤの略称。
シャンカラーチャーリヤ Śankarāchārya　インド最大の哲学者の一人。非二元論哲学の解説者。（七八八～八二〇）
シュカデーヴァ Śukadeva　ヴィヤーサの息子。バーガヴァタの語り手（著者）。インドの理想的な僧の一人とされている。
シュドラ sūdra　ヒンドゥの階級の四番目、労働者。
シュラーッダ śraddhā　亡くなった身内に飲食物を供える儀式。
シュリー Śrī　英語のミスターにあたる。
シュリー・ダーマ Śridāma　シュリー・クリシュナの信者であり、友であった人。
ジリピ jilipi　菓子の一種。
神職 priest　当時シュリー・ラーマクリシュナは、カーリー聖堂の神職だった。

信者　devotee　神の信者。本書の中では、シュリー・ラーマクリシュナの教えを信じる人の意。〃弟子〃は、シュリー・ラーマクリシュナからイニシエイションを受けた人の意味に用いられている。

スシュムナー　Sushmunā　無数の神経の中で、スシュムナー、イダー、およびピンガラーは最も顕著なもの。そして、その三つの中で、スシュムナーは最も重要である。脊柱の内部を通ってその下端から大脳に至り、その左側を通るイダーと、右側を通るピンガラーとの調和点となっている。脊柱の下端に眠る霊性のエネルギーはスシュムナーを通って大脳に至るので、スシュムナーはブラフマンへの道と呼ばれている。（〃クンダリニー〃の項参照）

スバドラ　Subhadrā　シュリー・クリシュナの姉妹。

スメール　Sumeru　神話に出てくる聖山、すべての遊星がこの周囲を回転するという。須弥山（しゅみせん）。

スワーディシュターナ　Svādhisthāna　スシュムナーの中の第二の中心。（〃クンダリニー〃の項参照）

スワーミー　Swāmī　（字義は〃主〃）ヴェーダーンタ派に属する僧の肩書き。

スワスタイヤナ　swastyayana　幸運を招くため、または災いを避けるために行う、ある宗教儀式。

存在は知覚　esse is percipi　外界の物体の存在は彼らの認識によって決まる。

ソンタール族　Sonthals　中央インドにいる未開の種族。

た行

ダーッシャ dāsya　信者の神に対する五つの態度の一つ。主人に対する召し使いの態度。
ターマシック tāmasic　タマス的な。
退化 involution　つまり、天地創造期には神ご自身が宇宙とともに進化・発展し給うが、消滅期にはさまざまな御名も御形態も巻き込まれるようにして神に戻る。
惰性 momentum　前生における活動の惰力が、現在の誕生をうながしたのである。
ダシャラタ Daśaratha　ラーマの父。
タパッスヤー tapasyā　宗教的苦行。
タマーラ tamāla　暗青色の葉を持つ木。シュリー・クリシュナが好んだ。
タマス tamas　惰性または不活発の原理。(〝グナ〟の項参照)
ダヤー dayā　慈悲心。
ダヤーナンダ Dayānanda　アーリア・サマージの創立者。(一八二四〜一八八三)
ダル dāl　レンズ豆。その豆のスープ。
ダルシャナ darśana　(字義は〝六〟) 六つのヒンドゥ伝統の哲学。(〝六派哲学〟の項参照)
タルパン tarpan　死んだ身内の魂に水をささげる儀式。
ダルマ dharma　正義。法 (宗教の内面の原理)。(人生の……〝四つの果実〟の項参照) 義務というような意味にも使われる。
タントラ Tantra　母なる神、シャクティを究極実在とする宗教哲学の一派。この哲学を説く聖典。
タンプラ tānpurā　弦楽器の一種。

チェタナ・サマーディ　chetana Samādhi　私意識を保持しつつ神と交流する状態。

知識のエゴ　ego of Knowledge　神の知識によって照らされ清められたエゴのこと。識別によって、ギャーニは、サマーディのなかで自分のエゴをブラフマンに融合させる。それゆえ、個人の姿で相対界に下りてはきても、彼はつねに自分はブラフマンであることを意識している。この外見だけのエゴを「知識のエゴ」という。バクタは、愛の道を通って、自分の神との不滅の関係をさとる。彼もやはり、相対界では個人の姿を見せる。しかしこのエゴは、世俗のエゴの特徴をまったく持っていない。これは「信仰のエゴ」と呼ばれる。この二種のエゴは同一の悟りの状態を示すものである。

チダーカーシャ　Chidākāśa　一切所に遍満する意識。霊。

チッタ　chitta　心の実質。(〝四つの内部器官〟の項参照)

チット　Chit　意識。

チャーマラ　chāmara　ヤクの尾でつくられた扇。うちわ。神像をあおぐのに用いられる。

チャイタンニャ　Chaitanya　霊意識。また、一四八五年ベンガルに生まれた予言者の名。ナバディープに住み、神の悟りへの道としてバクティを強調した。ガウラーンガ、ガウル、ゴーラー、ニマイなどと呼ばれる。

チャイタンニャデーヴァ　Chaitanya Deva　チャイタンニャと同じ。

チャクラ　chakra　脊柱を通る神経に沿って存在する六つの中心。

チャタク　chātak　鳥の一種。

チャンディー　Chandī　聖典。〝母なる神〟を究極実在として説く。

チャンドニ chāndni　柱廊玄関。ここでは、ドッキネッショルのカーリー寺院の、ガンガーに面した柱廊玄関。
デーヴァ deva　輝くものの意。神。（a god）
デヴェンドラナート・タゴール Devendranath Tagore　一九世紀インドの宗教指導者の一人。ラビンドラナート・タゴールの父。
トーム tom　〝O〟は初めに〝アウ〟と発音される。
ドヴァイタ Dvaita　二元論哲学。
トゥリーヤ Turīya　（字義は〝第四〟）超越的ブラフマンの一名。目覚めた状態、夢見る状態および熟睡状態の三つを超越、かつこれらに遍満しているもの。
ドゥリヨダナ Duryodhana　マハーバーラタに出てくる主人公の一人。パーンダヴァ兄弟たちのライバルのかしら。
ドゥルヴァ Dhruva　ヒンドゥ神話の聖者。
ドゥルガー Durgā　母なる神の名の一つ。
ドゥルガー・プージャー Durgā Pūjā　ドゥルガーの祭礼。
トゥルシー tulsi　ヴィシュヌ神にささげられる聖なる植物。
トゥルシーダース Tulsidās　ラーマの深い信者。ラーマの伝記を書いた。
トター・プリー Totāpurī　シュリー・ラーマクリシュナに出家のイニシエイションを授けたサンニャーシー。

トライランガ・スワーミー Trailanga Swami シュリー・ラーマクリシュナと同時代にベナレスにいたサードゥ。

ドラヤートラ Dolayātrā シュリー・クリシュナに関する祭礼の一つ。春に行われる。

ドローナ Drona マハーバーラタに出てくる偉大な軍師たちの一人。

な行

ナートマンディル nātmandir 聖堂の前に設けられる広間。柱で囲まれ、音楽奉納や集会の場として使われる。

ナーナク Nānak シーク教の開祖。同教の一〇人のグルの初代。（一四六九～一五三八）

ナーラーヤナ Nārāyana ヴィシュヌ神の一名。

ナーラダ Nārada ヒンドゥ神話中の偉大な聖者。バクティの道を教える。

ナヴァヴィダーン Navavidhān （字義は〝新しい摂理〟）ケシャブ・チャンドラ・センがブラーフモー・サマージの他の会員と意見をことにし、別に設立したブラーフモー・サマージの名。

ナバディープ Navadvīp ベンガル州にある、シュリー・チャイタンニャの生まれた町。

ナハヴァト nahabat 音楽塔。

七つの要素 seven elements すなわち、水、血液、肉体、肉、骨、骨髄、精液。

ナラリーラー Naralīlā 人として現れた神。

ナルマダー Narmadā 川。中部インド地方を流れて、アラビア海に入る。

ナレーンドラナート Narendranāth 後のスワーミー・ヴィヴェーカーナンダ。

ナングター Nāngtā （字義は〝裸の人〟）トター・プリーをシュリー・ラーマクリシュナはこう呼んだ。

ニ ni インド音楽の音階の第七の音。

ニーム neem 木の名。葉が苦い。

ニターイ Nitāi ニッテャナンダの愛称。

ニッテャ Nitya 絶対者。

ニッテャ・シッダー nityasiddha （字義は〝永久に完全な〟）シュリー・ラーマクリシュナが若い弟子たちの中の、特に霊性の高いある人びとをこう呼んだ。

ニッテャナンダ Nityānanda （字義は〝永遠の至福〟）シュリー・チャイタンニャの愛弟子であり、友でもあった人。

ニマイ Nimāi シュリー・チャイタンニャの愛称。

ニャーヤ Nyāya インドの論理学。六派哲学の一つ。ゴータマによって創始された。

ニランジャン Niranjan （字義は〝汚れなきもの〟）神の呼び名。また、シュリー・ラーマクリシュナの高弟の一人。

ニルヴァーナ Nirvāna 個我の否定による、ブラフマンへの完全な没入。ねはん。

ニルヴィカルパ・サマーディ nirvikalpa samādhi ブラフマンとの完全合一の境地。最高のサマーディ。

ニルグナ・ブラフマン Nirguna Brahman （字義は〝属性なきブラフマン〟）絶対者の呼称。

〝ネーティ、ネーティ〟 〝Neti, neti〟（字義は〝これではない、これではない〟）非二元論者のとる否定的識別法。

乗り物 carrier ドゥルガーはシンに乗る。

は行

バーヴァ bhāva 存在。感情。感動。法悦。サマーディ。また、信者が神に対してとる五つの態度のおのおの（平安の態度、および、神を主と、わが子と、友と、または恋人とみる態度）。

バーヴァムカ bhāvamukha 非常に高い霊的経験。修行者の心は絶対界と相対界との境にある。その境地から、彼は、表現不可能な、属性なきブラフマンを黙想しつつ、相対界を神のみの現れと見て、そこの活動にも携わる。

バーガヴァタ Bhāgavata 主としてシュリー・クリシュナの生涯を描写している聖典。特にヴィシュヌ派信者に重んじられる。

パーグリ pāgli 狂女。（ベンガル語で頭のおかしい女のこと）

パータンジャラ Pātanjala 六派哲学の一つ。ヨーガ哲学とも呼ばれる。

パーニ pāni 水。

バーラタ Bhārata アルジュナの一名。また、インドの国名。

パールヴァティ Pārvatī ヒマラヤ王の娘。シヴァ神の配偶者。母なる神の化身と見られている。またの名はウマー。

パーンダヴァ（ス） Pāndava (s) マハーバーラタに出てくるバンドゥの五人の息子。ユディシュティラ王、アルジュナ、ビーマ、ナクラ、およびサハデーヴァ。

バヴァターリニ Bhavatārinī 母なる神の一名。

パヴハリ・バーバー Pavhāri Bābā 有名なヨーギー、苦行者。シュリー・ラーマクリシュナと同時代の人。

バガヴァーン Bhagavān （字義は〝六つの属性――無限の財宝、強さ、栄光、光輝、知識、および放棄――を備えている者〟）最高神の呼び名。また、信者にとっての人格神。

バガヴァッド・ギーター Bhagavad Gītā ヒンドゥの代表的聖典。大戦争の直前、神の化身クリシュナが武装アルジュナに真理を説ききかせるという形をとり、大叙事詩マハーバーラタの一部として、その中に挿入されている。

バクタ bhakta バクティの道をたどる人。人格神の信仰者。

バクティ bhakti 神への愛。自分のイシュタへのひたむきな献身。

バクティ・ヨーガ Bhaktiyoga 信仰者がたどる、神への愛の道。

バスカラーナンダ Bhāskarānanda シュリー・ラーマクリシュナと同時代の聖者。

ハズラ Hāzra ドッキネッショル寺院に住んでいた片意地な性質の一信者。

ハタヨガ hathayoga 主として肉体の健康を目的とする、ヨーガの一派。

ハタヨギ hathayogī ハタヨガを学ぶ人。

パドマローチャン　Padmalochan　ベンガルの優れたパンディット、シュリー・ラーマクリシュナの霊性の高さを早くに認めた。

ハヌマーン　Hanumān　ラーマーヤナに出てくる、ラーマの偉大な信者、サル。

バーブ　bābu　身分ある紳士の呼び名。また、ミスターの代わりにも用いる。

ハブルバブル　hubble-bubble　水ギセル。

バラーイ　Balāi　シュリー・クリシュナの兄、バララーマの愛称。

ハラダリ　Haladhāri　シュリー・ラーマクリシュナのいとこで、ドッキネッショル寺院の神職。

パラマートマン（マー）　Paramātman（Paramātmā）　至高霊。

パラマハンサ　paramahamsa　サンニャーシーの最高の序列に属する人。または、シュリー・ラーマクリシュナをさす。

パラマハンサ（デーヴァ）　Paramahamsa（deva）　シュリー・ラーマクリシュナの一名。

バララーマ　Balarāma　シュリー・クリシュナの兄。

ハリ　Hari　神。ヴィシュヌ派信者の理想神であるヴィシュヌの一名。

ハリ・オーム　Hari Om　神を呼ぶ聖語。

ハリドワール　Haridwar　ヒマラヤ山麓、ガンガーの岸にある聖地。

ハルア　halua　穀粉でつくったプディング。

パルグ　Phalgu　北インドにある川。砂の下を水が流れる。

ハルダルプクル　Hāldārpukur　カマルプクルにある小さな湖。

バンキム Bankim （字義は〝曲がった、カーブした〟）

パンチャヴァティ Panchavati 五種の聖なる木の植え込み。シュリー・ラーマクリシュナが、みずからの修行のためにドッキネッショルの寺院の境内につくった。

ビシュマ Bhīshma マハーバーラタに出てくる、クル・クシェートラの大戦争の偉大な英雄の一人。

ビビシャナ Bibhīshana セイロンの魔王ラーヴァナの弟。兄の死後、王位を継ぐ。兄に似ず、ラーマの信者。

ビル Bhil インドの未開の一種族。

ピンガラー Pingalā 脊柱を通る神経。（〝スシュムナー〟の項参照）

ファキル fakir 乞食。托鉢（たくはつ）僧。

プージャー pūjā 礼拝の儀式。（ドゥルガー・プージャー、カーリー・プージャーなど）

プールナーギャーニ pūrnajnānī 完全なブラフマンの知者。

ふたたび生まれた人 twice-born ブラーミン、クシャトリヤ、またはヴァイシャの家の子弟は、聖糸を授与されたときに、霊的に新しく生まれたとされる。

ブッダ Buddha （字義は〝悟った人〟）—仏陀《ぶっだ》。

ブッダガヤー Buddha-Gayā ボドゥガヤーに同じ。

ブッディ buddhi 知性、すなわち識別能力。（〝四つの内部器官〟の項参照）

ふとったブラーミン fat Brahmin 師の弟子プラーノクリシュナのあだ名。

プラーナ prāna （気） 肉体に生命を与える活力。（〝五つの活力〟の項参照）

プラーナ Purāna (s) 神話の書物。

プラーナーマヤコシャ prānamayakosha 活力のさや、五つのプラーナからなる。(〝コシャ〟の項参照)

ブラーフマニー Brāhmanī (字義は〝ブラーミンの女性〟) 本書の中では主としてシュリー・ラーマクリシュナにヴィシュヌ派とタントラの修行法を伝えた、バイラヴィ・ブラーフマニーと呼ばれる女性をさす。

ブラーフモー Brāhmo ブラーフモー・サマージの会員。

ブラーフモー・サマージ Brāhmo Samāj ラージャ・ラームモハン・ロイによって創立された、近代インドの宗教団体。

ブラーミン Brāhmin ヒンドゥ社会の最高階級。

プラクリティ Prakrti サーンキヤ哲学の言葉。自然の根源力、プルシャと合一して、宇宙を創造する。

プラサード Prasād おさがり。神に供えられた飲み物、食物。また、目上の人のたべ残したものをこう呼ぶこともある。ラーム・プラサードの略。

ブラジャ Braja ブリンダーバンのこと。

プラタープ Pratāp ブラーフモー・サマージの有力な会員。

プラバース Prabhās 西インドにある聖地。シュリー・ラーマクリシュナが肉体をすてたところ。

ブラフマー Brahma (Brahman) ブラーフモー・サマージの会員が祈りのときに用いる呼び名。

ブラフマー Brahmā 創造者。ヒンドゥ三位一体の第一。(第二は維持者ヴィシュヌ、第三は破壊者シヴァ)

ブラフマギャーナ Brahmajnāna　ブラフマンの知識。
ブラフマギャーニ Brahmajnānī　ブラフマンの知識を得た人。シュリー・ラーマクリシュナは、〃現代のブラフマギャーニ〃という言葉で、ブラーフモー・サマージの会員をさした。
ブラフマチャーリ brahmachārī　人生四つの段階の第一に属する独身者。見習い僧。（〃四つの段階〃の項参照）
ブラフマチャリヤ Brahmacharya　人生四つの段階の第一。（〃四つの段階〃の項参照）
ブラフママイー Brahmamayī　母なる神の一名。
ブラフマン Brahman　絶対者。ヴェーダーンタ哲学の最高実在。
ブラフマーンダ Brahmānda　宇宙。
プララーダ Prahlāda　プラーナに出てくる聖者。ヴィシュヌの信仰者。その信仰の故に魔王である父ヒラニヤーカシプに虐待されたが、ヴィシュヌ神が人とライオンの合体に化身して魔王を殺す。
プリ Puri　オリッサ州にある聖地。ドワーラカー、ケダールナート、およびラーメシュワルとともに、四大聖地の一つ。
フリダイ Hriday　シュリー・ラーマクリシュナの甥、師の修行期間中、侍者として仕えた。後に寺院の持ち主の不興を買い、解雇される。
ブリンダーバン Vrindāvan　ジャムナー河畔の町。シュリー・クリシュナが幼時をここで過ごした。
プルシャ Purusha　（字義は〃男〃）サーンキヤ哲学の用語、永遠の意識原理。プラクリティとの合一によって宇宙を創造する魂。絶対者。

プレマ prema　最も強烈な神への愛。

プレマ・バクティ premā-bhakti　神への忘我の愛。

ベル bel　その葉がシヴァにささげられる聖なる木。

ボーガ Bhoga　楽しみ。

ホーマ Homa　護摩。犠牲供養の儀式。

ホーリー・マザー Holy Mother　シュリー・ラーマクリシュナの妻。シュリー・サーラダー・デーヴィーの尊称。

ボダ Bodha　意識。絶対知識。

ボドゥガヤー Bodha-Gayā　ガヤーに近いところ。ここでブッダが正覚を得た。（ブッダガヤー）

ま行

マーダヴァ Mādhava　シュリー・クリシュナの一名。

マーニカルニカー・ガート Manikarnikā-ghāt　ベナレスの有名な火葬場。

マーヤー māyā　神のヴィジョンを曇らせる無知。絶対者を相対界と見る宇宙的幻覚。執着心を意味する場合もある。

マーヤーヴァティー māyāvādī　ヴェーダーンタのマーヤー学説の信奉者。名と形の世界を幻と見る。

マイダン Maidān　カルカッタ市の大広場。

マダン Madan　神話中の愛の神。また、ベンガルの（見神者）詩人の名。
マト math　僧院。
マドゥル madhura　ヴィシュヌ派信者が、理想神クリシュナに対してとる五つの信仰態度の一つ。夫に対する妻の態度、または愛人に対する女の態度。
マナス manas　心。（〃四つの内部器官〃の項参照）
マニプラ Manipura　スシュムナーの第三の中心。（〃クンダリニー〃の項参照）
マヌ Manu　古代の法典作者。
マヌ・サンヒター Manusamhitā　大立法家マヌの著した法律書、「マヌの法典」。
マノマヤコシャ manomayakosha　心のさや。（〃コシャ〃の項参照）
マハーカーシャ Mahākāsa　無限の空間。
マハーカーラナ Mahākārana　（字義は〃大原因〃）超越的実在。
マハーシュタミ Mahāshtamī　ドゥルガー・プージャーの二日目。
マハートマー Mahātmā　高い魂の人。
マハーニルヴァーナ Mahānirvāna　大ねはん。サマーディ。
マハーニルヴァーナ・タントラ Mahānirvāna Tantra　タントラ哲学の権威ある書物。
マハーバーヴァ mahābhāva　神へのもっとも強烈な愛。
マハーバーラタ Mahābhārata　ヒンドゥの大叙事詩。
マハーマーヤー Mahāmāyā　偉大な幻術師。母なる神、カーリーの呼び名。

マハリシ Maharshi （字義は〝真理を見た偉大なリシ〟）デヴェンドロナト・ターゴルに与えられた尊称。

マヘンドラナート・グプタ（M） Mahendranāth Gupta （M） シュリー・ラーマクリシュナの在家の高弟の一人。本書〝ラーマクリシュナの福音〟の原著者。

マラヤ微風 Malaya breeze 西のマラヤ山の方から吹いてくるかぐわしい微風。

マントラ mantra サンスクリットの聖語。ジャパに用いられる聖句。

未熟児 eight-months child 早産の子供は一般的に言って、弱くて、心配なものである。

ムクティ mukti 解脱。

六つの欲情 six passions 色欲、怒り、嫌悪、欺き、高慢、および羨望。

ムニ muni 独居、黙想に専念するサードゥ。

ムリダンガ mridanga 土焼きの太鼓、宗教音楽に使われる。

ムレッチャ mlechchha 非ヒンドゥ、野蛮人。異教徒、外道などに対する軽蔑の言葉。

目をとじて eyes closed 目をとじて神を瞑想するブラーフモーの方法を言外にさしておられる。

モクシャ moksha 解脱。人生で追求する四つの目的の一つ。（〝四つの果実〟の項参照）

モトゥル Mathur ラーニー・ラスモニの娘婿。ラーマクリシュナに献身的に仕えた。

や行

ヤショーダー Yaśodā シュリー・クリシュナの養母。

八つのかせ　eight fetters (Ashta-pāśa)　憎しみ、恥らい、血統、善行の誇り、恐怖、秘密、カーストおよび悲しみ。

八つの超能力　eight siddhis or occult powers (Ashta-siddhi)　自分を原子のように小さくするとか、空気のように軽くするとかいうような八つの神通力。

幽体　subtle body (sūkshma śarīra)　魂の座である三つの体の一つ。死のときに魂について行き、転生する。夢を見ている状態のとき、魂はここに宿る。(〝原因体〟の項参照)

ユガ　yuga　世界周期。ヒンドゥの神話によると、この世界の継続期間は、サッテヤ、トレター、ドワーパラ、およびカリという四つのユガ、すなわち周期に分けられる。黄金時代と呼ばれる第一のユガにおいては、人びとは非常に徳が高いのだが、周期が重なるにつれて徳が衰え、悪がはびこり、カリ・ユガにおいてその極に達する。われわれはいま、そのカリ・ユガに生きているという。

ユディシュティラ王　King Yudhisthira　パーンダヴァスの長兄。マハーバーラタの主人公の一人。その誠実さ、正しさ、信仰などの諸徳によって敬愛される。

ヨーガ　yoga　個別霊の、普遍霊への合一。また、この合一を実現する方法。

ヨーガヴァシシュター　Yogavāśishtha　有名なヴェーダーンタの書物。

ヨーギー　yogī　ヨーガ行者。

ヨーギニ　yoginī　女性のヨーギー。

ヨゴパニシャッド　Yogopanishad　ウパニシャドの一つ。

四つの果実（人生の）　four fruits (chaturāśrama)　ダルマ（正義）、アルタ（富）、カーマ（欲望の達成）、およびモクシャ（解脱）。

四つの段階（人生の）　four stages of life　ブラフマチャリヤ（独身の学習時代）、ガールハスティヤ（結婚して家を治める時期）、ヴァーナプラスタ（隠退〔いんたい〕生活の時期）、およびサンニャース（出家の時期）。

四つの内部器官　four inner organs　四つの知覚器官、すなわちマナス（心）、ブッディ（識別能力）、チッタ（心の実質）、およびアハンカーラ（私‐意識）。

ら行

ラーヴァナ　Rāvana　セイロンの王、怪物。ラーマの妻のシーターを無理に誘拐した。

ラーガ・バクティ　rāga-bhakti　神のみに執着する最高のバクティ。

ラージャ　Rājā　王。

ラージャシック　rājasic　ラジャス的な。

ラージャラージェシュワリ　Rājarājeśvarī　（字義は〝王たちの女王〟）母なる神の一名。

ラーダー　Rādhā　ブリンダーバンの中のゴーピーたちの中で、シュリー・クリシュナと最も深い関係のあった人。

ラーダー・カンタ　Rādhākānta　（字義は〝ラーダーの配偶者〟）シュリー・クリシュナの一名。

ラーニー　Rānī　（字義は〝女王〟）女性への敬称。

ラーニー・ラスモニ Rānī Rāsmani 漁夫の階級に属する未亡人であったが、優れた資質と巨万の富を持ち、ドッキネッショルのカーリー寺院を建立した。(一七九三〜一八六一)

ラーマーヌジャ Rāmānuja 南インドの有名な聖者、哲学者。限定非二元論の創始者。(一〇一七〜一一三七)

ラーマーヤナ Rāmāyana マハーバーラタとともに、二大叙事詩の一つ。

ラーマ(チャンドラ) Rāma (chandra) 大叙事詩ラーマーヤナの主人公。神の化身と仰がれている。

ラーム・プラサード Rāmprasād ベンガルの(見神者)詩人。母なる神の優れた歌をたくさんつくる。

ラームリーラー Rāmlīlā 北インドで毎年行われるラーマの祭礼。

ラーメシュワル Rāmeśwar インドの南端にある、インドの四大聖地の一つ。他は、ドワーラカー、プリ、およびケダールナート。

ラグヴィール Raghuvīr ラーマの一名。シュリー・ラーマクリシュナの生家の祭神。

ラクシュミー Lakshmī ヴィシュヌ神の配偶者。富の女神。

ラジャス rajas 活動、または不安の状態の原理。(〝グナ〟の項参照)

ラタ・ヤーットラー Ratha-yātrā 車祭。

ラムラル Rāmlal ラーマクリシュナの甥の一人。ドッキネッショル寺院の神職。

リーラー Līlā 神の遊び、相対界。ヴィシュヌ派ではしばしば、創造を神のリーラーと説明する。哲学的用語としては、ニッテャ(絶対者)と対になる。

リシ rishi 真理を見た人。ヴェーダの教えの啓示を受けた清い魂たち。

リシケシ　Hrishīkesh　ヒマラヤの麓、ガンガーの岸にある町。霊性の修行者の集まるところ。

理想神　Chosen Ideal（Ishta）　イシュタのこと。イシュタデーヴァ。

ルチ　luchi　小麦粉をこねて薄くのばし、油で揚げたパン。

ルドラクシャ　rudrākshaルドラクシャ（植物）の実でつくったじゅず、またはくび飾り。

ラーマクリシュナの福音要約版 下巻［改訂版］
The Gospel of Sri Ramakrishna (Abridged edition) volume-2 [2nd Edition]

2010年01月24日　初版第1刷発行
2018年07月23日　改定版第1刷発行
発行者　日本ヴェーダーンタ協会会長
発行所　日本ヴェーダーンタ協会
249-0001 神奈川県逗子市久木 4-18-1
電話　046-873-0428
FAX　046-873-0592
Website　vedanta.jp
E-mail　info@vedanta.jp
印刷所　モリモト印刷株式会社

万が一、落丁・乱丁の場合は送料当方負担でお取替えいたします。定価はカバーに表示してあります。

 ISBN978-4-931148-67-3
Printed in Japan

シュリー・ラーマクリシュナに関する協会書籍

ラーマクリシュナの福音

価格 5000 円（A 5 判、上製、1324 頁）近代インド最大の聖者ラーマクリシュナの言葉を直に読むことができる待望の書。改訂版として再販。

抜粋ラーマクリシュナの福音

価格 1500 円（B6 判、436 頁）1907 年、「福音」の著者みずからが、その要所をぬき出して英訳、出版した。改訂 2 版。（電子書籍版。アマゾンキンドル版もあり）

ラーマクリシュナの福音要約版 上巻

価格 1000 円（文庫判、304 頁）「ラーマクリシュナの福音」の全訳からの主要部分をまとめた要約版上巻。

ラーマクリシュナの福音要約版 下巻［改訂版］

定価 1000 円（文庫判、392 頁）「ラーマクリシュナの福音」の全訳からの主要部分をまとめた要約版下巻。

霊性の師たちの生涯

価格 1000 円 (B6 判、301 頁) シュリー・ラーマクリシュナの伝記他。